航空工程与管理系列丛书

U0616659

民用航空质量管理理论与应用

杨文锋 主编

西南交通大学出版社

·成 都·

图书在版编目（CIP）数据

民用航空质量管理理论与应用 / 杨文锋主编. —成都：西南交通大学出版社，2015.11
ISBN 978-7-5643-4421-4

Ⅰ. ①民… Ⅱ. ①杨… Ⅲ. ①民用航空－航空运输管理－质量管理 Ⅳ. ①F560.6

中国版本图书馆 CIP 数据核字（2015）第 286412 号

民用航空质量管理理论与应用
杨文锋　主编

责任编辑	牛　君
封面设计	刘海东
出版发行	西南交通大学出版社 （四川省成都市金牛区交大路 146 号）
发行部电话	028-87600564　028-87600533
邮政编码	610031
网址	http://www.xnjdcbs.com
印刷	成都蓉军广告印务有限责任公司
成品尺寸	185 mm × 260 mm
印张	12.75
字数	319 千
版次	2015 年 11 月第 1 版
印次	2015 年 11 月第 1 次
书号	ISBN 978-7-5643-4421-4
定价	38.00 元

课件咨询电话：028-87600533

前　言

“质量”与“安全”已成为当今社会日常生活及工程领域人们关注的最为重要的内容之一。在保证产品及服务质量的基础上保障安全，在安全的前提下控制与改进质量，是质量安全管理涉及的重点内容和需解决的主要问题。质量更关注过程与标准，倾向于“你可以这么做，而我们可以帮助你做得更好”；而安全更关注要素与状态，倾向于“你必须做到这些，且应达到可接受的安全绩效水平（ALOSP）”。航空维修中的质量与安全管理是航空机务工作的重要组成部分，是影响飞行安全与飞行效率的重要因素。航空维修在质量的基础上保障安全，在安全的前提下促进质量，其主要任务是掌握质量与质量管理的基础理论、质量体系的建立与运行、质量管理的工具与方法等内容及其在民航业的体现与应用。

本书综合质量管理学与民航安全管理的基本理论与实践，结合 ISO9000 族标准、AS9100 标准、国际民航组织及中国民用航空局的相关航空规章对航空器营运人、维修单位的要求编写而成。本书主要内容涉及质量管理与航空安全管理的交叉学科知识，以助于培养行业从业人员在航空安全管理及航空维修中的质量意识和安全意识、正确运用质量管理学和安全管理理论分析和解决涉及质量安全问题的能力。全书共十章，具体阐述了质量的基本概念，质量管理理论与实践的发展，质量管理八项原则，质量管理体系及其建立与运行，质量成本管理，全面质量管理，国际航空航天质量管理体系标准，民航业质量管理与安全管理的联系、交叉与融合，航空维修质量管理体系及其运行，航空维修质量管理的 PDCA 循环以及航空维修全面质量管理。在编写过程中，编者结合长期教学实践与最新科研成果，从理论与实践更为成熟的质量管理理论体系角度，阐述质量管理在民航业的体现与应用，以质量促安全，以质量保效率和效益，提升民航业对质量与安全的理解与认识。

本书由杨文锋副教授担任主编，负责全书的统稿。第一章、第二章、第三章、第五章、第七章由杨文锋副教授编写，第四章、第六章由陈勇刚副教授编写，第八章、第九章、第十章由陈农田讲师编写。

本书在组织编写过程中，得到了中国民用航空局、民航西南地区管理局、中国民航飞行学院、中国民航大学、中国民航科学技术研究院、中航工业综合技术研究所等单位有关专家、教授的大力支持和帮助。在此，向所有支持、帮助我们的单位和个人表示衷心的感谢。另外，在本书编写过程中参阅了相关参考文献著作资料，在此一并表示衷心感谢。

限于编者的理论水平及实践经验，书中难免出现不妥或疏漏之处，欢迎读者和专家批评指正。

编　者

2015年8月于四川广汉

目　录

第一章　质量管理理论与实践的发展历程

第一节　质量的基本概念

一、质量的狭义定义

一切事物都是质和量的统一体，任何一个事物的概念都有其内涵和外延。概念的内涵是指反映到概念中的事物的属性，是这一事物区别于其他事物的本质。概念的外延是指反映到概念中的事物的数量范围。ISO9000：2005《质量管理体系　基础和术语》对质量的定义是："一组固有特性满足要求的程度"。特性（Characteristic）是指可区分的特征，如物理特征、感官特征、组织或行为特征、功能性特征等；而要求（Requirement）有明示的，也有隐含的或必须履行的。

对质量的判断必须依附某个明确的事物对象，这一对象我们通常称之为"产品"。从产品质量的角度，其质量特性可概括为性能、寿命、可信性、安全性、适应性和经济性等。质量特性中的性能通常指产品在功能上满足顾客要求的能力；寿命是指在规定使用条件下产品正常发挥功能的持续能力；可信性包括可用性、可靠性、维修性和保障性；安全性是指产品服务于顾客时保证人身和环境免遭危害的能力；适应性是指产品适应外界环境变化的能力；经济性是指产品寿命周期的总费用大小。顾客对质量特性的感受直接影响其购买行为以及购买后的满意程度，而这种感受是综合的，是产品在性能、寿命、可信性、安全性、适应性、经济性等方面的综合表现。不同的顾客对于同一产品的质量感受有时也不一样，如宾馆或饭店，正是由于顾客有不同的口味、不同的消费感受等，即不同的要求，才会有不同等级、不同特色的宾馆和饭店存在。对于不同特色，人们很容易理解；对于不同等级，人们往往把它与质量高低联系在一起，这会引起误解。ISO9000：2005《质量管理体系　基础和术语》对等级（Grade）的描述为：对功能用途相同但质量要求不同的产品、过程或体系所作的分类或分级。由于顾客对质量要求的不同，产生了不同的等级。必须认识到的是，顾客不是对于等级高的产品就满意，或对于等级低的产品就不满意。高等级的产品或低等级的产品都有其顾客，都有其质量要求，都可能使顾客满意或不满意。要结合顾客的要求，对不同等级的产品明确其质量要求并制定标准，以便使供需双方达成共识，开展质量管理活动。企业由于市场竞争的缘故，产品的质量标准带来了竞争优势，所以早已被供需双方所接受。但是，对于公共部门的产品，长期以来没有明确的认识，这种模糊现状不仅存在于公共部门内部，也存在于公共部门的顾客中。换句话说，是供需双方对公共产品的觉悟水平影响了对其质量的评判。因此，目前的许多公共部门没有对其产品制定质量标准，其顾客——公众对于公共产品质量的标准也缺乏敏感性。随着社会进步和人们觉悟的提高，对公共产品及其质量的认识和对质量标准的需求也迅速提高。

二、质量的广义定义及全面质量的概念

对于产品质量，许多文献都有讨论和阐述，这里不再展开，可以参阅相关文献。但是，即使包括了硬件、软件、服务和流程性材料，停留在产品上的质量概念依然是狭义的。下面介绍部分质量专家对质量概念的理解及在质量概念发展方面的贡献。

美国质量管理专家 J. M. Juran 于 20 世纪 60 年代用一条螺旋上升的曲线向人们揭示了产品质量有一个产生、形成和实现的过程，人们称之为“Juran 质量螺旋曲线”。“Juran 质量螺旋曲线”阐述了五个重要的理念：① 产品质量的形成由市场研究到销售、服务等 13 个环节组成，共处于一个系统，相互依存、相互联系、相互促进，要用系统论的观点来管理质量；② 产品质量形成的 13 个环节一个循环接一个循环，周而复始，不是简单重复的，是不断上升、不断提高的过程，所以，质量要不断改进；③ 产品质量形成是全过程的，对质量要进行全过程管理；④ 产品质量形成的全过程中存在供方、销售商和顾客的影响，涉及企业之外的因素，所以，质量管理是一个社会系统工程；⑤ 所有的质量活动都由人来完成，质量管理应该以人为主体。“Juran 质量螺旋曲线”的提出，推动了人们对质量概念的认识逐渐从狭义的产品质量向广义的企业整体质量的发展。人们相信，只有整体质量水平高的企业，才有可能可靠地持续开发、制造和提供高质量的产品。因此，人们对于质量优劣的评判，也从对产品的检验、评价，发展为对企业质量管理体系的审核或认证，并且这种有关企业整体质量的审核或认证结果对于投资者坚定投资信念、经营者改进经营策略以及顾客进行购买决策起着越来越重要的作用。为了让人们对质量的定义有更明确的认识和便于掌握，J. M. Juran 在 1988 年出版的《质量管理手册》（第四版）中将质量定义为“适于使用（Fitness of Use）”。“使用”与顾客的要求相联系，“适于”则表明符合可测量的产品特性。这一简单的定义使“质量”定义本身也提高了适用性。

美国的另一位质量管理专家 P. B. Crosby 对质量概念也有一个系统的阐述。他在 *Quality is Free* 一书中指出：对于质量的定义，最容易发生的错误认识就是将质量表示为“优良”“精美”“闪闪发光”或“引人注目”。“质量”这个词经常用在表达某些产品的相对价值，如“优质”或“劣质”。新潮的提法是“生活的质量”，这是一个已经用滥的套话。为此，P. B. Crosby 认为必须对质量有一个准确的定义：质量就是符合要求。在企业中，“要求”必须被明确地表达，以确保其不会被误解；然后是持续地测量，以确保符合这些“要求”。凡是有不符合“要求”的地方，就表明质量有欠缺。这样，质量问题就转换成了是否有不符合要求的问题，“质量”的概念也就清晰了，而且是可测量的（有明确的界限）。

日本的质量管理专家石川馨对质量的概念也有许多重要的观点。他认为质量反映顾客的满意程度，顾客的需求是变化的，因此质量的定义也是不断变化的，高质量就是满足顾客不断变化的期望。他特别强调价格的作用，认为价格是质量的重要组成部分。这与《质量管理

体系　基础和术语》（ISO9000：2005）对质量术语的解释是一致的。在1985年出版的《什么是全面质量管理？日本方式》一书中，石川馨指出：我们实施质量控制的目的在于制造出具有满足顾客要求的质量水平的产品，仅仅满足国家标准或规格并不是问题的答案。日本工业标准（JIS）、国际标准化组织（ISO）或国际电工委员会制定的国际标准并不完善，其中有许多缺点。我们还需要意识到顾客的要求也是与时俱进的，通常，即使标准得到修改，也赶不上顾客要求的变化。在谈到质量定义时，石川馨认为人们如何解释“质量”这个术语很重要。他指出：狭义的解释，质量的含义指产品质量；广义的解释，质量指工作质量、服务质量、信息质量、过程质量、部门质量、人员（工人、工程师、经理和行政主管）质量、系统质量、公司质量、目标质量等，这其实就是全面质量的概念。

全面质量的概念在中国是1978年以后才开始引入并逐步建立起来的。1978年，随着中国经济体制的改革开放，北京内燃机厂从日本小松制作所引入了TQC（Total Quality Control，当时中文译为全面质量管理）的思想，这一概念的引进大大推动了我们对质量概念认识的深化，也促进了企业对整体质量的认识和重视，掀起了全国性的全面质量管理浪潮。

从J. M. Juran和A. V. Feigenbaum在21世纪60年代初提出全面质量的概念至今已有50多年了。这50多年中，世界政治、经济的格局有了很大的发展变化。到了20世纪90年代后期，人类对质量概念的认识随着可持续发展（Sustainable Development）概念的提出而发生了重大变革。从1972年联合国发表的《人类环境宣言》起，到1992年里约热内卢联合国环境与发展大会，人类的全球环境意识有了显著的提高，并由此掀起一场“绿色革命”。20世纪人类在这一认识上的最大觉悟和进步，同样也促进了人类对质量概念认识的发展。随着“绿色质量”概念的提出，质量的概念中隐含了节约资源和保护环境的内容，并且随着对产品概念和顾客概念认识的发展，增强了人们对质量绩效的关注。资源和环境问题不仅提出了生态化的追求目标，还直接揭示了质量的代价，高质量的低代价和低质量的高代价概念已清楚地反映了质量在成本、利益和风险等方面对人类发展造成的影响。进入21世纪，人类社会对科技发展的作用和全球经济发展的模式有了更新的认识，具体表现为人类对科技创新的关注开始侧重于有利于保护资源和生态环境，对经济发展模式的关注重点也从商品生产和经济增长的速度转向了人居环境和经济增长的质量。毫无疑问，人类对科技和经济发展方面的认识变化，也对人类的质量观念和质量管理思想的变化产生了积极影响。

第二节　质量、产品、过程、顾客术语解释及其联系

一、产　品

前已述及，顾客对质量的判断总有一个明确的事物对象，通常这一对象是产品，而产品是过程的结果。

什么是产品？对于产品的认识，不同的人有不同的观点，从不同的角度所看到的也不一样。有些人把产品归集到生产的实物结果上，而有些人则把产品上升到了哲学的境界，都是

很有道理的。但是，太广泛或太深奥的理论探讨不是本章的任务，因而在本章中不对这类问题展开讨论。在质量管理领域，随着质量管理理论和实践的发展，人们对产品的认识已经有了一个基本的说法。ISO9000：2005《质量管理体系　基础和术语》将产品（Product）的概念定义为“过程的结果，包括硬件、软件、服务和流程性材料”（图 1.1）。

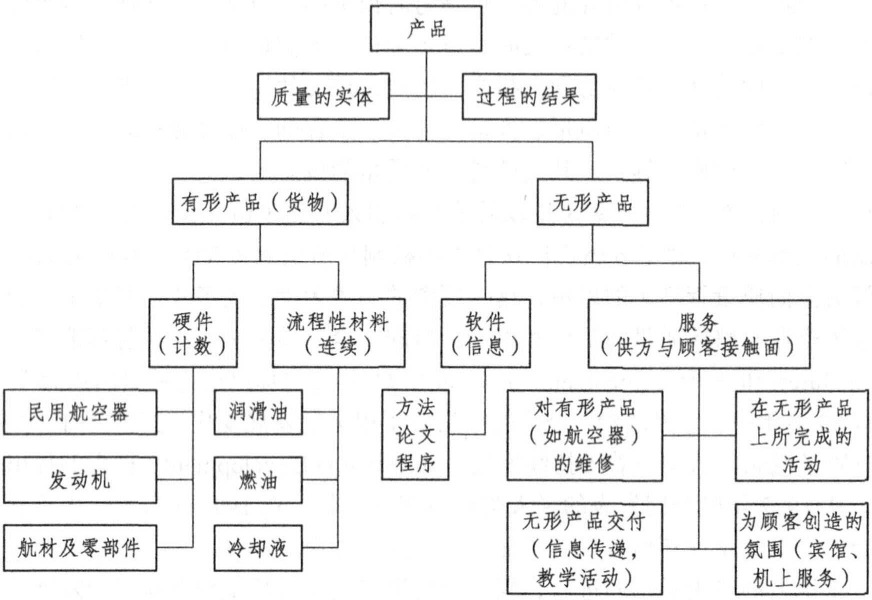

图 1.1　产品的分类

硬件和流程性材料类的产品通常是指有形产品，也常被人们称为货物。硬件与流程性材料的差别在于量的特性，前者有计数的特性，后者有连续的特性。软件和服务类的产品通常是指无形产品，前者由知识、数据信息等组成，如提供咨询的解决方案、计算机程序、工作手册等；后者通常是在供方和顾客接触面上的一项或多项活动的结果，如产品维修、导游等。

在现实生活中，人们接受的许多产品往往以上述多种类别的产品组合构成的形式存在，如购买汽车、计算机或入住宾馆，人们所得到的是硬件、软件、服务以及流程性材料综合而成的产品。所以，对产品概念的认识不是一件简单的事情，是一个逐步认识、不断完善的过程。如果在产品概念上存在较模糊的认识，那么，对于质量的认识也会受到很大影响。比如，长期以来人们总是将产品与企业联系起来，讲产品质量就会涉及企业的质量管理，很少有谈及政府或公共服务部门的产品和质量问题。随着人们认识的发展，政府提供的公共产品越来越受到公众的关注，公共产品的质量也开始得到广泛重视。

随着人类环境意识的不断增强，对产品概念涉及的领域的认识也发生了很大变化。人们逐渐认识到，产品概念不仅包括了原有意义上的交易承诺或买卖合同（书面的或非书面的约定）中规定提供的产品，还包括了组织运作活动的其他一切结果。以企业为例，其生产经营活动所带来的资源浪费和污染排放等人类不愿看到的后果也会随着规定提供的产品一起发生。约定的产品可称之为“预期的”产品，约定之外的产品可称为“非预期的”产品。人们逐渐认识到，不管是否愿意，都只能接受企业生产经营活动的种种后果，包括“预期的”产品和“非预期的”产品。为了尽可能避免不愿有的“非预期的”产品产生，人类将产品概念推上了绿色化的循环经济发展道路，即“绿色需求”→“绿色设计技术”→“绿色加工工艺”→“绿色产品”。人类的“绿色”期望首先是形成对“绿色”需求的共识；然后，是在产品开发设计时就考虑到使用的原材料、元器件和其他生产物资都是无污染的，并且能保证在其后的生产、使用和用后处置时不仅不造成环境污染，还能提高物资的利用率；在工艺流程中能保证不产生影响环境的有害因素，尽可能地提高资源的有效利用；企业最终提供的产品及其包装物都是无污染的，对环境不产生损害，而且还能再生利用，从而保证资源得以有效利用。显然，产品概念的绿色化是人们对“预期的”和“非预期的”产品都能满足自身生存和发展需要的一种期望，这是从产品概念上提出的质量要求，同样也反映了人类在希望需求得到满足时对成本、利益和风险的综合考虑。

民用航空行业也是如此，其“预期的”产品是各种民用航空器、航材以及民航作为一种支柱性交通运输方式的安全性、高效性、经济性、环保性。但是，在接受这种预期产品的同时，人类却不得不接受其“非预期的”产品，即不安全事件及事故频发所带来的人员伤亡、财产损失、环境破坏，以及航空器正常运行所带来的噪音污染、尾气排放、航班延误等。

二、过　程

ISO9000：2005《质量管理体系 基础和术语》将过程（Process）定义为“一组将输入转化为输出的相互关联或相互作用的活动”。产品是“过程的结果”，程序是“为进行某项活动所规定的途径”，任何将所接收的输入转化为输出的活动都可视为过程。

过程可以用图 1.2 表示：

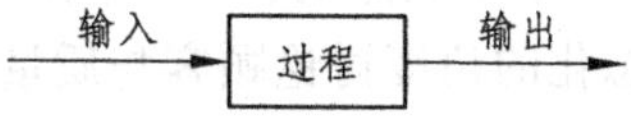

图 1.2 “过程”示意图

输入和输出的是产品，过程（活动）需要使用资源。资源可以包括人员、设施、工作环境和信息等。过程有大有小，大过程中包含若干个小过程，若干个小过程组成一个大过程，这个大过程又可能是另一个更大过程的组成部分。对不同员工来说，过程是不同的。如工人的过程可能只是装一颗螺钉，部门主管的过程可能是整个生产过程，公司经理的过程则是从资本输入到资本的输出过程。

过程具有如下特征：

（1）任何一个过程都有输入和输出。输入是实施过程的基础、前提和条件；输出是完成过程的结果。

（2）完成过程必须投入适当的资源和活动。

（3）过程本身是价值增加的转换。过程的目的是为了增值，不增值的过程没有意义。

（4）必须对输入条件及输出结果进行必要的检查、评审、验证。

（5）所有的工作和活动都是通过过程来完成的。

（6）过程具有分合性。任何一个过程，都可以分为若干个更小的过程；而若干个性质相似的过程，又可以组成一个大过程。通常，一个过程的输出会直接成为下一个过程的输入，形成过程链（图 1.3）。

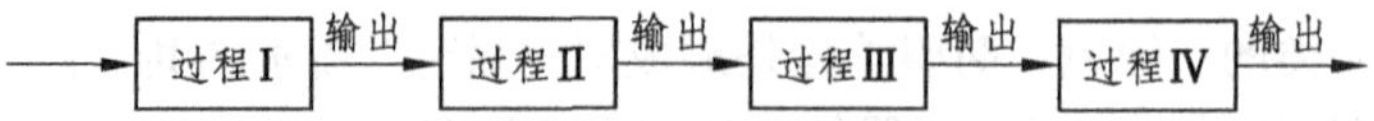

图 1.3 过程链示意图

从组织来看，这种过程链既存在横向形式（如从原材料进厂到产品出厂），又存在纵向形式（从组织的最高管理者到员工），还存在其他各种形式（如从科室到车间，然后又到科室）。事实上，组织的所有过程通常不是一个简单的按顺序排列的结构，是一个相当复杂的过程网络。

三、顾　客

质量是好是坏，由顾客说了算。所以，对顾客的认识非常重要。一般认为，顾客是买卖关系中的购买方，而事实证明这仅仅是对顾客概念解释的一个方面。

ISO9000：2005《质量管理体系　基础和术语》将顾客（Customer）定义为：接受产品的组织或个人。该标准指出，顾客可以是组织内部的或外部的。产品概念的绿色化和质量概念的生态化也促进了人们对顾客概念的重新认识。在绿色化和生态化的概念驱动下，企业的顾客应该包括其生产经营活动的一切受益（害）者，包括内部顾客与外部顾客。对企业而言，其“五大利益相关方（受益者或受害者）”包括企业所有者或投资者（董事方）、企业经营者与员工（内部顾客）、企业产品购买者或使用者（狭义顾客或外部顾客）、企业供方、社会。从内部顾客和外部顾客的角度来讨论顾客与质量的问题，目的是引起人们对内部顾客（组织成员）的关注。如果内部顾客长期处于不满意的状态下，则组织也难以保证让外部顾客满意，这是必然的后果。从绿色化和生态化的角度讨论顾客与质量的问题，是要认识到顾客接受的不仅是预期的结果，如买卖约定中的产品；也有非预期的结果，如资源的节约或浪费、环境的净化或污染等对人类社会发展带来的正面或负面的影响。因此，顾客接受产品时付出的代价是两方面的。一方面，顾客为享受预期的结果，如买卖约定中规定的产品功能而付出代价；另一方面，人类（广义的顾客）要为消耗资源和污染环境，即非预期的结果而付出代价。于是，发展的可持续性就被提出来了，并成为许多国家提高人居环境和经济增长质量的指导思想。

四、质量、产品、顾客、过程概念之间的关系

1. 产品是质量的实体

产品是质量的实体，即评价质量的好坏必须有一个对象，必须落脚到一个实体上，这一实体即是产品。产品按其组合构成的形式分为有形产品和无形产品。有形产品包括硬件和流程性材料。硬件具有计数特征，如民用航空器、发动机、航材及零部件等；流程性材料具有连续性特征，如润滑油、燃油、冷却液等。无形产品包括软件及服务，软件主要表现为信息，如方法、论文或程序；而服务主要是在供方与顾客的接触面上产生，如对有形产品（航空器、

汽车等）所实施的维修、在无形产品上所完成的活动、飞机上对乘客的服务等。产品概念的外延不仅包括原有意义上的买卖合同中规定提供的“预期”产品，还包括企业或组织生产经营活动的其他一切结果，即“非预期”的产品，包括资源浪费和排放污染等人类不愿意出现的后果。而我们不管是否愿意，都只能接受这两种结果——由产品及产品质量形成过程所致的结果。

2. 产品是过程的结果

ISO9000：2005《质量管理体系 基础和术语》鼓励采用过程方法管理组织。产品是过程的结果，所有的工作和活动都是通过过程来完成的。过程是使用资源将输入转化为输出的任何一项或一组活动。根据过程的几个基本特征，产品是过程增值的结果。虽然生活中经常提到空气质量、生活质量等说法，但严格来说，这些“质量”并不是针对产品而言。因为空气、生活等并非严格意义上的产品。比如，空气本身是自然界所有的，并不需要我们人为地投入相关的资源才能形成或获取。当然，通过控制污染排放和环境绿化等人为措施，可以将空气的“质量”提高。

过程控制是质量管理的重点。通过过程，形成产品，产品输出到顾客，顾客的满意度及需求则形成过程的输入，形成闭环。过程、产品、顾客之间的内在联系可用图 1.4 表示。

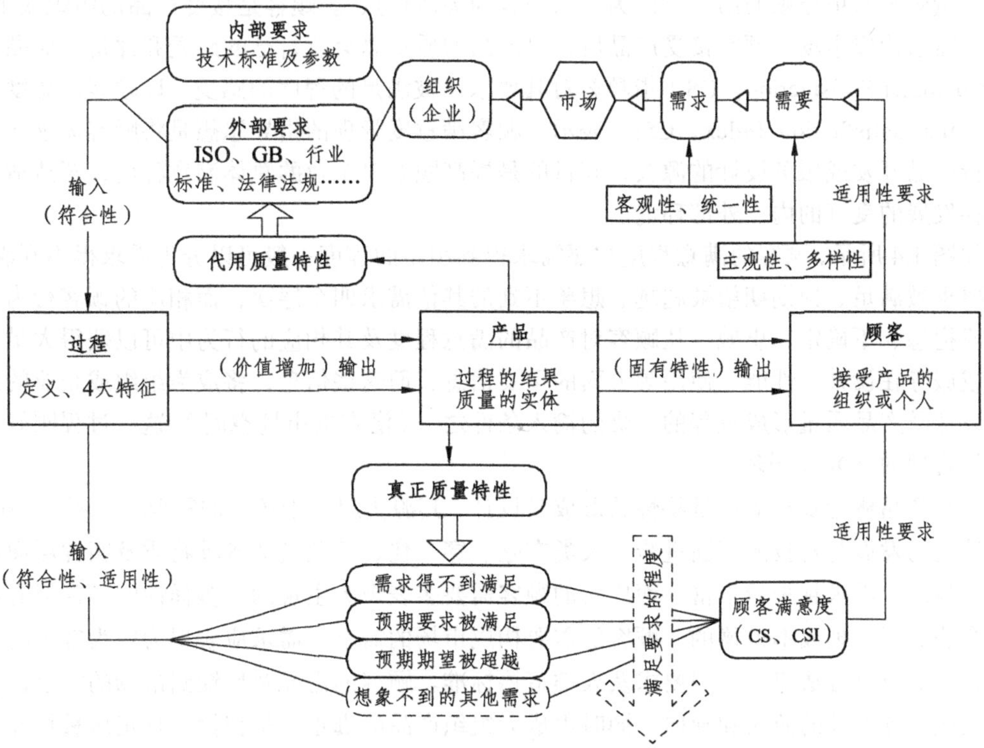

图 1.4 质量特性与过程、产品、顾客的内在联系

因此，从过程及产品的内涵来理解质量管理学中广义的顾客概念就相对清晰。每一个过程都有输入和输出，而一个过程的输出同时成为下一个过程的输入，即一个过程的结果（产品）同时被下一个过程所接受，前一过程与后一过程之间的交界面即广义的产品的传递过程，前一过程是产品的提供者，后一过程是产品的接受者。那么，前一过程即是后一过程的供方，后一过程即是前一过程的顾客。这样，广义的顾客概念就表现出来了——顾客（Customer）指接受产品的组织或个人，可以是组织内部的或外部的，如传统观念上的狭义顾客（消费者、产品最终使用者）、委托人、零售商、受益者（利益相关者）、采购方等。任何组织在进行有目的生产活动中，必然按制度及功能把组织进行细分，形成相应的、不同层级的组织机构。不同机构之间，同一机构的不同部门、不同工作小组，甚至同一小组的不同分工之间，都形成了不断将输入转化为输出的过程链。因此，"以顾客为关注焦点"，除了狭义的关注某一产品生产企业的"接受商品"的买卖关系中的"买方"外，任何上下游工作、由不同人员或机构完成的工作的上下游工序都应成为供方与顾客的关系，都应关注下游工序的质量及各工序（过程）之间的接口。这种思想也体现了质量管理大师 P. B. Crosby 的第一次就做好（Do It Right at the First Time）和零缺陷（Zero Defect）的思想，即每个工序、每个岗位都应善其事，不要因为图自己便利而不关注过程接口，或把问题、麻烦传递到"顾客"（下一道工序）。

3. 顾客的需求和满意度构成产品设计的源头

质量管理八项原则的第一条即为"以顾客为关注焦点"。顾客是接受产品的组织或个人，顾客的需求构成市场。顾客接受产品后，对产品的质量总会有自己的感受和评价。而顾客满意（Customer Satisfaction，CS）指顾客对其要求已被满足的程度的感受，以顾客满意度指标（Customer Satisfaction Index，CSI）表示。顾客满意度管理的指导思想是将顾客需求作为企业进行产品开发或服务设计的源头，其目的是提高顾客对企业的总体满意程度，营造适合企业生存发展的良好的内、外部环境。

如图 1.4 所示，顾客的满意程度按照需求得到满足的程度一般可以分为需求得不到满足、预期要求被满足、预期期望被超越、想象不到的其他需求四个层次，而相应的顾客行为分为投诉或抱怨、不确定、忠诚。从顾客对产品的满意程度及其相应的行为中可以获得大量关于产品或服务在设计、性能、使用等方面的重要信息，而这些信息，将成为组织或企业的产品优化设计及产品质量形成过程的宝贵的输入条件之一（潜在的市场空间）。这一过程刚好形成了质量管理的 PDCA 循环。

一个产品概念及相应质量特性的形成与设计，其源头起始于顾客的需要。如图 1.4 所示，随着社会的发展与科技的不断进步，人类在吃、穿、住、行及其他各种物质及精神层面的要求越来越高，需求越来越丰富。而广义的顾客需要多表现为主观的、多样性的，甚至有可能是不合法、不合理或不道德的。顾客的需要构成市场的需求，需求应表现为较为客观的、统一的，至少应符合法律、法规要求及人类道德标准。顾客的需要及反馈到市场的需求，是组织产品或服务设计的源头和导向，同时也成为组织产品的真正质量特性。真正质量特性是指直接反映用户对产品期望和要求的质量特性。对于组织而言，为了满足产品的真正质量特性，必须制定相应的技术标准或规范，从而控制和满足产品的真正质量特性。组织的这些技术标准或规范，即是产品的代用质量特性（内部要求）。代用质量特性是指为满足用户期望和要求，企业所制定的标准、要求或确定的参数、数据等。比如，对于航空器轮胎，其真正质量特性为耐久性、安全性等，而其代用质量特性则表现为耐磨指标、抗压指标、充气压力、宽度、厚度、直径、轮毂材料性能等。为了满足产品的安全及其他法规要求，组织还必须制定一些制度，并遵循相应的规章标准要求，如ISO9000族标准，国家标准（GB），相关的行业标准如航空标准AS（Aviation Standard）、HB，民航相关法律、法规及规章、适航指令、咨询通告等（外部要求），以满足产品或服务的安全性、法规性要求及国内外相关行业、消费者对产品或服务的认可等。

从产品设计与开发的角度，组织既要进行适用性质量的设计，也要进行符合性质量的设计。符合性质量即一组固有特性满足规定要求的程度，而适用性质量指一组固有特性满足使用要求的程度。在顾客的需要形成市场需求的过程中，组织要考虑产品的适用性要求；同时，在顾客接受产品并使用产品后，顾客对产品质量的评价，即满意度的信息将会不断反馈给企业，企业可以利用这些宝贵的信息对产品进行优化设计与开发，此时考虑的同样是适用性要求。而当产品的真正质量特性已转化为代用质量特性及相关法规标准的延伸要求后，组织产品生产及相关的工序控制及管理即为满足符合性质量。例如，某企业生产某一产品，顾客对此产品的功能需求即真正质量特性为X，有n个，分别为X_1，X_2，X_3，…，X_n，相应的代用质量特性即企业内部控制的技术参数为Y，有n个，分别为Y_1，Y_2，Y_3，…，Y_n。那么，从产品及市场开发的角度，以代用质量特性Y来满足真正质量特性X即为符合性要求，而这样只能使组织做到基本满足顾客需求，但其产品并不一定具有较好的市场竞争力。为了超越顾客期望，进一步提高顾客满意度指标（CSI），组织必须在产品开发及生产控制中进行适用性质量的设计，即组织对产品代用质量特性的控制不应仅仅局限在Y_1，Y_2，Y_3，…，Y_n，而应从适用性质量的角度考虑Y_{n+1}等更多的代用质量特性，以获得更多的真正质量特性，如X_{n+1}等，如图1.5所示。从另外一个角度而言，如果A_1，A_2，A_3为此产品的当然质量，那么更多的兴趣点质量如A_4，A_5等将极大地提高CSI指标（如图1.6所示），从而在满足顾客需求的基础上，超越顾客的期望。

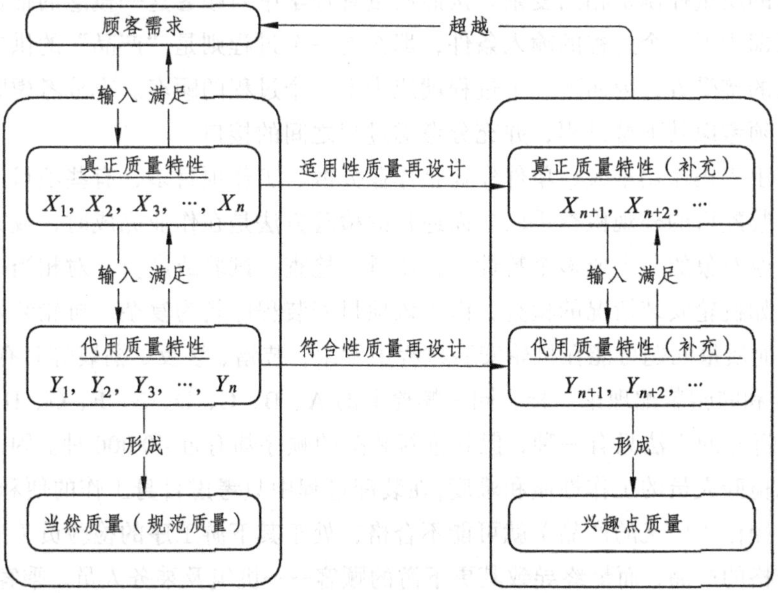

图1.5　质量特性与顾客满意的关系

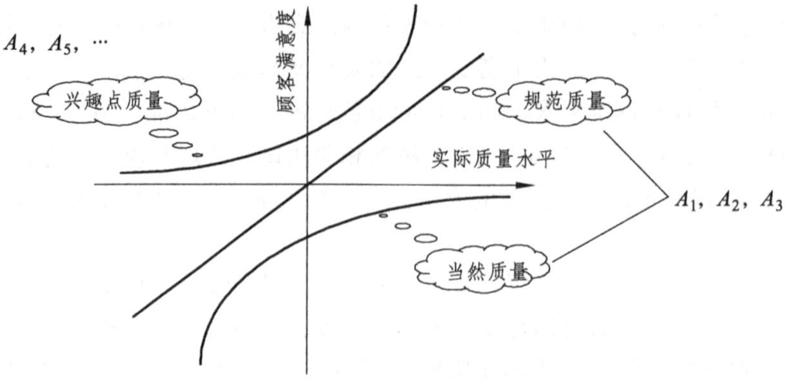

图 1.6　质量特性与顾客满意度的关系

4. 广义的质量概念在民航业中的体现

早在 20 世纪 60 年代，美国质量管理专家 A. V. Feigenbaum 在其 *Total Quality Control* 一书中就提到全面质量管理的概念，他指出："全面质量管理是为了能够在最经济的水平上，并考虑充分满足用户要求的条件下进行市场研究、设计、生产和服务，把企业各部门的研制质量、维持质量和提高质量的活动构成一体的有效体系。"也就是说，质量及质量管理并不是生产与制造企业的专利，而应包括组织的所有过程、工序、机构、人员等，也涵盖了生产制造企业、公共事业单位及各级政府部门。

因此，质量学角度广义的质量、过程、产品、顾客的概念及其应用并不局限在商品流通领域，而在各行各业都可以得以体现与应用。航空器制造业、民航运输业均是技术密集程度高、系统高度复杂的行业，航空器的零部件数以万计，其研制与生产可能分布在世界上几十个国家或地区。即使对于某一个原始设备制造商（Original Equipment Manufacturer，OEM）而言，生产某一零部件的技术论证、图纸设计、工序设计、工序控制、产品检测、性能优化等过程或环节的质量控制也相当复杂。按照质量管理学中对顾客这一概念的描述，上一个过程的输出结果即为下一个过程的输入条件，那么上一个过程则是"产品"的供方，而下一个过程则是产品的接受方，因而下一个过程就成为上一个过程的顾客。充分考虑顾客的需求，即上游过程必须考虑其下游过程，并充分考虑过程之间的接口。

航空维修手工操作比重大、单件作业且作业分散、工作项目多，有些项目的操作程序很复杂，且缺少装配后的外观检查手段。而通常的检验方法是在作业完成时，或完成某些作业阶段时，对作业对象的一个或多个特性进行测量、检查、试验或度量，对相当一部分维修作业并不适用。如机轮安装情况的检查，由于该项目安装程序较为复杂，机轮装好后检验员是难以检查的，而质量问题可能在机轮安装过程中发生，装错、装反、漏装等时有发生。例如，Reason 的螺栓和螺帽装配理论一样，同一螺栓上的 A、B、C、D、E、F、G、H 共 8 个螺帽，顺序排列，其拆除的方法只有一种，但其重新装配的顺序却有近 40 000 种。因此，若维修操作人员不考虑检验人员的工作性质和难度，在装配过程中只考虑自身工作的便利或省时图快，其完成的维修操作（广义的产品）就可能不合格，处于其下游工序的检验员（广义的顾客）就接受了不合格的产品，而最终导致其更下游的顾客——机组及乘务人员、乘客、维修单位、航空器所属航空公司、投资方、管理当局等所有的利益相关者（广义的顾客）不得不接受不合格产品可能带来的损失。

一个组织所有的利益相关者都是其顾客。对于上述的航空器制造企业，如波音公司、空客公司，分布在世界各地的 OEM 都是其重要的顾客之一。对于航空公司而言，其顾客可以包括管理部门（如局方或地区管理局、安全监管局等）、所有者（出资方）、其他航空公司、飞机制造商、原材料及零部件供应商、专业维修单位、内部顾客（员工）、外部顾客（狭义上指的就是乘客）等。关注不同顾客的需求，组织才能得以生存与发展壮大。如对于管理部门这一顾客，航空公司必须充分了解管理者及行业在法律法规层面、制度规范层面对航空公司营运的约束与要求，才能把握公司持续安全与稳定发展的方向。

第三节 质量管理理论与实践的发展回顾

质量管理是一门科学，但同时也需要在实践中不断检验。质量管理的发展反映了近代工业社会发展的客观要求，它随着社会生产的发展而发展，并有自己的一般发展过程。质量管理的发展过程集中反映了科学管理思想的演变，考查这个发展过程能为加强质量管理提供有益的启迪。

质量管理理论和实践的发展，可分为几个阶段，目前有多种划分方法。本节仅对通常所说的四个阶段划分方法及发展过程作一些综述。四个阶段即质量检验阶段、统计质量控制阶段、全面质量管理阶段、后全面质量管理阶段，如图 1.7 所示。

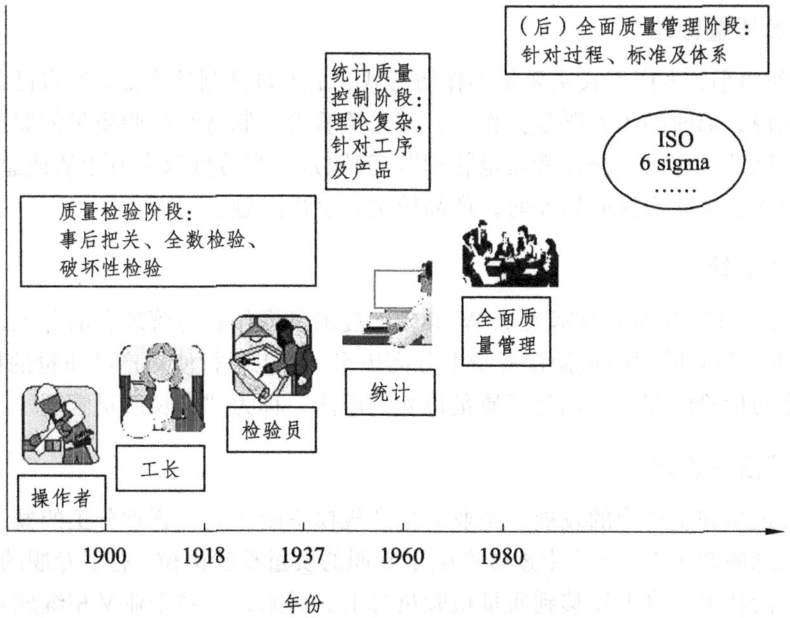

图 1.7 质量管理理论的发展历程

一、质量检验阶段

在第二次世界大战以前，人们对质量管理的认识只限于对产品质量的检验。在由谁来检验把关方面，也有一个逐步发展的过程，如图 1.8 所示。

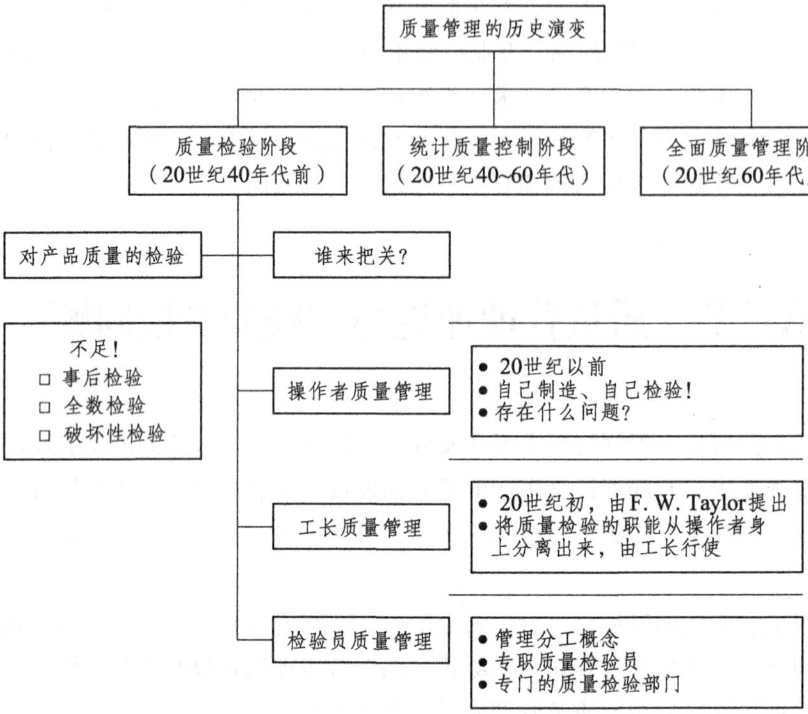

图 1.8　质量检验阶段的特点

1. 操作员质量管理

在 20 世纪以前，生产方式主要是小作坊形式，工人自己制造产品，又自己负责检验产品质量。换句话说，那时的工人既是操作者，又是检验者，制造和检验质量的职能统一集中在操作者身上，因此被称为“操作者质量管理”。问题是，当劳资双方有矛盾或意见不统一时，或操作者的技术水平或责任心较差时，产品质量就会出问题。

2. 工长质量管理

20 世纪初，科学管理的奠基人 F. W. Taylor 提出了操作者与管理者的分工，建立了“工长制”，并将质量检验的职能从操作者身上分离出来，由工长行使对产品质量的检验。这一变化分离了操作与检验的职能，强化了质量检验的职能，称为“工长质量管理”。

3. 检验员质量管理

随着科技进步和生产力的发展，企业的生产规模不断扩大，管理分工的概念被提出来。在管理分工概念的影响下，企业中逐步产生了专职的质量检验岗位，有了专职的质量检验员，质量检验的职能从工长身上转移到质量检验员身上。后来，一些企业又相继成立了专门的质量检验部门，使质量检验的职能得到进一步的加强，称为“检验员质量管理”。

质量检验阶段从操作者质量管理发展到检验员质量管理，无论在理论上还是实践上都是一种进步，对提高产品质量有很大的促进作用。但随着社会科技、文化和生产力的发展，逐步显露出质量检验阶段存在的许多不足：① 事后检验，犹如“死后验尸”，没有在制造过程中起到预防和控制作用，即使检验查出废品，也已是“既成事实”，质量问题造成的损失已难以挽回；② 全数检验，在大批量的情况下，从经济上考虑不合理，还容易出现错检漏检，既增加了成本，又不能保证检验百分之百的准确；③ 全数检验在技术上有时变得不可能，如破坏性检验，判断质量与保留产品发生了矛盾。这些问题在第二次世界大战时期显得特别突出，推动了质量管理理论的进一步发展。

二、统计质量控制阶段

20 世纪 40 年代，美国在武器质量、可靠性技术的军需生产组织及调运等方面遇到大量的问题，经常发生质量事故，影响战斗力。军方为解决这些问题，邀集一批统计专家和技术专家，运用数理统计方法，先后制定了三个战时质量控制标准：AWSZ1.1—1941《质量控制指南》AWSZ1.2—1941《数据分析用控制图法》AWSZ1.3—1942《工序控制图法》。美国军方责令军工企业实行。当时美国把它们作为绝密技术，应用后产生了良好结果。第二次世界大战后，美国将它们推广到民用工业。这些标准的提出和应用，标志着质量管理在 20 世纪 40 年代进入统计质量控制阶段。第二次世界大战以后，统计质量控制的方法开始得到推广，为企业带来了极好的利润。50 年代，联合国资助国际统计学会等组织大力推广数理统计方法，统计质量管理进入盛行时期。

所谓统计质量管理，是指主要采用统计技术进行质量控制的一套方法、技术和制度。其主要特点是：以制造过程中的工序为控制对象，对工序上的产品（在制品、半成品、成品）在生产加工过程中进行抽样；并根据标准进行检查，把检查结果进行统计分析，找出规律，做出判断；发现异常信息立即反馈到工序中，及时调节控制，达到工序稳定生产的目的。

从质量检验阶段发展到统计质量控制阶段，质量管理的理论和实践都发生了一次飞跃，从“事后把关”变为预先控制，并很好地解决了全数检验和破坏性检验的问题。但是，由于过多地强调了统计方法的作用，忽视了其他方法和组织管理对质量的影响，人们误认为质量管理就是统计方法，而且这种方法又高深莫测，让人们望而生畏，质量管理成为统计学家的事情，限制了统计方法的推广发展。总体而言，其缺点表现在以下几个方面：① 偏重工序管理，没有控制整个质量形成过程；② 技术难度大，难以调动广大工人积极参与质量管理；③ 常限于数学方法，没有同组织管理相结合，容易被管理人员忽视；④ 只考虑了产品标准，未考虑适用目的。

20 世纪 40 年代起，W. E. Deming 博士开始到日本工作和讲学。此后，作为日本工业的顾问，他把统计质量控制的方法传播给了日本企业。一开始，日本企业也遇到和美国企业一样的问题，统计质量控制方法的推行很不顺利。后来，日本在大众化、通俗化、简单化和普及化方面做了大量的工作，整理出一套简便易行的“质量控制七种工具”，并把“七种工具”与组织管理工作相结合，收到了惊人的效果。为了感谢 W. E. Deming 在第二次世界大战后对日本重建做出的巨大贡献及进一步在日本推进质量管理运动，日本科学技术联盟于 1951 年创立了“Deming 奖”。

三、全面质量管理阶段

全面质量管理思想起源于美国。从 20 世纪 60 年代初提出全面质量管理思想到现在已有 50 多年历史，全面质量管理的理论与方法仍在不断发展，它可分为以下三个重要阶段：

（1）1961 年，美国 GE 公司质量总经理 A. V. Feigenbaum 出版专著《全面质量管理》，标志全面质量管理思想正式诞生，而后美国质量管理专家朱兰等人大力倡导全面质量管理。

1961 年，A. V. Feigenbaum 撰写出版了 *Total Quality Control* 一书，指出“全面质量管理是为了能够在最经济的水平上并考虑充分满足用户要求的条件下进行市场研究、设计、生产和服务，把企业各部门的研究质量（质量设计）、维持质量（质量控制与质量保证）和提高质量（质量改进）的活动构成一体的有效体系”。A. V. Feigenbaum 和 J. M. Juran 等人提出的全面质量管理概念，强调了：① 质量管理仅靠检验和统计控制方法是不够的，解决质量问题的方法和手段是多种多样的，而且还必须有一整套的组织管理工作；② 质量职能是企业全体人员的责任，企业全体人员都应具有质量意识和承担质量责任意识；③ 质量问题不限于产品的制造过程，解决质量问题也是如此，应该在整个产品产生、形成、实现的全过程中都实施质量管理；④ 质量管理必须综合考虑质量、价格、交货期和服务，而不能只考虑狭义的产品质量。

（2）1969 年，质量管理国际大会总结了日本式质量管理的六大特点。

（3）1987 年，国际标准化组织发布 ISO9000《质量管理和质量保证》系列标准。

费根堡姆、朱兰等人提出全面质量管理，除了当时统计质量控制方法存在的不足以外，还有社会因素，主要有：

① 科技进步带来了许多高、精、尖的产品，特别是一些超大规模的产品，如火箭、宇宙飞船、人造卫星等，统计质量管理的方法已不能满足这些高质量产品的要求。

② 社会进步带来了观念的变革，保护消费者利益的运动向企业提出了“质量责任”命题。1960 年，美国、英国、奥地利、比利时等国的消费者组织在荷兰海牙正式成立了国际消费者组织联盟，并于 1983 年确定每年 3 月 15 日为“国际消费者权益日”。1984 年 12 月 26 日中国消费者协会经国务院批准正式成立。

③ 系统理论和行为科学理论等管理理论的出现和发展，对企业组织管理提出了变革要求，并促进了质量管理的发展。

④ 国际市场竞争加剧，交货期和价格成为顾客判别满足质量要求程度的重要内容。

这些新情况的出现，都要求质量管理在原有的统计质量控制方法基础上有新的突破和发展。基于这样的历史背景和经济发展的客观要求，美国通用电气公司（GE）质量总经理 A. V. Fegenhaurm 和著名的质量管理专家 J. M. Juran 等人在 20 世纪 60 年代先后提出了“全面质量管理”的概念。这一概念的提出，开拓了质量管理的一个新的时代，其影响一直延续到今天。

四、后全面质量管理阶段

严格地讲，后全面质量管理阶段也属于全面质量管理阶段。从 20 世纪 80 年代开始，也就是全面质量管理从 TQC 发展到 TQM 的同时，产生了第一部质量管理的国际标准——ISO9000 族标准。ISO9000 族标准是在总结质量管理实践经验的基础上，将一些先进国家已经逐步建立起来的质量管理标准进行了整理，形成国际标准。建立 ISO9000 族标准的目的，是努力使对质量管理活动的评判有一把国际统一的“尺子”，以帮助供需双方对企业的质量管理体系建立共识。20 世纪 90 年代又掀起了“六西格玛”管理高潮和追求卓越绩效，并且在许多国家受到关注。前者将质量固化到统计概念上，为追求质量管理的完美无缺提供技术支持；后者是鼓励各类组织更好地为顾客服务，不断完善质量管理体系和推动质量改进，并关注组织的社会责任。

（一）ISO9000 族标准产生的社会背景和基础

ISO9000 族标准是指“由国际标准化组织（International Organization for Standardization，ISO）质量管理和质量保证技术委员会（ISO/TC176）制定的所有国际标准”。该族标准可帮助组织实施并有效运行质量管理体系，是质量管理体系通用的要求或指南。1987 年颁布的第一版 ISO9000 族标准由于当时的客观原因，比较适合用于制造业企业的质量管理。随着人们认识的发展和质量管理应用的更加广泛，2000 年颁布的第三版 ISO9000 族标准已经具备了较好的通用性，不受具体的行业或经济部门的限制，可广泛适用于各种类型和规模的组织，在国内和国际贸易中促进了相互理解。ISO9000 族标准产生的主要社会背景和基础可以归纳为以下几个方面：

（1）优胜劣汰的市场经济是产生 ISO9000 族标准的社会基础。ISO9000 族标准是为了适应 20 世纪 80 年代之后激烈的国际市场竞争而制定的。它们既是欧美各市场经济国家企业走质量效益型道路的经验总结，又顺应了国际大市场优胜劣汰激烈竞争态势下各类企业生存和发展的客观需要。

（2）消除国际贸易中的质量体系注册（认证）等方面的技术壁垒，促进国际贸易顺利发展，是 ISO9000 族标准产生的经济基础，也是产生 ISO9000 族标准的直接原因。否则，任凭各国依据其不同的国家或团体标准进行质量体系认证，势必导致严重的技术壁垒，阻碍国际贸易的正常进行。

（3）社会科技进步，导致高科技产品不断涌现，而高技术产品势必要求高质量，否则会对产品的使用者乃至周围人群造成严重的危害，这是 ISO9000 族标准产生的技术基础。

（4）世界各国制定与颁布的质量责任、法令、法律、法规，把质量保证体系的建立与实施作为强制性的社会要求，这是 ISO9000 族标准产生的法律基础。如我国《产品质量法》第一章第六条、第二章第十四条以及第三章均规定了“国家鼓励推行科学的质量管理方法”“国家根据国际通用的质量管理标准（即 ISO9000 族标准）推行企业质量体系认证制度”及“生产者、消费者产品质量责任和义务”等，从而使 ISO9000 族标准的实施有了强有力的法律基础。

（5）各国消费者权益保护运动的广泛深入开展，促使各类企业不断建立与实施质量管理体系，改进与稳定产品（服务）质量，成为 ISO9000 族标准产生和发展的群众基础。

（6）ISO9000 族标准来源于 20 世纪 40 年代的美国军工行业标准，经过半个世纪的实践，逐步发展成国家标准，最后成为国际标准，并取得了显著的经济效益和社会效益，这是 ISO9000 族标准产生和发展必不可少的实践基础。

目前，ISO9000 族标准已在全世界绝大多数国家和地区等同国家标准，并广泛用于工业、经济和政府的管理领域，有 50 多个国家和地区建立了质量体系认证制度，截止到 2000 年 12 月底，获得 ISO9001 认证证书的企业已经超过 40 万家。可见，ISO9000 族标准已经成为国际经济与社会活动中必不可少的一类国际标准。

（二）ISO9000 族标准的发展沿革

ISO 通过它的 2 856 个技术机构开展技术活动。其中技术委员会（TC）共 185 个，分技术委员会（SC）共 611 个，工作组（WG）2 022 个，特别工作组 38 个。ISO 的 2 856 个技术机构技术活动的成果（产品）是"国际标准"。ISO 已制定出共 10 300 多个国际标准，主要涉及各行各业各种产品（包括服务产品、知识产品等）的技术规范。

ISO 制定出来的国际标准除了有规范的名称之外，还有编号，编号的格式是：ISO + 标准号 + [杠 + 分标准号] + 冒号 + 发布年号（方括号中的内容可有可无），如 ISO8402：1987、ISO9000-1：1994 等，分别是某一个标准的编号。但是，"ISO9000"不是指一个标准，而是一族标准的统称。根据 ISO9000-1：1994 的定义："'ISO9000 族'是由 ISO/TC176 制定的所有国际标准。"

ISO/TC176 即 ISO 中第 176 个技术委员会，成立于 1980 年，全称是"品质保证技术委员会"，1987 年更名为"品质管理和品质保证技术委员会"，专门负责制定品质管理和品质保证技术的标准。

TC176 最早制定的一个标准是 ISO8402：1986，名为《质量——术语》，于 1986 年 6 月 15 日正式发布。1987 年 3 月，ISO 又正式发布了 ISO9000：1987、ISO9001：1987、ISO9002：1987、ISO9003：1987、ISO9004：1987 共 5 个国际标准，与 ISO8402：1986 一起统称为"ISO9000 系列标准"。

自 1986 年国际标准化组织首次发布 ISO8402 标准开始，至今已经历了下列三个阶段。

1. 20 世纪 80 年代的 ISO9000 族标准

1986 年发布的 ISO8402 与 1987 年发布的 ISO9000—ISO9004 标准构成了 ISO9000 族标准的第一版，其构成如图 1.9 所示。

第一版 ISO9000 族标准的发布与实施，使世界各国有了一套相同的国际标准化的质量管理方法，而 GATT/TBT 的签订和实施又推进了 ISO9000 族标准的广泛实施，从而有效地破除了国际商品贸易中依据不同质量保证标准进行质量体系认证（注册）而导致的技术壁垒，促进了国际贸易的正常发展。

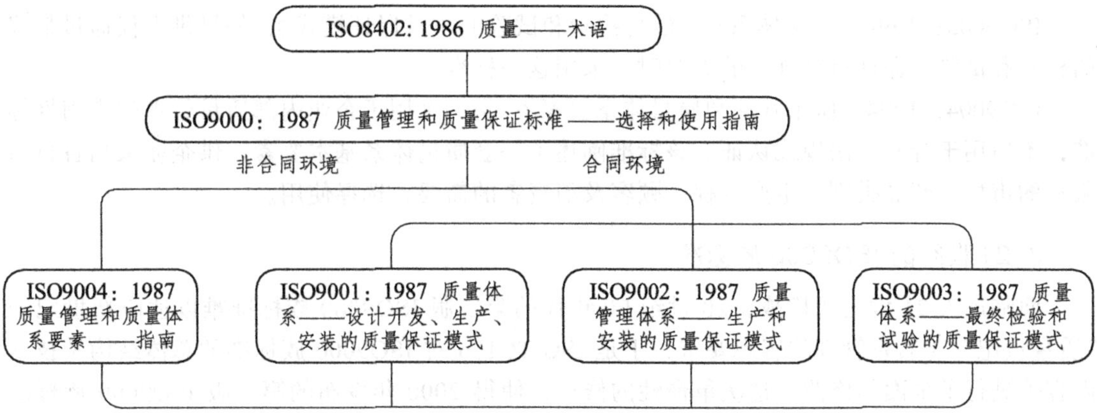

图 1.9 80 年代第一版 ISO9000 系列标准的构成图

2. 20 世纪 90 年代的 ISO9000 族标准

由于第一版的 ISO9000 族标准主要适用于工业制造领域，不适应其他各行各业，尤其是服务业的质量管理要求，同时对质量体系的一些要素需要进行具体补充和细化。为此，ISO/TC176 在维持 ISO9000 族标准总体结构和思路不变的前提下，于 1994 年对第一版 ISO9000 族标准进行了局部修改，并补充制定了一些 ISO10000 系列标准，对质量体系的一些要素活动做出具体的规定，形成了第二版 ISO9000 族标准。第二版 ISO9000 族标准的发布与实施极大地推进了世界各国的质量管理事业，形成了一股世界性的 ISO9000 热潮。

TC176 于 1990 年发布了 1 个标准，1991 年发布了 3 个标准，1992 年发布了 1 个标准，1993 年发布了 5 个标准；1994 年没有另外发布标准，但是对前述“ISO9000 系列标准”统一作了修改，分别改为 ISO8402：1994、ISO9000-1：1994、ISO9001：1994、ISO9002：1994、ISO9003：1994、ISO9004-1：1994，并把 TC176 制定的标准定义为“ISO9000 族””。1995 年，TC176 又发布了 1 个标准，编号是 ISO10013：1995。到 1999 年底，已陆续发布了 22 项标准和 2 项技术报告。

ISO8402：1994《质量管理和质量保证——词汇》是 ISO8402：1986《质量——术语》的修订本。ISO8402 是 ISO9000 族中的一个重要的基础标准，它对于正确地理解质量管理和质量保证的有关概念，更好地贯彻实施 GB/T 19000 和 ISO9000 系列标准具有重要意义。ISO8402：1994 与 ISO8402：1986 相比在内容上有很大的变化，其结构和定义也更为严谨。

ISO9000-1：1994《质量管理和质量保证标准 选用指南》：是“阐明有关质量的基本概念、提供 ISO9000 族标准的选择和使用指南”的标准。表述“基本概念和指导意见标准”的文字，应力求清晰准确，符合等同采用标准原文的含义。

ISO9001：1994《质量体系一设计、开发、生产、安装和服务的质量保证模式》，规定了质量体系的要求，用于需要证实供方设计和提供合格产品的能力的场合；规定的主要目的在于通过防止从设计到服务的所有阶段中出现不合格，以使顾客满意。

ISO9002：1994《质量体系——生产、安装和服务的质量保证模式》，该标准不仅包括了 ISO9003 的全部要素，而且还更深入地扩展了 ISO9003 条款的细节。ISO9002 的目标是防止制造不可接受的产品（服务），防止不正确的安装。它还提供了反馈机制，一旦出现问题，能够采取纠正和预防措施。

ISO9003：1994《质量体系——最终检验和试验的质量保证模式》，如果供方仅通过最终的检验和试验来保证符合规定的需要时，采用这一标准。

ISO9004：1994《质量管理和质量体系要素》：是一个用于企业内部质量管理的指南性标准，不适用于合同、法规或认证。该标准阐述了一套质量体系基本要素，供企业根据各自所服务的市场、产品类别、生产过程、顾客及消费者的需要，选择使用。

3. 21 世纪的 ISO9000 族标准

面临进入 21 世纪的挑战，20 世纪 90 年代的第二版 ISO9000 族标准难以适应新世纪即“质量世纪”对质量管理的客观要求，于是 ISO/TC176 对 ISO9000 族标准的总体结构及技术内容等进行了全面的修改。这次革命性的修订，使得 2000 年发布的第三版 ISO9000 族标准有了更加广泛的适用性，而且比 20 世纪 90 年代的第二版更加系统和简明，并融合了先进的管理理念。

为了有助于标准的应用，第三版 ISO9000 族标准在标准结构上分成三类文件，详见表 1.1 和图 1.10。

表 1.1　21 世纪 ISO9000 族标准文件结构

ISO 标准		技术报告（ISO/TR）	小册子
核心标准	其他标准		
ISO9000 ISO9001 ISO9004 ISO9011	ISO10012	ISO/TR 10006 ISO/TR 10007 ISO/TR 10013 ISO/TR 10014 ISO/TR 10015 ISO/TR 10017	1. 质量管理原理 2. 选择和使用指南 3. 小型企业的应用等

注：ISO19011 由 ISO10011 与 ISO14011 合并修订而成。

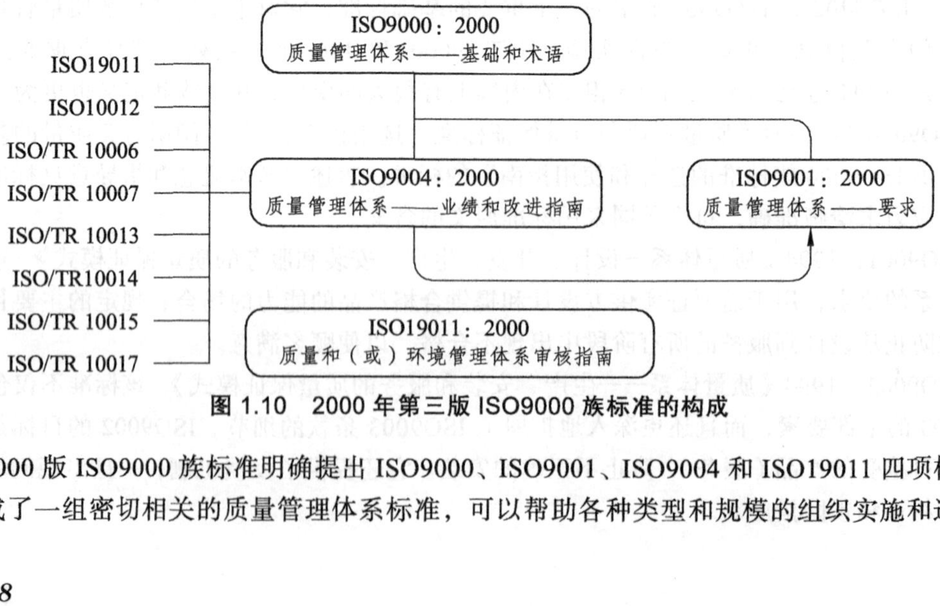

图 1.10　2000 年第三版 ISO9000 族标准的构成

2000 版 ISO9000 族标准明确提出 ISO9000、ISO9001、ISO9004 和 ISO19011 四项标准共同构成了一组密切相关的质量管理体系标准，可以帮助各种类型和规模的组织实施和运行有效的质量管理体系。并且指出：为了成功地领导和运作一个组织，为了针对所有相关方面的需求，实施并保持持续改进其业绩的管理体系，必须遵守下列八项质量管理原则：① 以顾客为关注焦点；② 领导作用；③ 全员参与；④ 过程方法；⑤ 管理的系统方法；⑥ 持续改进；⑦ 基于事实的决策方法；⑧ 与供方互利的关系。

从上述的八项基本原则来看，ISO9000：2000 族标准从 20 世纪 80 年代发展到今天，其基本思想仍然是全面质量管理。

ISO9000 族标准发展至今，各标准在不同年份均进行了修订。最新版标准相对应的标准号分别为 ISO9000：2005《质量管理体系　基础和术语》、ISO9001：2008《质量管理体系　要求》、ISO9004：2009《质量管理体系　业绩改进指南》、ISO19011：2003《质量及/或环境管理体系审核指南》。

（三）六西格玛管理

1. 六西格玛管理的基本概念

六西格玛（6σ）概念于 1986 年由摩托罗拉公司的比尔·史密斯提出，此概念属于品质管理范畴。西格玛（σ, σ）是希腊字母，这是统计学里的一个单位，表示与平均值的标准偏差，旨在生产过程中降低产品及流程的缺陷次数，防止产品变异，提升品质。六西格玛逐步发展成以顾客为主体来确定企业战略目标和产品开发设计的标尺，追求持续进步的一种管理哲学。

6σ 管理法是一种统计评估法，核心是追求零缺陷生产，防范产品责任风险，降低成本，提高生产率和市场占有率，提高顾客满意度和忠诚度。6σ 管理既着眼于产品、服务质量，又关注过程的改进。“σ” 用以描述总体中的个体离均值的偏离程度，测量出的 σ 表征诸如单位缺陷、百万缺陷或错误的概率，σ 值越大，缺陷或错误就越少。6σ 是一个目标，这个质量水平意味着所有的过程和结果中，99.999 66%是无缺陷的，也就是说，做 100 万件事情，其中只有 3.4 件是有缺陷的，这几乎趋近人类能够达到的最为完美的境界。6σ 的数学原理是针对高斯方程进行积分，积分上下限分别对应 -6σ、$+6\sigma$，方程曲线符合正态分布，其与横坐标所围成的面积即代表质量水平（图 1.11）。

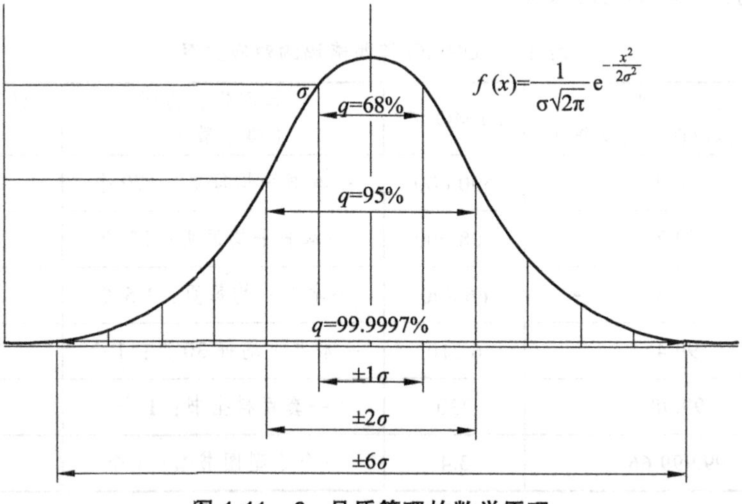

图 1.11　6σ 品质管理的数学原理

6σ管理关注过程，特别是企业为市场和顾客提供价值的核心过程。因为过程能力用σ来度量后，σ越大，过程的波动越小，过程以最低的成本损失、最短的时间周期满足顾客要求的能力就越强。6σ理论认为，大多数企业在3σ~4σ间运转，也就是说每百万次操作失误在6 210~66 800之间，这些缺陷要求经营者以销售额15%~30%的资金进行事后的弥补或修正，而如果做到6σ，事后弥补的资金将降低到约为销售额的5%。

在这里面涉及几个概念，六西格码是帮助企业集中于开发和提供近乎完美产品和服务的一个高度规范化的过程，测量一个指定的过程偏离完美有多远。六西格码的中心思想是，如果能“测量”一个过程有多少个缺陷，便能系统地分析出怎样消除它们和尽可能地接近“零缺陷”。

在六西格玛里，“流程”是一个很重要的概念。举例说明，一个人去银行开账户，从他进银行开始到结束办理开户，叫一个“流程”。而在这个流程里面还套着一个“流程”，即银行职员会协助客户填写开户账单，然后把这个单据拿给主管审核，这是银行的一个标准程序。去银行开户的人是一线员工的“顾客”，这是当然的顾客，叫“外部顾客”；而同时一线员工要把资料给主管审核，所以主管也是一定意义上的“顾客”，这叫“内部顾客”。工厂与这个案例也很像，即下一道工序是上一道工序的“顾客”。

另一个重要的概念是“规格”。客户去银行办账户，时间是很宝贵的。办账号需要多长时间就是客户的“规格”。客户要求在15 min内办完，15 min就是这个客户的规格。而如果银行一线职员要用17~18 min才能做完，那么，这就叫做“缺陷”。假如职员要在一张单上5个地方打字，有1个地方打错了，这就叫做1个“缺陷”，而整张纸叫1个单元。

“机会”指的就是缺陷的机会，如果一张单据上有5个地方要打，那么这个单元的缺陷机会为5。

DPMO（Defects per Million Opportunity，每百万次采样数的缺陷率）与六西格玛的关系：DPMO是指100万个机会里面出现缺陷的机会是多少。这里有一个计算公式，即

DPMO =（总的缺陷数/机会）× 百万分之一百万

如果DPMO是百万分之三点四，即达到99.999 66%的合格率，那么这就叫六西格玛。表2.2为DPMO与西格玛的对应关系。

表1.2　DPMO与西格玛的对应关系

σ值	正品率/% （失误次数/百万次操作）	DPMO值	以印刷错误为例 （错字数）	以钟表误差为例 （每世纪）
1	30.9	690 000	一本书平均每页：170个	31.75年
2	69.2	308 000	一本书平均每页：25个	4.5年
3	93.3	66 800	一本书平均每页：1.5个	3.5个月
4	99.4	6 210	一本书平均每30页：1个	2.5天
5	99.98	230	一套百科全书：1个	30分
6	99.999 66	3.4	一个小型图书馆：1个	6秒

引入了西格玛这个概念以后，不同的企业、工厂、流程、服务之间都可以进行量化的比较。

2. 六西格玛管理的主要特征

（1）真正关注顾客：顾客是指接受产品或服务的组织或个人，顾客分为外部顾客和内部顾客。外部顾客包括中间用户和最终用户，内部顾客包括企业内部员工、上下道工序等。六西格玛管理业绩测量的起点和终点都是“顾客的心声”，以顾客贯彻始终，从而真正关注顾客。那么顾客关注什么呢？顾客关注的是产品或服务的质量、成本、供应、售后、安全等问题。六西格玛管理首先要确定顾客的需求以及能满足这些需求的流程。没有满足顾客需求即构成“缺陷”。六西格玛管理正是在逐步降低“缺陷”的过程中提高顾客的满意度的。

（2）无边界合作：企业内部的分工能够极大地提高劳动生产效率，但也会出现这种情况，即虽然企业内部各部门都很努力，加班加点、挥汗如雨地工作，可是最终的结果可能不完美、不协调，其问题就出在有边界的分工上面。无边界合作是指打破或不去理睬一切人为的屏障，如职能、官衔、地域、种族、性别或其他障碍，直奔最佳想法。各部门都从顾客利益而非部门利益出发，从顾客方便的角度来考虑问题，这样就容易目标一致，紧密协作，提供完美的产品或服务。六西格玛管理就是要打破组织的边界，展示能突出公司整体利益的效果。

（3）以数据（事实）驱动管理：在六西格玛中，确定要解决的问题要靠收集数据，衡量目前的水平要靠数据，实际做到的与期望做到的差距要靠数据，可以说用数据说话是六西格玛管理的显著特点。六西格玛管理要求测量影响顾客满意度的所有因素，通过评估系统，跟踪结果和产出，并追溯生产、服务和业务流程的投入和其他可预测因素。六西格玛用数据作为基础，来支持或推动决策的形成，而非靠定性的、感觉的、经验的、情绪的、职位的等方法和模式来进行决策和驱动管理，因为这些东西不稳定、不可靠、不科学。

（4）针对过程采取措施：任何生产或服务都有一个过程，过程就是把生产要素、要求、目标等输入因素，通过一系列的物理、化学、生物、社会的作用和反应，形成产品和服务输出的一个流程。把要素投入了，能否形成合格的满足要求的产出，关键取决于生产过程本身。六西格玛强调要针对过程，而非针对结果采取措施。例如，加强检验就是对结果采取措施，接待不满顾客也是对结果采取措施，提高售后服务同样是对结果采取措施。其实这些不符合顾客要求的、不符合规定的，都是在生产过程中制造的，在随后的检验过程中漏掉的，最后流到客户手中。六西格玛水平不是靠检验来实现的，它强调对生产、服务过程中造成品质不稳定的因素采取控制措施，减少波动，防止缺陷的产生，从而从根本上解决问题。

（5）主动（预防性）管理（Proactive Management）：主动管理意味着在事件发生之前，预测问题、数据、状况等的变化方向和趋势，提前采取前瞻性、预防性的控制、纠偏措施，保证生产过程朝着预期的目标发展。六西格玛强调要进行预防性的积极管理，积极管理意味着设定并跟踪有挑战性的目标，建立清晰的优先顺序，对采取预防措施和事后解决问题的人都给予同等程度的奖赏，挑战传统的、静态的、被动的、消极的做事方法。

（6）追求完美但容忍失败：六西格玛管理的实质就是在努力提供完美的、高水平服务的同时，努力降低企业的不良质量成本。完美的服务就是要朝着 3.4PPM 的方向努力，为此要进行探索，采取一些措施对企业生产、服务系统进行改进甚至进行全新设计，建立六西格玛企业文化等。在这个追求卓越的过程中，不见得每一种方法、手段、措施都是正确、得力和有效的，有可能有些尝试是失败的。六西格玛管理强调追求完美，但也能坦然接受或处理偶发的失败，从错误中总结经验教训，进行长期的、持续的改进。

第二章　质量管理八项原则

2000 版 ISO9000 族标准提出了帮助企业达到持续成功的八项质量管理原则。这八项原则是国际上诸多企业近 40 年质量实践经验的总结。在学习贯彻新版标准的过程中，首先应深刻理解这八项原则的内涵，以正确认识新版标准中的质量管理体系要求，并为调整和改进现行质量管理体系奠定良好基础。

ISO9000 族标准提出的八项基本原则是：

（1）以顾客为关注焦点（Customer Focused Organization）；

（2）领导作用（Leadership）；

（3）全员参与（Involvement of People）；

（4）过程方法（Process Approach）；

（5）管理的系统方法（System Approach to Managements）；

（6）持续改进（Continual Improvement）；

（7）基于事实的决策方法（Factual Approach to Decision Making）；

（8）与供方互利的关系（Mutually Beneficial Supplier Relationships）。

第一节　以顾客为关注焦点

一、“顾客”的概念

英语 customer 可以翻译为顾客，也可以翻译成客户、用户、买主等。按 ISO9000：2005《质量管理体系　基础和术语》的定义，顾客是“接受产品的组织或个人”，如消费者、委托人、最终使用者、零售商、受益者和采购方。顾客与供方密切相关，供方是提供产品的组织或个人，如制造商、批发商、产品零售商或商贩、服务或信息的提供方。没有供方，就没有顾客；反之，没有顾客，供方也难以存在。供方可以是组织内部的或外部的，顾客也可以是组织内部的或外部的。也就是说，顾客不仅存在于组织外部，也存在于组织内部。按全面质量管理的观点，“下一道过程”就是“上一道过程”的顾客。而在过去，对“顾客”这一术语有两种错误理解：一是只认“买主”，对产品的最终使用者不予以关注；二是只认组织外部顾客，对组织内部顾客不予关注。

二、组织与顾客的关系

现代组织生产的目的，不是为了自己消费，而是为了交换。组织提供产品给顾客，顾客用货币回报组织，双方形成交换关系。虽然也可能有极少数例外，如组织无偿提供产品给顾客，但是顾客虽然未用货币予以回报，却可能用其他方式（如广告效应、感情因素）回报组织。一个组织不能没有顾客，没有顾客的组织就不可能生存。因此，组织是依存于顾客的。在市场经济条件下，这是组织和顾客之间最基本的关系。

组织和顾客之间进行商品（货币是特殊商品）交换，就必然要遵循等价的原则。受市场供求状况的制约，交换也可能出现暂时的“不等价”，但迟早都会趋于等价。从整个社会的角度考察，交换的双方更是完全等价的。再加上交换双方是自由的，顾客可以买也可以不买，组织可以卖也可以不卖，这样就决定了组织和顾客之间的关系是自由的、平等的。任何一方要凌驾于另一方之上，至少在法律层面上是不允许的。

但是，由于组织依存于顾客，只有组织的产品被顾客认可了、购买了，组织才能生存下去；而组织又不可能强迫顾客认可和购买，这就决定了组织应“以顾客为关注焦点”，用优质的产品吸引顾客。从这个角度看，组织的地位应该比顾客“低一等”，因此，才有“顾客就是上帝”的说法。而另一方面，相对于顾客（尤其是个人顾客）而言，由于组织手中掌握着更多资源，如政策资源、技术资源、组织资源、人力资源等，事实上，在与顾客打交道时，组织不仅未“低一等”，反而“高一等”。这种状况在经济发展还较为落后、保护消费者合法权益的法律还不健全的国家和地区更是如此。不过，这种状况迟早都会改变，组织在与顾客打交道时“高一等”的状况越来越难以维持，与“皇帝女儿不愁嫁”一样成为历史。自觉地“以顾客为关注焦点”，是组织立于不败之地的最根本的指导思想。

三、顾客的需求

“以顾客为关注焦点”，本质是以顾客的需求为关注焦点。人的需求包括多种层次、多个方面，丰富多彩，难以罗列。正因为如此，产品才如此丰富，品种也才如此繁多。不同的组织对顾客需求的满足是不同的，某一个组织往往只能满足顾客某一层次、某一方面的需求。从组织的角度看，要把握的是自己的产品针对的是顾客的哪一层次、哪一方面的需求，是当前的需求还是将来的需求。

在经济学中，需求和需要是有区别的。需要是本身具有的，需求是需要的反映，是需要和实际购买能力相结合的产物，是受条件限制的需要。理解和把握顾客当前的需求，是为了当前直接满足这种需求。理解和把握顾客将来的需求，一是为了激发这种潜在的需求，使其变为未来现实的需求；二是为了进行技术储备、产品开发，以便在将来满足这种需求。

随着社会的发展和科技的进步，顾客对产品的需求呈现以下五大趋势：从数量型需求向质量型需求转变；从低层次需求向高层次需求转变；从满足物质需求向满足精神需求转变；从统一化需求向个性化需求转变；从只考虑满足自身需求向既考虑满足自身又考虑满足社会和子孙后代需求转变。对这些趋势，组织应当理解和把握。

组织“以顾客为关注焦点”就是通过自己的产品去满足顾客的需求并努力超越顾客的期望。需求包括：明示的（明确表达的）；通常隐含的（虽然没有提出，但可以理解，双方有默契的）和必须履行的（如法律、法规规定的）。

四、顾客对组织的回报

组织“以顾客为关注焦点”，最终会得到顾客的回报。这种回报可能表现在：认可组织的产品及产品质量；购买组织的产品；为组织无偿宣传；与组织建立稳固的合作关系；支持组织开展的有关活动等。

组织和顾客的关系归根结底是平等的，组织和顾客在交往中往往是“双赢”。组织“以顾客为关注焦点”，顾客给组织以回报，组织也就成了“赢家”，而且很可能比顾客“赢”得更多。当然，组织“赢”有一个过程。首先，组织应真正“以顾客为关注焦点”并将其落实到产品质量上。组织落实“以顾客为关注焦点”的速度，不能慢于竞争对手，其质量不能低于竞争对手，其深度和广度也应尽量高于竞争对手。

五、组织在顾客问题上的错误倾向

在如何对待顾客这个问题上，一些组织及组织的领导层往往存在这样那样的错误认识或错误倾向，如以下几种：

（1）以自我为中心。组织只想自己的发展，忽视顾客的需求，甚至仰仗种种优越条件，从不听取顾客的意见，对顾客抱怨更是不予以理睬。

（2）以政府或上级为中心。组织“不找市场找市长”，只考虑上级的要求，不研究顾客，终日跑政府，争项目，结果刚上马就宣告破产或亏损。

（3）过分重视形式。过分追求形式可能导致组织破产。如为了获奖，大肆增加质量费用，而这些费用与顾客的需求却没有多大的关系。

（4）对顾客的需求把握不准。组织没有认真进行调查，或者顾客需求有了发展却依然抱着老一套不放，或者不顾顾客需求，花巨额研究经费研制一些所谓的先进产品，这两种情况都可能导致失败。

（5）没有与顾客沟通的渠道。不少组织只埋头生产经营，与顾客缺乏沟通，组织领导层不知道顾客在想什么，其他人员更不知道。

（6）把责任推给顾客。产品质量一旦出了问题，不从自身找原因，反而埋怨顾客，将责任推给顾客。

（7）“以顾客为关注焦点”的原则未能落实。一是未体现在组织的方针中；二是未落实到组织质量管理体系的各项工作中；三是组织员工对这些原则不了解或了解不深刻。

上述七种存在的带有普遍性的问题都值得组织认真对待。

六、组织应怎样“以顾客为关注焦点”

将“以顾客为关注焦点”这一原则落实下去的主要表现为：

（1）组织领导层在思想上真正解决了“以顾客为关注焦点”的认识问题，违背这一原则的错误认识已经得到切实的纠正。

（2）组织的方针和发展战略，特别是质量方针和质量目标，充分体现了“以顾客为关注焦点”的原则。

（3）组织的全体员工对“以顾客为关注焦点”的原则已经理解，并已普遍接受。

（4）组织的所有工作都真正体现了“以顾客为关注焦点”，特别是质量管理体系的所有方面（方针、程序、要求、过程等）都充分体现了“以顾客为关注焦点”，或者说，都是从“以顾客为关注焦点”出发的。

（5）组织设有与顾客沟通的机构，建立了与顾客沟通的渠道，并定期或不定期进行沟通。

（6）组织在调查、识别、分析、评价顾客的需求方面，建立行之有效的制度并经常进行。

（7）组织能即时获得顾客的意见，并能在组织内部相关部门之间沟通，包括领导层也能即时得到这方面的信息或报告。

（8）“以顾客为关注焦点”已纳入组织的管理评审中，定期进行评审并加以改进。

（9）顾客的满意度呈上升趋势。

（10）组织在满足顾客需求方面经常有新的举措，包括推出新产品和新的服务项目。

（11）对顾客的抱怨处理及时，少有诉诸法庭之事，尽量让顾客满意。

（12）所有与顾客有关的工作都能得到持续改进，取得显著成效。

七、满足顾客需求并超越顾客期望

以顾客为关注焦点，其核心为：组织依存于顾客，因此组织应理解顾客当前和未来的需求，满足顾客需求并争取超越顾客期望。其内涵包括：

1. 组织依存于顾客

即企业的生存依赖于顾客，这是由产品供应链关系所决定的。这里有两层含义：一是由于顾客处在供应链上游，因此，顾客不存在时，企业也失去了生存的可能；二是当企业不能满足顾客需求时，顾客为了生存会寻求新的企业建立供应链关系，此时，原企业则因脱离供应链而失去生存的可能。

2. 理解顾客当前和未来的需求

这是企业满足顾客需求的前提，需要企业通过主动地调查、识别和分析来确定现实条件下顾客的需求以及将来的某个时间顾客可能产生的需求。

3. 满足顾客需求

这是企业保持与顾客的供应链关系必须达到的目标，即向顾客提供符合其现实需求（包括明示的、习惯上隐含的及必须达到的要求）的产品和服务。

4. 超越顾客期望

这是企业长期保持与顾客的供应链关系必须关注的竞争目标。事实上，企业要想在竞争中取胜，不仅需要对此目标给予关注，更重要的是要注意达到此目标的速度，慢半拍往往意味着失败。

第二节　领导作用

一、领导在质量管理体系中的地位

在汉语中，领导有两个含义：一是动词，指领导的行为；二是名词，指担任领导职责的人。ISO9000：2000 族标准强调的是担任领导的人的作用。在 ISO9000：2000 中有“最高管理者”这一术语，是指“在最高层指挥和控制组织的一个人或一组人”。显然，最高管理者是领导，而领导不仅仅是“最高管理者”。

领导是具有一定权力、负责指挥和控制组织或下属的人员。在质量管理体系中，领导人员具有最重要的地位。以下是组织领导在质量管理体系中的职责和所起的作用。

1. 领导是质量方针的制订者

如果领导未能解决对质量的认识问题，没有坚定的质量信念，在指挥质量方针时未能真正“以顾客为关注焦点”，那么，即使质量方针中有诸如“质量第一”之类的语言，也难以起到作用。

2. 领导是质量职能活动和质量任务的分配者

组织的质量职能活动和质量任务未分配下去，就不可能有人去做、去完成，质量方针也就不可能落实。如果分配质量职能活动和质量任务不恰当，也会造成职责不明确，协调不好，使质量职能和质量任务不能完成。

3. 领导是资源的分配者

质量管理体系要建立和运行，都应有必要的资源和相关条件（过程的输入），如人员、设施、工作环境、信息、供方和合作关系、自然资源以及财务等资源。资源投入不足或资源本身质量欠佳，都难以使质量管理体系取得预期的效果。领导在此负有重要职责。

4. 领导的带头作用

对员工来说，领导的一言一行都是榜样。如果领导不遵守规章制度，不按程序办事，不注重自己的工作质量，就会产生恶劣影响，使员工也迅速感染，结果规章制度就会形同虚设，程序就会混乱，工作质量会下降，组织就难免走向衰败。

5. 领导在关键时候的决策

组织的质量管理体系在运行中，难免会发生种种矛盾和分歧，例如，发生质量与数量、进度的分歧时，往往需要领导决策。如果领导不按既定的质量方针处理，牺牲质量以求数量或进度，很可能造成严重后果。不仅如此，上行下效，员工以此为例，很可能一发而不可收。

6. 领导承担着对质量管理体系进行持续改进的责任

组织要在竞争中获胜，只能靠持续不断的改进，而改进是领导的重要职责，包括改进管理和为改进创造适宜的环境两个方面。如果领导没有这种意识和心态，得过且过，组织就可能在下一次竞争中落后。

二、领导作用——创造全员参与的环境

按 ISO9000：2000 的规定，领导的作用主要是创造全员参与实现组织目标的环境。这里的“环境”不是指自然环境，也不仅仅是指一般的工作环境，而是指人文环境，是组织内部的情况和条件，是心理学和社会学的规定。组织不论大小，都是一个群体、一个社区。员工在组织中的行为是受群体心理制约的，是受社区环境影响的。一个没有良好的质量风气的组织，质量管理体系要正常运行是不可能的。良好质量风气的形成，固然离不开整个社会的质量风气状况，但最重要的还是组织领导的责任，包括领导的模范带头作用。领导如何创造一种良好的质量环境呢？主要步骤如下：

1. 确定组织的质量方针和目标

这种方针和目标与组织的总目标和经营发展是协调一致的，具有针对性，又有先进性。

2. 将质量方针和目标与组织内部环境统一起来

方针和目标既要适合组织的现状，又要对现状有改进或促进作用。要让全体员工都能知道、了解和理解质量方针和目标，并将其作为自己的工作准则，这样就能形成良好的质量风气。凡有违背质量方针、目标的行为，凡有不遵守质量规章制度的现象，都会受到员工自觉的抵制。

3. 要使全体员工都能参与实现方针目标的活动

质量管理体系如果没有全员参与，是不可能有效运行的。要使全员参与，领导应做到以下三个方面：带头参与；激励员工参与，并扫除员工参与的各种障碍，给员工参与创造条件；对员工参与后做出的成绩给予评价和奖励。

三、在质量方面领导应当知道些什么

领导，特别是组织的高层领导，多懂一些质量和质量管理知识当然是重要的。但是，从其承担的职责来说，领导并不需要成为质量管理专家，只需要掌握以下四个方面的质量管理知识：

1. 有关质量的法律法规

如《产品质量法》《消费者权益保护法》等。领导应当知道，产品一旦出了质量问题，对顾客的人身财产造成了伤害，就将对顾客进行赔偿。在法制越健全的国家或地区，这种赔偿金额越大，越不可掉以轻心。在美国，很可能因为顾客索赔诉讼使一家组织破产。

2. 质量成本的基本知识

质量成本是一门比较深的学问，不能要求领导全部掌握，但领导应当懂得质量与成本的关系，懂得质量成本四大科目（预防成本、鉴定成本、内部故障成本、外部故障成本）之间的关系。当组织存在消耗高、效益低问题时，适当增加预防成本，可以大大降低损失，从而大大降低整个成本。

3. 质量管理的基本原则

即质量管理的八项基本原则。

4. 质量管理体系及其审核

领导最主要的职责是制订质量方针，确定质量目标，推动质量管理体系的建立和运行。如果对质量管理体系的有关知识不清楚，就难以承担自己的职责。此外，领导对质量管理体系还承担着审核和管理评审的任务，因此还要较为详细地了解质量审核和管理评审的知识，掌握其管理技能。

第三节　全员参与

一、全员性是 TQM 的一个本质特征

全面质量管理（TQM）有三个本质特征：一是全员参与的质量管理，二是全过程的质量管理，三是全组织的质量管理。全员参与既是 TQM 的一个特点，更是它的一个优点。只有充分发挥这个优点，才可能真正取得成效。

产品质量是组织各个环节、各个部门全部工作的综合反映。任何一个环节、任何一个人的工作质量都会不同程度地、直接或间接地影响产品质量。因此，应把所有人员的积极性和创造性都充分地调动起来，不断提高人的素质，使人人关心产品质量，人人做好本职工作，全体参与质量管理。经过全体人员的共同努力，才能生产出顾客满意的产品。

TQM 强调全员参与，反映了时代的要求和科学技术的要求，是人性化或人本化管理的体现。事实上，不管组织采取多么严厉的惩罚措施，员工如果消极对待产品质量问题，难免不造成质量事故，使组织遭受不应有的损失。日本产品质量之所以能够达到那么高的水平，与其员工全员参与是分不开的。

二、知识经济：人才是最宝贵的财富

在知识经济时代，组织的成功与否更多体现在有无适用的人才上。不能说组织的所有员工都是人才，但人才却是在员工中产生的。组织不仅需要科技开发人才，还需要管理人才、操作人才（如工人）等。关键性的人才是可以用高薪去“买”来，但却不能“买”到组织所需的全部人才。管理人才、操作人才往往靠组织自己培养。没有全员参与的环境，人才是培养不出来的。

不仅要发挥人才的聪明才智，而且要发挥全体员工的聪明才智。员工的聪明才智只有在参与过程中才可能被激发出来，才可能表现出来。全员参与又是组织领导挖掘人才、发现人才的重要途径。

三、全员参与，组织获益

员工充分参与，使员工的个人目标与组织的目标相一致，获益的首先是组织。这表现在：

（1）员工参与质量管理，关心产品质量，可以大大降低质量损失，从而使组织获益。

（2）员工参与质量改进是一种少投入多产出的活动，组织从质量改进中获得极大的效益，这是其他投入难以达到的。

（3）员工参与组织的各项管理活动，可以使他们与组织更加紧密地联系在一起，对组织产生认同感，从而热爱组织，使组织内部更加团结。

（4）员工充分参与，使组织内部形成一种良好的人际关系和组织文化，可以大大减少员工之间、管理人员和操作工人之间以及劳资之间的冲突或矛盾，使组织内部融洽亲密。

（5）员工充分参与，可以极大地鼓励士气，使人人都争先创优做贡献，从而使组织的各项工作都得以顺利完成。

四、员工参与，员工满意

员工是组织的利益相关方之一，是组织业绩的受益者。员工对组织的典型期望是职业的稳定和工作的满意。ISO9004：2000 中规定：“组织应当识别其人员在得到承认、工作满意和个人发展等方面的需求和期望。对他们的这种关心有助于确保最大限度地调动其人员的参与意识和能动性。”也就是说，组织越是关注员工，员工越能积极参与，从而越能使员工满意。

（1）全员参与有利于员工展示自己的才干。组织使员工充分参与，可以使员工发挥自己的潜力，展示自己的才干，从而使员工满意。

（2）全员参与有利于员工的工作得到承认。组织通过各种管理手段，对员工争先创优做贡献取得的成绩进行测量、评价、表彰和奖励。

（3）全员参与有利于员工获得奖励。对员工争先创优做贡献的成绩及时给以奖励，包括精神奖励和物质奖励，使员工精神更加振奋，有新的追求，从而更愿意发挥自己的才智。

（4）全员参与有利于员工得到培训。组织要使员工充分参与，则离不开培训。员工通过培训，可以提高受教育程度，使知识储备得到发展，从而获得更多的工作机会。

五、全员参与：组织应当做什么

为了使员工充分参与，组织至少应当做好以下几项工作：

（1）正确对待所有的员工。从组织领导的思想认识到组织的规章制度，都不能将员工当作“奴隶”，而应当把员工视为组织最宝贵的财富、最重要的资源，在管理思想上来一场革命。没有这样的“革命”，即使有了制度，也有了形式，依然难以使员工满意。

（2）确定员工参与什么。全员参与并不是让员工不分主次、不讲程序地参与组织的所有活动。首先，承担不同职责的员工参与的活动是会有所不同的；其次，参与的方式和程度也应有所不同，例如，对组织制定政策方针，员工可以通过规定的渠道反映自己的意见；其次，要提倡员工积极参与与自己本职工作相关的管理，把本职工作做好。

（3）敞开员工参与的渠道。组织应当有相应的沟通渠道，使员工能够将自己的意见和建议及时向有关领导或管理人员反映。必要时，组织应公开征求员工的意见和建议。

（4）给员工参与提供机会。例如，分解组织的方针目标、设置质量改进课题、开展劳动竞赛、评选优秀员工等，还可以通过诸如员工代表会议、“招贤榜”、课题招标等形式吸引员工参与加强质量改进管理活动。

（5）开展形式多样的群众性质量管理活动，如质量自检、互检活动，QC 小组活动等。组织在进行内部质量审核时，也可以吸收员工代表参与，特别需要吸收员工参与加强质量改进管理活动。

（6）进行有针对性的培训。培训可以增强员工的质量意识，提高他们的参与能力，促使他们自觉参与组织的各项管理活动。

（7）严肃处理压抑员工参与的人和事。虽然一个组织总不可能完全避免官僚主义现象，但对这种现象，不管涉及的是“人”（个别管理人员）还是“事”（规章制度不完善），都应严肃处理，从而使员工参与的渠道畅通。

全员参与，其核心为：各级人员是组织之本，只有他们的充分参与，才能使他们的才干为组织获益。

第四节 过程方法

一、怎样理解过程方法

在 ISO9000：2000 中，强调鼓励采用过程方法管理组织。ISO9001：2000 和 ISO9004：

2000 也同样强调："本标准鼓励在建立、实施质量管理体系以及改进其有效性和效率时，采用过程方法"。过程方法是 2000 版 ISO9000 族标准不同于 1994 版的一个重要标志。

如何理解过程方法，首先应理解过程，过程是理解过程方法的基础。关于过程与过程链的定义及特性，在第一章中已有述及，此处不再详述。

二、怎样运用过程方法进行质量管理

ISO19000：2000 族标准实际上就是运用过程方法进行质量管理的一种标准模式。这种方法要求：

1. 识别过程

所谓识别过程包括两层含义：一是将组织的一个大的过程分解为若干个子过程；二是对现有的过程进行定义和分辨。过程的分合应视具体情况而定。例如，流水线上的作业过程，可以分解到每个员工所干的工作为止。对现有的过程的定义和分辨也是这样。

2. 强调主要过程

组织的过程网络错综复杂，质量管理对主要过程应重点控制，不能放松。例如，对检验过程应加强，对关键过程应建立质量管理点等。

3. 简化过程

过程越复杂，越容易出问题，应根据实际情况对一些过程进行简化。所谓简化，一是将过于复杂的过程分解为较为简单的子过程；二是将不必要的过程取消或合并。

4. 按优先次序排列过程

由于过程的重要程度不同，管理中应按其重要程度进行排列，将资源尽量用于重要过程。

5. 制订并执行过程的程序

要使过程的输出满足规定的质量要求，应制订并执行程序。没有程序，过程就会混乱，不是使过程未能完成（如漏装），就是使过程输出出现问题（如错装）。

6. 严格职责

任何过程都需要人去控制才能完成。因此，应有严格的职责，确保人力资源投入。

7. 关注接口

过程和过程之间的接口是最重要的。如果上一个过程的输出和下一个过程的输入在接口处不相容或不协调，就会出问题。过程方法特别强调接口处的管理。

8. 进行控制

过程一旦建立并运转，就应对其进行控制，防止出现异常。控制时要注意过程的信息，当信息反映有异常倾向时应立即采取措施，使其恢复正常。

9. 改进过程

通过对过程的测量和分析，发现过程存在的不足或缺陷以及可以改进的机会；对过程进行改进，提高其效益或效率。这是质量改进的基本手段。

10. 领导要不断改进工作的过程

领导的工作也是一种或一类过程。领导对工作过程的改进，可能对组织业绩影响更大。

三、怎样理解过程方法模式图

2000 版 GB/T 19000：2000 族标准给出的过程方法模式图（图 2.1），说明了通用的质量管理体系，反映了 GB/T 19001：2000 和 GB/T 19004：2000 第 5 ~ 8 章的内容。

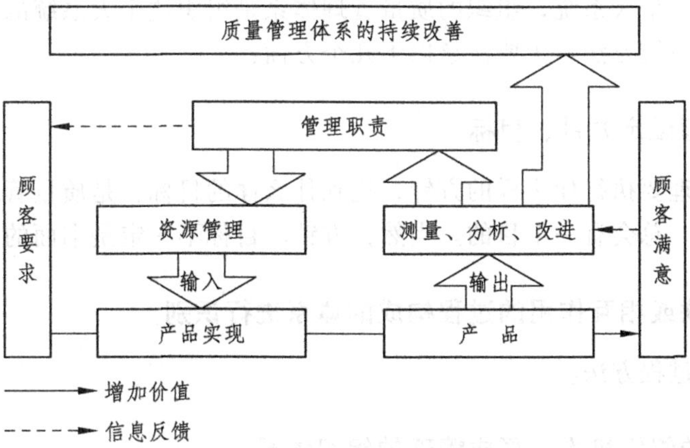

图 2.1 2000 版 GB/T 19000：2000 族标准的过程方法模式图

从图 2.1 可以看到：

（1）顾客和其他相关方的要求是组织整个过程的输入。没有这种输入或组织在确定输入时对他们的要求识别错误，就会使组织的过程失去意义或出现大问题。因此，识别这种输入对组织来说至关重要。

（2）组织的输出是产品，产品的接受者是顾客和其他相关方。组织应对顾客和相关方的满意程度进行监视，以便评价和确认他们的要求是否得到满足。如果满足不够，则应进行改进。

（3）组织内部四大“板块”过程。“管理职责”从顾客和其他相关方那里获得“需求和期望”，根据这些“需求和期望”制订质量方针，确定质量目标，进行质量策划，建立组织机构，明确职责权限。“管理职责”的输出是“资源管理”，包括人员、设施、工作环境、信息和财务等。“资源管理”输出的是“产品实现”，各种资源经过相互作用形成产品，产品一方面输出到顾客和其他相关方，另一方面又输出到“测量、分析和改进”。通过“测量、分析和改进”的输出，“管理职责”又通过“管理评审”改进自己的过程。这样，质量管理体系就能获得持续改进。

（4）组织的所有员工、过程都能在这个模式图中得到反映，找到自己的位置。理解了过程模式图，才能真正理解过程方法，并自觉运用这种方法进行质量管理。

第五节　管理的系统方法

英语 system 既可以译成体系，又可以译成系统。因此，质量管理体系也可以称为质量管理系统。全面质量管理（TQM）的“全面”两字，也隐含着系统的意思。

系统论是 20 世纪最重要的科学思想，已广泛渗透到哲学、社会科学和管理科学中。系统论要求将任何一件事或任何一个要素都看作是一个系统的组成部分。TQM 正是在系统论的基础上逐步发展起来的。没有系统思想，就无法理解 TQM，也无法理解 ISO9000 族标准，更无法使组织的质量管理体系建立起来并有效运行。

组织本身就是一个大系统，组织的质量管理体系是组织这个大系统的一个子系统。质量管理中运用管理的系统方法，主要注意以下几个方面：

1. 为质量管理设定方针、目标

组织的质量管理要执行什么样的方针，达到什么样的目标，是质量管理体系的基础。正如人生活在世界上，总会有一个目的。当然，方针、目标不一定是书面的。

2. 对相互关联或相互作用的过程构成的体系进行识别

这就是上述的过程方法。

3. 建立相应的组织机构，形成管理的组织体系

组织的所有机构都不能游离于组织外。质量管理的职责也要形成系统，涵盖所有的过程，不能形成空白点。

4. 对质量管理体系的系统性有深刻的理解

任何一个过程，任何一个员工，甚至任何一项资源都是系统的一部分，其作用虽有主次之分，但都是不可或缺的。系统的功能发挥如何，有赖于其组成部分功能的发挥。

5. 对质量管理体系进行系统管理

系统的功能不是其组成部分功能简单相加，可能是 1 + 1>2，也可能是 1 + 1<2。进行系统管理，就是追求 1 + 1>2 的目标。

6. 不要头痛医头、脚痛医脚

发现质量问题或出现质量缺陷，切忌片面判断，而应放到系统中来认识，包括认识其危险和原因，从而采取系统的方法予以解决。

7. 注意从根本上解决问题

对质量问题要从系统中找原因，从根本上解决问题，有时往往要动“大手术”。

8. 不断考虑组织新的目标或新的发展战略

组织应不断考虑新的目标或新的发展战略，并以此对质量管理体系进行改进或创新。系统营运一定时间后很可能因各种问题的增加而出现运转失效的毛病，这时应对系统进行必要的改进。也就是说，质量改进不仅仅是指技术改进之类，更是指对整个质量管理体系的改进，包括重新设计。

管理的系统方法，其核心为：识别、理解和管理作为体系的相互关联的过程，有助于组织实现其目标的效率和有效性。

第六节　持续改进

一、持续改进的战略意义

持续的质量改进是全面质量管理（TQM）的核心内容之一。早期的 ISO9000 族标准忽视了质量改进，曾受到广泛的批评。为此还专门在 1993 年发布了 ISO9004-4：1993《质量管理和质量体系要素　第四部分：质量改进指南》作为补充。2000 版 ISO9000 族标准虽然取消了上述标准，但对质量改进更加重视。改进与测量、分析一起，是 2000 版 ISO9000 族标准质量管理体系“四大板块”之一。而且，ISO9004：2000 的标题就改为《业绩改进指南》。

持续的质量改进是组织永恒的目标，任何时候都具有重要意义。特别是在当今社会，质量改进更是组织生命力所在，不能荒废。

（1）经济的全球化使我们在任何地方、任何时候都能感受到竞争的激烈，迫使我们对产品管理、经营和发展战略等进行改进，这一切都可以称之为质量改进。

（2）知识经济时代正大步向我们走来，我们只有不断创新，包括产品创新、技术或工艺创新、管理或体制创新等，才能适应知识经济的要求。创新的过程实际上也就是改进的过程。质量改进为组织的创新活动提供了基本方法。

（3）产品的质量是竞争的重要手段。顾客总是抛弃质量低的产品，而去追求质量高的产品。质量改进正是使质量低的产品变成质量高的产品的过程，因而是增强组织竞争力的必由之路。

（4）任何一个系统在运行中都会产生各种各样的问题。这些问题若不及时加以解决，就会使该系统日趋混乱，最终导致衰亡。任何组织，以及它们下属部门和各级机构等，都是一个系统。为了避免问题增多造成的混乱，为了使组织永远充满生机和活力，应进行持续改进，也就是说，通过持续改进的方法解决产生的问题。

（5）减少浪费和资源消耗，降低成本，以保证组织以更好的效果和效率运行，提高组织的利润和效益，是我们追求的目标。持续改进不但可以为顾客提供更高的价值，使他们满意，而且可以改进组织的经营状况，使自己更多地获利。

（6）组织的前途如何，希望往往在其成员身上。员工充分发挥自己的创造性，努力工作，组织才可能得到发展。在发展越来越依赖知识和智力的当代更是如此。通过持续改进，为员工做贡献、求进步、争先进、进行创造发明提供机遇，可以使组织士气高涨，生机勃勃。

二、持续改进的原则

（1）持续改进的根本目的是满足内部和外部顾客的需要（以顾客为关注焦点）。

（2）持续改进是针对过程进行的（过程方法）。

（3）持续改进是一种措施（纠正措施、预防措施或创新措施）。

（4）持续改进是为了提高过程的效率或效果。

（5）持续改进是一个持续的、不间断的过程。

（6）持续改进是本组织全体人员包括各管理层都应参与的活动（全员参与）。

（7）根据改进对象，持续改进可以在不同的层次、范围、阶段、时间和人员之中进行（全组织）。

（8）应不断寻求改进机会，而不是等出现问题再去找机会（主动）。

（9）持续改进是最高管理者的职责（领导作用）。

（10）持续改进应建立在数据分析的基础上（基于事实的决策方法）。

三、持续改进的环境

持续改进需要最高管理者的支持和领导，并确定质量改进的目标和不断追求新的更高的目标；需要各级管理者以身作则、持之以恒并配置资源；需要在组织内形成共同的价值观、态度和行为；需要个人与个人之间、个人与组织之间广泛地交流与合作，以及相互之间的信任；需要尊重员工的首创精神，并对员工进行必要的教育和培训；需要对改进过程进行鼓励，对成功的改进进行奖励。

四、持续改进的组织管理

（1）由最高管理者授权，由组织内部某一部门（通常是质量管理部门）负责质量改进的管理工作。若组织庞大，也可以成立专门的质量改进管理机构。

（2）由负责持续改进的部门提出方针、策略、质量改进方案目标、总的指导思想，支持和广泛协调组织的质量改进活动。

（3）确定持续改进的需要和目标。

（4）进行质量改进策划，制订质量改进计划，采取指定或其他方式，由与组织有关的小组或个人实施。

（5）对实施过程进行监督，给予资源和道义的支持和帮助，协调相关的事项。

（6）对持续改进进行测量、评价和奖励。

五、领导在质量改进中的职责

（1）制订并向被管理者传达持续改进的目的和目标。

（2）持续地改进自己的工作过程。

（3）培育一种广泛交流、相互合作和尊重个人的环境。

（4）采用必要的手段，使组织中的每个人都能够并有权改进自己的工作过程。

（5）进行持续改进策划，必要时制订持续改进计划。

（6）为持续改进提供必要的资源。

（7）对持续改进进行鼓励，对其成果进行测量、评定和奖励。

（8）及时将持续改进的结果纳入有关的标准、制度和规定之中，巩固已取得的成绩。

六、持续改进的效果

质量的持续改进可以产生以下效果：

（1）改善组织的产品或服务质量，提高组织的竞争力。

（2）降低成本。

（3）改进与顾客、供方、员工、所有者和社会包括政府的关系，促进相互沟通。

（4）清除工作场所的障碍。

（5）为员工做贡献、求进步、争先进创造机遇。

（6）形成新的组织文化。

持续改进，其核心为：组织总体业绩的持续改进应是组织的一个永恒目标。

第七节　基于事实的决策方法

一、用事实和数据说话

TQM是从统计质量管理发展而来的，它要求尊重客观事实，尽量用数据说话。真实的数据既可以定性反映客观事实，又可以定量描述客观事实，给人以清晰明确的数量概念，这样就可以更好地分析问题、解决问题，纠正凭感觉、靠经验、“拍脑袋”的工作方法。

要用事实和数据说话，在管理中就应当做好（这也是 ISO9004：2000 的要求）如下几点：

1. 加强信息管理

信息是组织知识积累方面持续发展的基础资源，并能激励人们进行创新。信息对以事实为依据作出决策是必不可少的。组织要对信息进行有效管理，首先要识别对信息的需求，其次要确定信息（包括内部和外部）来源，然后要获得足够的信息，并充分利用，以满足组织管理和决策的需要。

2. 灵活运用统计技术

统计技术可以帮助测量、表述、分析和说明组织管理的业绩和产品质量发生的变差，能够使我们更好地理解变差的性质、程度和原因，从而有助于解决甚至防止由变差引起的问题，并促进持续改进。1994 版 ISO9000 族标准把统计技术作为一个质量体系要素来对待。2000 版虽然没有再将其作为一个质量管理体系要素，却将其作为质量管理体系的一个基础和原则，让其贯穿于几乎整个质量管理体系。

3. 加强质量记录的管理

质量记录是质量活动和产品质量的反映，是信息和数据的来源。2000 版 ISO9000 族标准强调质量记录，但往往被理解为仅仅为了提供证据。其实，质量记录最主要的作用还是为了领导决策提供信息和数据。不做记录，信息就可能遗失或偏误，数据就不能收集，因而也就难以进行统计。加强质量记录的管理，既包含设立质量记录、准确及时记录等要求，也包含充分利用质量记录的要求。

4. 加强计量工作

要使质量记录和有关数据真实反映客观事实，就应有科学的测量方法。对产品进行测量，离不开器具及仪器。如果计量工作跟不上，计量单位和量值不统一，就会发生混乱，数据也就不真实了。不真实的数据比没有数据可能更糟。因此，加强计量工作，建立健全计量管理制度是很重要的。

二、基于事实的决策方法

领导的主要工作是决策。所谓决策，实际上就是面对几种方案，决定采取哪一种方案的行为。如果方案本身不是基于事实的，即使很完备、很漂亮，如果选择了它也会导致悲剧性后果。为了正确决策，领导应当做到：

1. 不要迷信自己的感受、经验和能力

现实中不进行调查研究、主观主义的领导不乏其例，这是与质量管理的基本原则相违背的。领导要深入调查研究，掌握必要的信息和数据后，才有发言权。哪怕是董事长、总经理，都要用事实说话。

2. 要有适当的信息和数据来源

当领导的一定要头脑清醒，有固定和不固定的信息和数据来源。固定的如各种质量报表、信息报告等，不固定的如非正式渠道的员工投诉、实地检查等。组织的最高管理者每周至少要有一次深入现场的习惯或制度，尽量掌握第一手资料。

3. 对收集来的数据和信息应持正确的态度

数据和信息经多次传递，很可能失真。按信息论的说法，传递过程中受“噪声”干扰越大，信息失真的可能性越大。事实上，不少组织的数据统计，如统计报表、质量指标等，由于种种原因都存在不真实的问题，浮夸、瞒报、虚报、收集数据时不负责任、“神仙数字”（编造的数据）等现象随处可见。当领导的既要依靠这些上报来的数据和信息，又不能绝对化，应当多一点考虑，多一点自己的调查研究，并将两者综合起来。

4. 对数据和信息进行分析

分析的方法可以是逻辑的、直观的，也可以是数理统计的。TQM 常用的一些数理统计方法，如排列图法、直方图法、散布图法、因果图法等，领导最好能够掌握；此外，对一些专用的分析方法，如质量成本分析、市场分析、过程分析、产品质量分析等也应有所了解。

5. 要有正确的决策方法

收集并分析数据和信息，是为了决策，但这只是正确决策的基础，还不是决策本身。正确的决策固然离不开真实可靠的数据和信息，也离不开正确的决策方法。领导要提高自己的决策能力，还需要掌握诸如决策树之类的决策方法。特别是在两个以上方案各有其优缺点时，更应当运用正确的决策方法，选择最佳的方案。

6. 对决策进行评价并进行必要的修正

决策付诸实施后，领导还要注意收集实施后的数据和信息，对决策进行评价，以发现决策实施后出现的新问题。必要时，还应修正决策甚至改变决策，使决策取得预期的效果。

基于事实的决策方法，其核心为：有效决策是建立在数据和信息分析基础上的。

第八节　与供方互利的关系

一、供方是组织的资源

与 1994 版相比，ISO9004：2000 的重大改动之一，就是将“供方和合作关系”作为组织的一种“资源”，要求组织进行“资源管理”，并且还把供方的互利关系作为质量管理八大原则之一。过去，包括 TQM 的一些书籍都只把组织自己作为“顾客”，把供方作为单纯的供货者，只对供方提出这样那样的要求。ISO9004：2000 提升了供方的地位，要求组织与供方建立“互利”的关系。

1. 供方是组织的“受益者”之一

组织业绩的五大“受益者”或“利益相关者”（供方、投资方、内部顾客、产品的接受者、产品的使用者）之中，供方占一席之地。供方典型的期望或需要是“继续经营”的机会。组织应尽量满足这种期望和需要。

2. 供方是组织的“资源”

任何组织需要“采购产品”，都需要或多或少的供方。特别是诸如汽车、飞机之类的大型制造业，其“采购产品”占总成本的70%以上，更离不开供方。

3. 供方的业绩影响组织的业绩

供方的产品质量影响组织产品质量，这不言而喻。供方的质量管理体系运行如何，很大程度上决定了其产品质量是否稳定，是否能够满足要求。因此，组织对供方质量管理体系有指导和监督的义务。

4. 双方的合作可以更好地满足顾客和其他相关方的需要

组织将顾客和其他相关方的要求清楚地传达给供方，供方通过组织去满足这些要求，可以使组织和供方有共同的目标。

5. 组织可以从与供方的合作中获得多种效益

例如，减少投资、扩大规模、降低风险、稳定生产、降低成本、改进设计、后勤保障和共享知识等。供方的技术和管理经验，组织可直接借鉴，更应注重学习和吸收。

6. 供方也可以从与组织的合作中获得多种效益

例如，保持继续经营的机会，提高技术和管理水平，分享知识等。

二、建立互利关系的基本要求

按ISO9004：2000的规定，组织与供方建立互利关系，有下列八项基本要求：

1. 选择数量合适的供方

组织的供方数量要最佳，不可太多，也不可太少。实际情况是，同一种“采购产品”的供方，至少应有两个。有两个供方可以竞争，才会使合作也成为供方的愿望。但不要太多，同一种“采购产品”的供方过多，将给组织增加管理难度和管理成本。

2. 进行双向沟通

组织和供方之间要建立适当的沟通渠道，及时沟通，从而促进问题迅速解决，避免因延误或争议造成费用的损失。

3. 与供方合作，确认其过程能力

组织可以通过第二方审核的方式，对供方的质量体系进行考察和确认。当然，评价其质

量表现、对其提供的样品进行确认性检验等方式也是可行的，要针对具体情况确定采取何种方法。

4. 对供方提供的产品进行监视

与供方合作并不是对其提供的“采购产品”放任，同样应当进行监视。监视的方式有多种，如驻厂检验、进货检验等。

5. 鼓励供方实施持续的质量改进并参与联合改进

持续的质量改进可以提高供方的业绩，使供方获益，从而也使组织获益。为此，组织还可以制订联合改进计划，与供方一起进行改进，在改进中增加双方的理解和友谊，并共享知识。

6. 邀请供方参与组织的设计和开发活动

不断创新、不断设计和开发新产品，是组织活力所在。邀请供方参与这一活动，对供方来说获得了继续经营的机会，并能共享组织的知识；对组织来说，可以降低设计和开发的风险以及费用，获得更好的“采购产品”的设计。

7. 共同确定发展战略

与供方合作，共同确定发展战略，可以减少双方的风险，获得更大的发展机会。

8. 对供方获得的成果进行评价和奖励

这种承认和奖励对供方是一个鼓舞，可以促使他们更加努力。而供方努力的结果，组织可以充分地享受。

第九节 本章小结

1. 八大原则是开启 ISO9000：2000 族标准的钥匙

ISO9000：2000 族标准的每一条文都是基于原则而制定的，要理解 ISO9001：2000 族标准的条文内容，首先应理解和掌握这八大原则。八大原则是一把开启 ISO9000：2000 族标准的钥匙，不仅领导要掌握，任何一个需要使用 ISO9000：2000 族标准的人也要掌握。否则，对新标准条文的内容可能形式上把握了，却未必把握其实质内容。

2. 八大原则是质量管理的指导思想

组织要进行质量管理，就应该用八大原则做指导思想，不能让任何一个管理项目或管理要求脱离八大原则，或与其背离。例如，制订质量方针应当“以顾客为关注焦点”，确定管理职责应当强调“领导作用”和“全员参与”，提出任何一项管理要求应当运用“管理的系统方法”和“过程方法”等。

3. 八大原则是编写质量手册和程序文件的基础

组织要编写质量手册和程序文件，首先要使参与编写工作的所有人员充分认识、理解和掌握八大原则，并用八大原则作为指导思想，作为基础要求。质量手册和程序文件编写得好不好，除了其他方面的要求外，是否体现了八大原则应是检查的标准。不允许任何质量管理体系文件中出现违背、否定、歪曲八大原则的条文。

4. 八大原则是对员工进行质量培训的重要内容

对员工进行质量培训，特别是进行质量意识和质量管理体系知识的培训时，首先应深入理解八大原则。知道了这八大原则，员工才能充分认同组织质量方针，才能充分理解质量管理体系文件对自己工作或活动的规定，也才能自觉执行。

第三章 质量管理体系及其建立

第一节 ISO9000系列标准与质量体系的有关概念

一、国际标准化组织（ISO）

国际标准化组织（International Organization for Standardization，ISO）成立于1947年2月23日，是由各国标准化团体（ISO成员团体）组成的世界性的联合会，是一个全球性的非政府组织。

制定国际标准的工作通常由ISO的技术委员会完成，各成员团体若对某技术委员会确定的项目感兴趣，均有权参加该委员会的工作。ISO负责除电工、电子领域和军工、石油、船舶制造之外的很多重要领域的标准化活动。ISO现有117个成员，包括117个国家和地区。ISO的最高权力机构是每年一次的“全体大会”，其日常办事机构是中央秘书处，设在瑞士日内瓦。中央秘书处现有170名职员，由秘书长领导。ISO的宗旨是“在世界上促进标准化及其相关活动的发展，以便于商品和服务的国际交换，在智力、科学、技术和经济领域开展合作”。ISO通过它的2 856个技术机构开展技术活动，其中技术委员会（SC）共611个，工作组（WG）2 022个，特别工作组38个。中国于1978年加入ISO，在2008年10月的第31届国际化标准组织大会上，中国正式成为ISO的常任理事国。

ISO按专业性质设立技术委员会（TC），负责起草各种标准，各技术委员会根据工作需要设若干个分技术委员会（SC）和工作组（WG），TC和SC的成员分为P成员和O成员，P成员是参加成员，而O成员是观察成员。P成员可以参与TC和SC的技术工作，O成员则不参与技术工作，但可以了解工作情况及获取有关的信息资料。ISO9000系列标准就是由TC176及相应的若干SC和WG起草的。1979年，英国标准学会（BSI）向ISO提交正式提案，建议成立一个负责制定有关质量保证技术和应用的国际标准的技术委员会，这个新技术委员会很快被批准成立，编号为ISO/TC176，称为质量保证技术委员会，并确定了工作范围和秘书处。ISO/TC176的工作范围覆盖了国际贸易中对产品或服务的质量管理和质量保证要求的80%～90%。

“ISO”并不是首字母缩写，而是一个词，它来源于希腊语，意为“相等”。从“相等”到“标准”，内涵上的联系使“ISO”成为组织的名称。

国际标准的制定程序如图3.1所示。

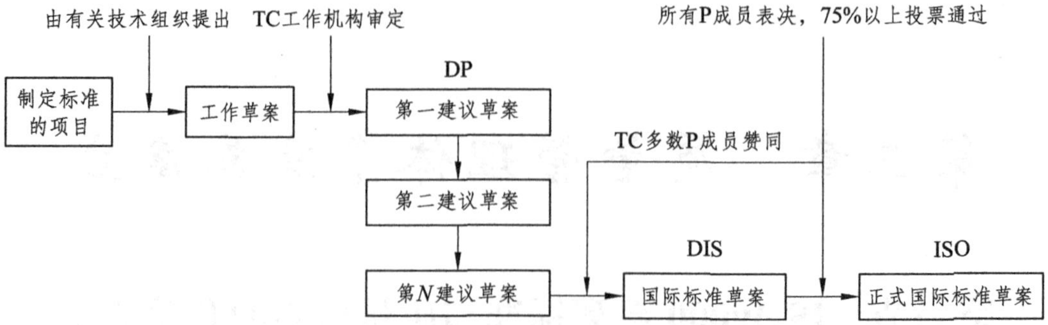

图 3.1　国际标准的制定程序

由技术委员会通过的国际标准草案提交各成员团体投票表决。国际标准草案需取得至少75%参加表决成员（P 成员）团体的同意，才能作为国际标准正式发布。

各国在制定本国国家标准时，一般按以下三种方式对国际标准进行采用。

（1）等同采用

等同采用国际标准通常用 idt（identical）或符号“≡”表示，是指国家标准在采用国际标准时，在技术内容和编写方法上和国际标准完全相同。

（2）等效采用

等效采用国际标准通常用 eqv（equivalent）或符号“=”表示，是指国家标准在采用国际标准时，在技术内容上完全相同，但在编写方法上和国际标准不完全相同。

（3）不等效采用

不等效采用国际标准可用 neq（no-equivalent）或符号“≠”表示，是指国家标准在采用国际标准时技术内容上和国际标准不相同。

中国采用国际标准的含义基本上和国际惯例一致，具体规定为等同采用（idt 或“≡”）、等效采用（eqv 或“=”）、参照采用（ref 或“≈”）三种方式。

二、ISO 族标准及其产生的背景

ISO9000 族标准是国际标准化组织在 1994 年提出的概念，是指“由 ISO/TC176（国际标准化组织质量管理和质量保证技术委员会）制定的所有国际标准”。

ISO9000 族标准可以帮助组织建立、实施并有效运行质量管理体系，是质量管理体系通用的要求或指南。它不受具体的行业或经济部门的限制，可广泛适用于各种类型和规模的组织，在国内和国际贸易中促进相互理解和信任。

第二次世界大战期间，世界军事工业得到了迅猛的发展。一些国家的政府在采购军品时，不但提出了对产品特性的要求，还对供应厂商提出了质量保证的要求。20 世纪 50 年代末由美国发布的 MIL-Q-9858A《质量大纲要求》是世界上最早的有关质量保证方面的标准。70 年代初，借鉴军用质量保证标准的成功经验，美国标准化协会（ANSI）和美国机械工程师协会（ASME）分别发布了一系列有关原子能发电和压力容器生产方面的质量保证标准。美国军品生产方面的质量保证活动的成功经验，在世界范围内产生了很大的影响。一些工业发达国家，如英国、美国、法国和加拿大等在 70 年代末先后制订和发布了用于民品生产的质量管理和质量保证标准。

（1）质量管理和质量保证的国际化是促进国际贸易和合作、消除技术壁垒的需求

随着世界各国经济的迅速发展和日益国际化，对组织的质量管理体系的审核已逐渐成为国际贸易和国际合作的一种需求。因此，世界各国先后发布了一些关于质量管理体系及审核的标准。但是由于各国实施的标准不一致，在国际贸易中形成了技术壁垒，给经济的全球化带来了障碍，质量管理和质量保证的国际化成为当时世界各国的迫切需要。

（2）建立、实施质量管理体系是组织增强市场竞争能力的需要

随着地区化、集团化、全球化经济的发展，市场竞争日趋激烈，顾客对质量的期望越来越高。每个组织为了竞争和保持良好的经济效益，都要努力设法提高自身的能力，以适应市场竞争的需要，这就需要采用一种系统的、科学的、透明的方式进行管理。针对所有顾客和相关方的需求，建立、实施并保持一个持续改进其绩效的管理体系，可以帮助组织增强市场竞争能力，从而使组织获得成功。

（3）建立、实施质量管理体系是组织持续保持提供满足顾客要求的产品的能力的需要

对于顾客而言，要求产品能够具有满足其需求和期望的特性，而顾客对产品的需求和期望又是不断变化的，顾客的这些需求和期望通常表述在产品的规范或标准中。但是，如果组织没有完善的质量管理体系作为其不断识别顾客的需求和期望，并不断提供满足这些需求和期望的产品的基础，那么，组织就很难具备持续提供满足顾客要求的产品的能力，也就不能始终满足顾客的需要。

基于以上背景，制定国际化的质量管理和质量保证标准成为一种迫切需求，从而导致了质量管理体系标准的产生，并以其作为对产品技术规范/标准中有关产品要求的补充。国际标准化组织（ISO）于 1979 年成立了质量管理和质量保证技术委员会（TC/176），负责制定质量管理和质量保证方面的国际标准。1986 年，ISO 发布了第一个质量管理体系标准：ISO8402《质量管理和质量保证　术语》。

1987 年，ISO 相继发布了 1987 版 ISO9000 系列标准，包括：

- ISO9000：《质量管理和质量保证标准　选择和使用指南》
- ISO9001：《质量体系　设计、开发、生产、安装和服务的质量保证模式》
- ISO90O2：《质量体系　生产和安装的质量保证模式》
- ISO9003：《质量体系　最终检验和试验的质量保证模式》
- ISO9004：《质量管理和质量体系要素　指南》

ISO9000 系列标准总结了工业发达国家先进企业质量管理的实践经验，统一了质量管理和质量保证有关的术语和概念，有助于推动组织的质量管理的国际化，在消除贸易壁垒、提高产品质量和顾客满意程度等方面产生了积极和深远的影响。ISO9000 系列标准的颁布，得到了世界各国的普遍关注和广泛采用，促使各国的质量管理和质量保证活动统一在 ISO9000 族标准的基础之上。

三、质量体系的概念

质量体系是为了实施质量管理所需的组织结构、程序、过程和资源。质量体系的目的是达到和保持产品的质量（质量控制）；使组织内部相信质量达到了要求（内部质量保证）；使顾客相信产品和服务符合要求（外部质量保证）。质量体系的内容包括组织结构、资源、过程和程序四个方面。

为了说明质量体系的内涵及其作为质量管理的实施手段，可形象地用一个质量体系三维结构来帮助理解质量体系的参数。

（1）组成（过程策划）维：包括职责、权限与沟通、人力资源、基础设施、工作环境、质量管理体系文件等。

（2）时间（产品实现过程）维：包括顾客与利益相关方的需求识别、设计与开发、采购、生产与服务运行、测量与监视装置的控制等，也即产品质量的产生、形成、实现的全过程。

（3）逻辑（方法或工作步骤）维：总的质量体系要经过质量策划、质量控制、质量保证和质量改进的不断 PDCA 循环；每个具体的过程或活动，在一定的职责、资源、程序下也要进行质量策划、质量控制、质量保证和质量改进的不断 PDCA 循环。

质量体系是质量管理的核心，对质量体系的认识，需要明确以下几个方面。

（1）质量体系不仅包括组织结构、职责、程序等软件，还包括“资源”——人、财、物，资源是质量体系建立和健全的硬件基础。

（2）原则上，一个组织的质量体系只有一个。一般来说，每个组织实际上已经固有了一个质量体系。也就是说，任何一个组织都必然客观存在一个质量体系，也就是存在组织结构、职责、程序、过程和资源。我们所期望的是每个组织都能够按 ISO9000 有关质量体系标准来建立和健全该组织的质量体系，使之更为完善、科学和有效。

（3）一个组织的质量体系应该受该组织的目标、产品或服务及其实践的影响。因而，各组织的质量体系是不同的。这就要求各组织必须结合本身的特点和内、外部环境来考虑质量体系的建立。例如，根据产品类型、生产方式等因素，合理选择体系要素，落实质量职能，并通过信息、协调、监督、考验以保证质量体系的有效运行。

（4）质量体系的常见形式有两种：ISO9001 标准为认证用的质量管理体系，ISO9004 系列标准为企业内部进行业绩改进的质量管理体系（称为质量管理体系——业绩改进指南）。而 ISO9001 系列标准旨在通过满足产品的规定要求，为了使顾客满意所需建立的质量管理体系的最低规定要求。组织可通过符合 ISO9001 系列标准的要求来证实其满足顾客要求的能力。而 ISO9004 系列标准为任一组织提供了建立质量管理体系的业绩改进指南。

四、1994 版 ISO9000 系列标准的构成及质量体系要素

ISO9000 系列标准是国际标准化组织于 1987 年制定，后经不断修改完善而成的系列标准。到 2006 年为止，ISO 共有 157 个成员国，分为三类。第一类为参与成员国（P—Participating Member），第二类为观察成员国（O—Observers），第三类为一般性成员国，也即注册成员国。其中：P 成员国共 103 个，O 成员国 45 个，注册成员国 9 个。根据 ISO 的投票规则，只有 P

成员国的投票才为“有效”，而O成员国的投票只有在其投出“No票”时才被计入（考虑），而一般性的成员国的投票，ISO对其只是一种“考虑因素”。代表中国参加ISO的国家机构是国家质量监督检验检疫总局（原国家技术监督局），我国等同采用ISO9000族标准的国家标准为GB/T 19000族标准。

一般而言，组织活动由三方面组成：经营、管理和开发。在管理上又主要表现为行政管理、财务管理、质量管理等。ISO9000族标准主要针对质量管理，同时涵盖了部分行政管理和财务管理的范畴。ISO9000族标准并不是产品的技术标准，而是针对组织的管理结构、人员、技术能力、各项规章制度、技术文件和内部监督机制等一系列体现组织保证产品及服务质量的管理措施的标准。

具体而言，ISO9000族标准在以下四个方面规范质量管理：

1. 机　构

标准明确规定了为保证产品质量而必须建立的管理机构及职责权限。

2. 程　序

组织的产品生产必须制定规章制度、技术标准、质量手册、质量体系操作检查程序，并使之文件化。

3. 过　程

质量控制是对生产的全部过程加以控制，是面的控制，不是点的控制。从根据市场调研确定产品、设计产品、采购原材料，到生产、检验、包装和储运等，其全过程按程序要求控制质量。并要求过程具有标识性、监督性、可追溯性。

4. 总　结

不断地总结、评价质量管理体系，不断地改进质量管理体系，使质量管理呈螺旋式上升。通俗地讲就是把组织的质量管理标准化，而基于标准化的质量管理所生产的产品及其服务，其质量是可以信赖的。

1994版ISO9000系列标准由五个标准构成。

ISO9000是采用和选择ISO9000系列标准的总指南，也就是本标准的指导性文件。它规定了选择和使用ISO9001至ISO9004的原则与方法，并阐明了质量管理、质量体系、质量保证和质量控制等几个基本质量概念及其相互关系。

在外部质量保证条件下，ISO9000系列标准提供了三种质量保证模式，即ISO9001、ISO9002和ISO9003，供合同双方选用，它们分别代表三种不同的技术和管理能力的合同要求。这三种质量保证模式相互包容，从适用范围来说，ISO9001完全涵盖ISO9002，而ISO9002则将ISO9003包含在内。

在内部质量管理条件下，ISO9004指导企业建立健全有效的质量体系。通常，一个完善的质量体系综合考虑了企业风险、费用和利益几个方面，实际上成为促进企业质量控制最佳化的重要管理手段。ISO9004-1《质量管理和质量体系要素　第一部分：指南》中，除对本标准的有关说明及定义之外，共阐述了17个方面的质量管理要点，这些要点就是企业在建立质量体系时应考虑的具体要素，其中包括：① 管理职责；② 质量体系要求（原则）；③ 质量体系的财务考虑；④ 营销质量；⑤ 规范和设计的质量；⑥ 采购质量；⑦ 过程质量；⑧ 过程控制；⑨ 产品验证；⑩ 检验、测量和实验设备的控制；⑪ 不合格品的控制；⑫ 纠正措施；⑬ 生产后的活动；⑭ 质量记录；⑮ 人员；⑯ 产品安全性；⑰ 统计方法的应用。

有专家把前 3 个要点称为管理要素，把 4 ~ 13 要点称为过程要素，把 14 ~ 17 要点称为基础要素。其中的过程要素正好是质量环的全过程，而前 3 个要素和后 4 个要素是为了有效控制质量环所必须实施的要素。

五、2000 版 ISO9000 族标准的变化

2000 版 ISO9000 族标准只保留了 ISO9001 和 ISO9004，而取消了 ISO9002 和 ISO9003。2000 版 ISO9000 族标准由四个标准组成：

ISO9000：《质量管理体系　基础和术语》，作为选用标准，同时也是名词术语标准，即 1994 版 ISO9000-1 标准与 ISO8402 的结合；

ISO9001：《质量管理体系　要求》，代替 1994 版三个质量保证模式。例如，1994 版 ISO9002 标准获证的组织在复审时，允许对 2000 版 ISO9001 标准进行裁剪。

ISO9004：《质量管理体系　业绩改进指南》，代替 1994 版 ISO9004-1 多项分标准。

ISO19011：《质量和/或环境管理体系审核指南》，代替 1994 版 ISO10011 标准和 1994 版环境 ISO14010、ISO14011、ISO14012。

在使用时，新标准允许企业根据自身的特点对标准中的质量体系要求进行剪裁，但对允许的剪裁进行了严格的限制（即仅限于既不影响组织提供满足顾客和适用法规要求的产品的能力，也不免除组织的相应责任的那些要求）。例如，根据企业产品特点的不同，可以对产品的实现过程和质量手册进行适当的剪裁，而其他方面的要求则不可随便剪裁。

1994 版的标准使用的是要素结构，而 2000 版的标准则使用过程结构，将原有的要素归入相关过程中。例如，将设计、采购、产品的生产、测量和监控设备的控制，以及生产后的服务等放入产品的实现过程中，而将不合格品的控制和纠正等放入测量、分析和改进过程中。

相对于 1994 版的标准，2000 版的标准主要变化体现在以下几个方面。

（1）以过程模式作为标准的结构，逻辑性更强。

（2）将持续改进过程作为改进质量体系的有效方法。

（3）强调了最高管理者的作用，包括对建立质量管理体系和进行持续改进的承诺，对法律、法规的考虑等。

（4）要求将顾客满意信息的监控作为评判质量管理体系业绩的评价标准之一。

（5）增加了与 ISO1400《环境管理体系标准》的相容性。

（6）应用了质量管理的原则，提出了标准条款中所依据的八项质量管理原则。

（7）考虑了所有相关方的需求和利益（五大利益相关者）。

（8）增加了将组织的自我评价作为改进的动力。

（9）明确了允许剪裁的要求，减少了所要求的文件数量，术语的定义也更易于理解等。

ISO 规定自正式发布之日起三年内，1994 版标准和 2000 版标准将同步执行，同时鼓励需要认证的组织，从 2001 年开始可按 2000 版申请认证。

组织通过ISO9000质量管理体系认证可以达到以下目标：

（1）完善组织内部管理，使质量管理制度化、体系化和法制化，提高产品质量，并确保产品质量的稳定性。

（2）表明尊重消费者权益和对社会负责，增强消费者的信赖，使消费者放心，从而放心地采用其生产的产品，提高产品的市场竞争力，并可借此机会树立组织的形象，提高组织的知名度，形成名牌企业。

（3）ISO9000质量管理体系认证有利于发展外向型经济，扩大市场占有率，是政府采购等招投标项目的入场券，是组织向海外市场进军的准入证，是消除贸易壁垒的强有力的武器。

（4）通过ISO9000质量管理体系的建立，可以举一反三地建立健全其他管理制度。

（5）通过ISO9000认证可以一举数得，非一般广告投资、策划投资、管理投资或培训可比，具有综合效益；还可享受国家的优惠政策及对获证单位的重点扶持。

六、2000版ISO9001与ISO9004的比较

ISO9001主要是以认证为目的的有关组织质量体系的要求，它既可以供组织内部使用，也可用于认证或合同目的。而ISO9004为组织建立质量体系更宽范围的目标提供了指南，它着重于改进组织的过程，从而提高组织的业绩，同时也可用于评价质量体系的完善程度，但它不能用于认证或合同目的。两个标准的结构虽然相似，但范围不同。两个标准的差异主要表现在以下几方面。

1. 质量管理体系

ISO9001给出了组织建立质量管理体系的总要求和文件的总要求。而ISO9004则不仅给出了质量管理体系的通用内容和实施的详细指南，而且重点强调通过对质量管理体系的活动和过程进行不断改进，以达到组织业绩不断改进的过程方法。ISO9004同时强调了质量管理体系改进过程中所应用的八项质量管理原则，具体内容见第三章。

2. 管理职责

在管理职责方面，ISO9001只规定了最高管理者在改进质量管理体系的承诺方面需要进行的基本活动。而ISO9004则不仅给出了最高管理者的职责，而且还要求最高管理者识别影响组织业绩的重要活动和过程及其相互关系，对过程进行设计、控制和持续改进，同时还应规定组织业绩的测量方法。

在满足需求方面，ISO9001重点是确保顾客需求和期望得到满足，而ISO9004要求除了满足顾客的需求外，还必须考虑员工、投资者、供方和社会的需求和期望，同时对法律法规方面的要求给予了更全面的考虑。

在质量策划方面，ISO9001只对质量策划的内容给出了要求，而ISO9004则对质量策划的输入和输出内容均给出了更详细的要求。

在管理评审方面，ISO9004所考虑的面更宽，范围更广。如在管理评审的输入方面，不

仅要考虑审核结果、顾客反馈、产品的符合性、纠正和预防措施方面的情况以及原来设想情况的变化，还要考虑其他的输入，包括改进情况和结果、顾客满意度的测量、竞争性的水平对比、改进的机会、法律法规的变化以及质量活动的财务效果等。

3. 资源管理

ISO9001 对人员安排、能力和培训，以及设施和工作环境只提出了实现产品符合性的基本要求。而 ISO9004 则对员工的参与、员工的能力和培训等提出了详细的指南。如为了实现组织目标并激励员工创新，组织应该通过哪些活动鼓励员工参与；为了达到提高组织业绩的要求，在组织应该对员工进行培训的内容、培训计划和方法以及通过培训使员工具备的能力方面进行了详细的说明。

在资源管理方面，ISO9004 还对组织的其他资源，如信息资源、供方和合作者、自然资源、财务资源等如何进行有效地管理提出了应考虑的问题和改进指南。

4. 产品的实现

2000 版标准是以过程方法提出的对组织质量管理体系的有关要求。而产品的实现过程是将顾客的需求通过一系列的转化最终形成有形产品，以满足顾客的需要，或转化成顾客需要的服务过程。在这个过程中，又包括了一系列的相关过程，如产品的设计和开发过程、评审过程、对相关方的需要进行识别和评价过程、采购过程、生产和服务运作过程以及有关的控制过程等。由于产品的实现过程对于满足顾客和相关方的需要都是最为关键的过程，因此，两个标准都对其进行了详细的说明，而 ISO9004 对过程的管理、过程的确认和更改进行了更详细的说明。

5. 测量、分析和改进

这部分内容是最能反映出 ISO9001 和 ISO9004 之间区别的部分。在这部分内容中，ISO9004 不仅要求对体系业绩进行测量和监控，而且还要求对相关方的满意程度进行测量和监控。

对体系业绩进行测量和监控是为了明确质量管理体系有待改进的领域和识别方法。测量和监控方法不仅包括顾客满意程度的测量，同时还要求将财务方面的信息与质量管理体系联系起来提交管理评审，以便对过程和活动进行改进。

ISO9004 还在该部分中增加了自我评价的内容，并在附录中给出了自我评价的方法。

对于数据分析，ISO9001 主要是为了提供顾客满意与不满意、与顾客要求的符合性、产品特性及趋势等方面的信息。而 ISO9004 要求将来自于组织各部门的信息和数据进行汇总分析，从而评价组织的整体业绩，包括总趋势、运行业绩、顾客满意与不满意、其他相关方的满意程度、组织的有效性和效率、供方的作用、质量经济性、财务和市场业绩以及业绩的水平对比等。

在过程改进方面，为了提供顾客满意的产品或服务，ISO9001 要求对不合格的产品提出纠正和预防措施，并通过分析不合格品的原因对质量管理体系进行必要的改进。而 ISO9004 则为了提高组织内部的有效性和效率，以及提高顾客和其他相关方的满意程度，要求对所有过程和活动规定过程改进的方法。

第二节　质量管理体系的建立

一、组织建立质量管理体系的目的和意义

采用质量管理体系应当是组织最高管理者的一项战略决策。一个组织质量管理体系的设计和实施受各种需求、具体目标、所提供的产品、所采用的过程以及该组织的规模和结构的影响。组织的目的一方面是识别并满足其顾客和其他相关方（员工、供方、投资方、社会）的需求和期望，以获得竞争收益，并以有效和高效的方式实现；另一方面是实现、保持并改进组织的整体业绩和能力。

1. 建立质量管理体系的目的

一个组织要取得经营的成功，要在激烈的市场竞争中获得生存和发展，就必须使其所提供的产品或服务做到以下各项。

（1）满足规定的要求、功能和目的。

（2）满足顾客的需要。

（3）符合适用的标准和规范。

（4）符合相关的法律、法规要求。

（5）价格合理而具有竞争性。

（6）不断降低成本，使组织盈利。

组织为了达到上述目的，始终满足顾客要求，就必须建立、保持并不断改进自身的质量管理体系。

2. 建立质量管理体系的意义

组织的核心问题是“满足顾客的需求”，而 ISO9001 是为保证满足顾客需求对组织的质量管理体系的最低要求。ISO9004 则是为超越这种最低需求，达到不断改进组织业绩的行动指南。因此，不论是为了认证的目的而按 ISO9001 建立的质量管理体系，还是为了改进的目的而按 ISO9004 建立的质量管理体系，都将对组织提高产品和服务质量产生重要的影响。组织建立质量管理体系的意义主要表现在以下几个方面。

（1）为组织改进质量管理工作，建立有效的系统运行控制提供了指导和评价依据。

（2）有利于保证顾客和其他相关方（在 ISO9004 质量体系模式下）的需要得到满足，取得顾客和其他相关方的信任。

（3）有利于提高组织的市场竞争力和生存发展能力。

（4）有利于不断提高组织各层次人员的素质和管理水平。

（5）有利于实现跨越式发展，在我国加入 WTO 的条件下尽快与国际接轨。

二、建立质量管理体系的步骤

质量管理体系的建立过程主要包括以下五个阶段。

（一）质量体系的决策和总策划

质量体系的成败关键在上层领导。只有上层领导高度重视并身体力行，工作有效，才能使质量体系的建立成为可能。但是，按 ISO9000 系列标准建立和完善质量体系是一项复杂而细致的工作，涉及组织中各个部门和过程，关系组织全局和长期的利益。因此，一定要重视并充分做好细致的组织策划工作。

（1）要学习、理解和掌握体系标准，统一领导和全体员工的思想认识。尤其是企业领导要认真学习，提高对贯彻标准和完善质量体系重要性、必要性和紧迫性的认识，澄清模糊概念，抓紧时机，积极主动地把这项工作落实好。与此同时，也要对企业全体员工进行宣传学习、思想教育和发动工作。通过教育培训，统一思想，提高认识，加强员工对贯彻标准、建立质量体系意义和实质的理解，增强行动的自觉性。

（2）需要领导层的战略决策和组织落实。建立有效的质量体系是一项关系管理方式变革和管理体系调整的系统工程，相当复杂，而且具有相当的难度，需要领导层拿出勇气和决心，同时还必须进行统筹安排和科学的决策。企业的管理者对质量体系的策划、建立、实施和保持等决策负有最终责任。要确定战略方针、目标，做好各项决策工作，必须对组织的现状心中有数，找准自己的位置、差距和薄弱环节，有的放矢。

（3）要确定领导机构和工作机构，对骨干人员进行培训。当组织已做出建立质量体系战略决策后，应立即成立由组织内部各主管领导和有关部门负责人参加的领导机构。视组织大小不同，为便于领导、协调和决策，一般由 3 ~ 7 人组成为宜。除了领导机构之外，在组织内部还应有相应的工作机构，如质量管理办公室等。其职能是负责贯彻标准和质量体系建立、运行的日常工作，进行组织、计划、推进和协调。

（4）要制订出具体的工作计划和程序。通过制订工作计划，对整个工作做出全面规划，明确目标，划分阶段，规定工作内容和进度，并安排出实施性计划，以保证“贯标”、体系建立和运行工作有计划、有组织、有步骤地进行。

（二）质量体系的总体设计

质量体系总体设计的内容包括以下几个方面。

1. 制定质量方针

质量方针实际上是良好的质量哲理和信念的体现，它不仅反映产品或服务质量方面的问题和尽量满足顾客的需要，还应明确表明领导层对质量责任的承诺和授权，并具有使全体职员理解和接受，进而自觉执行的内在动力和要求。

组织的质量方针必须转化为具体的质量目标。质量目标是根据质量方针的要求，组织在一定时间内在质量方面要达到的预期业绩。其具体内容如下：

（1）用适当的质量评价方法，明确顾客的需要。

（2）采取有效的预防措施和控制方法，避免顾客的不满意。

（3）达到所要求的服务业绩和等级，优化质量成本。

（4）在组织内，共同承担质量义务，不断评审服务要求和业绩，以便识别改进服务质量的机会。

2. 明确质量环

在建立质量体系的总体设计中，首先应该制定质量方针并明确本行业、本公司产品或服务的主要流程，即明确质量环。质量环是建立质量体系的基础，在总体设计中，应根据实际情况设计出能反映本部门质量流程的质量环。如对于服务质量环，包括四个主要过程：市场开发过程、设计过程、服务提供过程及服务业绩分析和改进过程。

3. 质量体系要素的选择与展开

质量体系是由具有相互关联的质量要素所组成的有机整体，质量要素是构成质量体系的基本单元。在质量体系中，要素具有把输入转化为输出的功能，质量是通过对要素的管理和控制来完成某种过程，并以此来实现质量方针和目标。正确选择质量体系要素不仅是编写质量手册的基础，也是保证实现质量方针的基本要求。对于服务组织而言，最高管理者职责、人员和物质资源以及质量体系结构是服务组织建立质量体系的三个最关键的要素。

4. 质量活动的确定

质量活动是从市场开发到产品设计和提供全过程中涉及质量要求的全部活动。质量活动是质量要素的延伸和体现，因为每个基本要素的控制都必须通过一定的质量活动来完成。没有质量活动，质量要素无法完成控制，整个质量体系也无法运转。

（三）质量体系的组织结构和资源配置

1. 质量体系的组织结构

组织结构是指组织为行使某职能，按某种方式建立的职责、权限及其相互关系。质量体系的组织结构是组织行使质量管理职能的一个管理框架，其重点是将组织的质量方针、目标层层展开形成各级的职能，再转化分解为各级、各类人员的质量职责和权限，明确其相互关系。

2. 资源配置

资源包括人员、资金、设施、设备、技术和方法。资源是质量体系的物质基础，是质量体系赖以存在的根本，也是其有效运行的前提和手段。质量体系的建立，质量活动的有效控制，除了需要人力资源和硬件资源外，还需要资金和信息资源。

（四）编制质量体系文件

ISO9000 系列标准要求质量体系形成文件并加以实施。质量体系的文件包括以下几类：

1. 质量手册

质量手册是指阐明一个组织的质量方针并描述其质量体系的文件。质量体系手册涉及的内容有：质量方针；影响质量的管理、执行、验证或评审工作人员的职责、权限和相互关系；质量体系程序和说明；关于手册评审、修改和控制的规定。

质量手册分为两种：质量管理手册和质量保证手册。质量管理手册是描述一个组织的质量方针及其质量体系，仅供内部使用的手册；而质量保证手册则是供外部质量保证的文件。

2. 质量计划

质量计划是指针对特定的产品、项目或合同，规定专门的质量措施、资源和活动顺序的文件。

3. 程　序

程序是指为完成某项活动所规定的途径，在很多情况下，程序要形成文件。

4. 记　录

记录是指为已完成的活动或达到的结果提供客观证据的文件。质量记录的某些目的是证实、可追溯性、预防措施和纠正措施。

通用的质量体系文件按要素分为 4 个层次（图 3.2）。

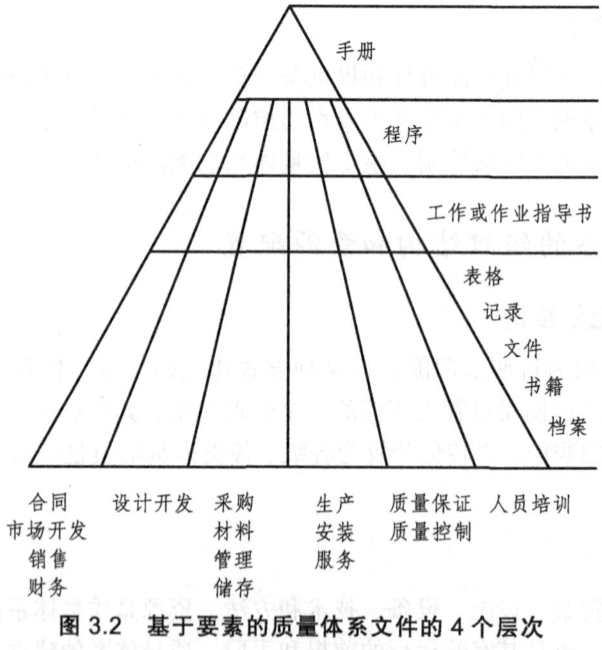

图 3.2　基于要素的质量体系文件的 4 个层次

（五）体系培训、试运行及质量体系审核

通过对执行标准的人员进行培训，对已建立的质量体系进行试运行。在试运行过程中，如果发现建立的质量体系有什么问题，应及时纠正。质量体系审核一般分为两类。

（1）内部质量体系审核，也称为第一方审核，其目的是评价本组织的质量体系是否满足标准或其他有关的规定和要求，同时也是用以发现质量管理方面的问题，进而提出改进建议，使质量体系持续地保持其有效性。

（2）外部质量体系审核，又分为第二方审核和第三方审核。第二方审核也称需方审核，第三方审核则是由具有注册发证（或审核）资格的第三方机构对组织进行的审核。外部质量审核的目的是验证组织的质量保证能力，并审核其是否符合一定的标准。

第三节 建立质量体系与推行 TQM 的关系

一、ISO9000 系列标准与全面质量管理

中国民航从 20 世纪 80 年代开始推行质量管理。最初，航空运输企业以 QC 小组的形式，针对工作过程中存在的问题，应用质量管理的方法对其进行改进，虽然有些部门取得了一定的效果，但总的来说，效果并不理想。随着 ISO9000 系列标准在国际上越来越受到普遍的重视，中国民航也开始标准化工作的推广，有些航空运输企业已经进行了质量体系认证。但是，在认识上还存在很大的误区。主要体现在：对 TQM 的理论和思想，对建立质量体系与推行 TQM 的关系，以及贯彻 ISO9000 系列标准与 TQM 之间的关系还存在着错误的认识。对此，必须明确质量体系与全面质量管理的关系。

1. 质量体系是全面质量管理的基础

1983 年，美国的费根堡姆博士在其《全面质量管理》一书中对质量体系作过如下定义："质量体系是全公司协调一致运转的工作结构，它用文件的形式列出有效的、一体化的工作和管理程序，以便以最好、最实际的方式来指导公司的工作人员、机器以及信息的协调活动，从而保证顾客对质量满意和经济的质量成本。"进而明确指出："质量体系是全面质量管理的基础"。也就是说，全面质量管理必须在质量体系的支撑下才能展开，才能正常实施。另一方面，质量体系又是实施全面质量管理的一种手段。

全面质量管理是一种成功的管理模式，是一种理论、一种管理思想，尤其是一种管理实践。因此，它的特色不仅体现在以质量体系为基础的系统化管理上，更重要的是它的"全面质量、顾客满意"的指导思想，"以人为本"的管理思想，如全员参与、质量管理小组等实践，以及与此相伴相生的一整套具体技术、方法和手段。因此，质量体系不能等同于全面质量管理，如果将全面质量管理看成是一个集合的话，质量体系只是其中的一个子集。

2. 贯彻 ISO9000 标准与推行 TQM 既相区别又相联系

ISO9000 系列标准并不是取代 TQM 的一种"新的"管理模式，两者既不互相排斥，也不互为障碍，而是相互促进。ISO9000 系列标准有其自身的特色和长外，如标准在名词术语的规范化，质量体系的系统化，质量管理软件设备和技术的明确要求，过程控制的严格规定，程序的文件化，质量审核制度化等方面的特长。日益增大的市场压力和国际竞争的日益加剧，将迫使所有组织着力提高其产品和服务质量。而采用共同的标准，将会较快地提升这些国家

有关组织的全面质量管理水平。但是，ISO9000 系列标准与全面质量管理并不能等同，两者之间存在着相当程度的差别，这些差别概括起来主要有以下几点。

（1）二者不属于一个层次。ISO9000 系列标准主要是一种管理模型，据此可以建立一个质量保证体系或质量管理体系。而 TQM 是一种思想、理论，一套管理技术和方法，是一种质量管理的实践。

（2）虽然都重视质量，但重视的方式和程序不同。ISO9000 系列标准主要是内向型管理，强调用质量体系来保证产品质量，用审核、认证提供信任的证据，满足顾客的需要。而 TQM 强调的是让顾客满意，包括功能特性、最佳经济性和时间特性等，其衡量标准是通过市场调查分析获得的顾客满意度，从而求得组织的长期发展，所以是趋于外向型的管理。

（3）ISO9000 系列标准属于标准化专家型管理，强调监测、控制，其要素中有许多这方面的内容。其管理方式仍然是管理层制订计划和程序，由操作层执行、实施。TQM 强调“以人为本”“全员参与”“自主管理”，从而充分调动、发挥全体人员的积极性和创造性。这不仅大大节省了管理成本，提高了产品质量，而且使每个人都成为一个目标系统，自动自主地将日常工作和改进工作有机地结合起来，显著地提高了生产效率和效果。

（4）ISO9000 系统标准虽然也提到质量改进，但基本上是被动的。从本质上看，它是强调计划的重要性，一切按计划和程序办事，因此是一种维持现状的保守型管理。TQM 的一大特色就是质量改进，它从系统观点出发，重视对环境的适应性，突出危机感、紧迫感，强调以不断改进来求得生存和发展，所以是一种前瞻型主动式管理。

（5）在对待质量文化的建设上，ISO9000 系列标准没有提及，而全面质量管理将塑造组织的质量文化视为重大的举措，是有深远影响的“基础工程”。组织质量文化主要包括全员的质量意识和素质，对此标准虽然有所涉及，但其要求和内容的深度、广度不如全面质量管理。

二、TQM 的发展趋势

根据一些著名的质量管理专家的预测以及有关的信息，TQM 的发展趋势可归纳为以下几个方面。

（1）系统化的思想和技术，以及规范化、标准化将在 TQM 的应用中得到加强。

（2）TQM 的应用领域将迅速扩大。TQM 不仅在第二产业得到公认，并且很快扩展到了服务、金融、交通、邮电等第三产业，以及诸如医院、学校等事业领域。在美国，TQM 正在渗透到全国各个领域。

（3）高层领导亲自挂帅。随着市场竞争的进一步加剧，质量战略地位的确立，在 TQM 中高层领导的作用和责任空前提高，因此，高层领导必须亲自挂帅，否则就无法“以质量为中心”“以顾客满意为中心”。

（4）战略策划与 TQM 的结合。中国民航推行 TQM 之所以收效甚微，其中一个重要的原因就是没有把全面质量管理放在战略高度来考虑整个企业的经营管理，也就是没有自始至终将 TQM 与企业经营战略及其策划有机地结合起来。企业往往将战略目标定在安全与利润指标上，TQM 的实施是通过全面质量去满足顾客的需要，从而获得相应的利润。只有 TQM 和战略策划相结合，才能确定改进活动的方向，安排出轻重缓急的计划，并且在全员参与的情况下，集思广益，避免资源浪费，提高工作效率。而且，也只有 TQM 与战略策划相结合，才有可能使整个组织的传统文化转变到现代质量文化上来。

（5）ISO9000 和 ISO14000 标准的结合。在激烈的国际竞争以及全球环境保护意识不断高涨的今天，要求将质量管理与环境管理统筹策划，有机结合的呼声日益高涨。无论是社会、顾客或组织，都希望在获得全面质量的同时，保护好生存的环境，避免污染和公害对人身安全和生活质量带来的负面影响，同时尽可能降低环境管理以及相应审核和认证的费用。为此，ISO 专门成立了一个新的技术委员会—ISO/TC207，负责起草 ISO14000 系列通用环境管理标准。在管理体系的相似性和相容性方面，2000 版 ISO9000 标准已经朝前迈进了一步。

（6）质量管理体系的建立过程中会越来越重视质量信息系统的同步建立。质量体系的每一要素都有相关的质量信息，管理过程实质上是信息处理过程，同时也是以信息为手段的支持过程增值的最基本条件。质量信息系统是以计算机技术为基础，利用网络通信技术采取在线、实时数据采集和离线批处理相结合的方式，进行质量信息的收集、传送、存储、加工、使用、维护的真正一体化管理系统。它能对整个质量形成过程进行实时而有效的监控，做到迅速、及时、正确。建好质量信息系统必然要改变原有手工管理的传统做法，甚至要打破现有的管理体系。从职能重新分析、划分，到机构重组以及工作方式的改变，到管理模块化、程序化等，这一切又正好与质量体系的建立相一致。因此，将二者同步建立，会收到事半功倍的效果。

第四章　质量成本管理

质量成本的概念由美国质量管理专家 A.V. Feigenbaum 在 20 世纪 50 年代初最早提出，他第一次将企业中质量预防和鉴定活动的费用与产品质量不合要求所引起的损失一起考虑，并形成质量成本报告，成为企业高层管理者了解质量问题对企业经济效益的影响以及与中低层管理者之间沟通的桥梁，是进行质量决策的重要依据。此后，质量成本的概念在美国很快便得到了企业界的广泛重视，被许多企业采用，并在实践中得到不断的发展和完善。继 A.V. Feigenbaum 之后，美国质量管理专家 J. M. Juran 在其《质量控制手册》中提出了“矿中黄金”的概念。所谓“矿中黄金”，指的是“质量上可减免成本的总额”。J. M. Juran 认为，企业在废次品上发生的成本好似一座金矿，人们完全可以对它进行有利的开采。从此，关于质量成本的概念有了很大发展，对推动企业有效开展质量管理工作、促进质量管理理论研究和实践的进一步完善发挥了重要作用。

质量成本及其管理在我国是 1981 年通过瑞典著名质量管理专家 L. 桑德霍姆来华讲学而引进的。经推广应用后，我国于 1991 年发布了相应的指导性国家标准《质量成本管理导则》（GB/T 13339—1991）。此后，国际标准化组织（ISO）又于 1998 年发布了《质量经济性管理指南》（ISO/TR 10014：1998）。上述两个标准为我国开展质量成本及质量经济性管理提供了指南和依据。

第一节　质量效益与质量损失

我国民航经济效益曾出现了几次严重的滑坡，大部分航空公司严重亏损。除了受世界经济和国内经济的影响，以及其他运输方式的竞争压力、油价上升等外部环境因素的影响外，主要还是由于随着航空运力的快速增长，其质量管理水平不能适应现代企业管理的需要，致使工作质量低下而造成质量成本过高。例如，由于民航企业整体质量管理水平低下，导致航班不正常率过高。在大量航班不正常的情况下，航空公司人员、设备重复性作业占用的资源过多，为旅客提供的补偿性服务费用支出过高，使得航空公司的成本大幅度上升，加之航空公司服务质量低下导致的市场竞争力下降，使得航空公司的销售收入难以补偿高额的成本。

一、生产者的损失

生产者的质量损失包括因质量不符合要求，发生在生产过程中和生产过程结束后企业内部和外部两方面的损失，其中既包括有形的损失，也包括无形的损失。

有形的损失是指可以通过价值计算的直接损失。如由于航空公司航班不正常所造成的机场服务费用的提高、旅客食宿等额外服务费用的增加、对旅客的赔偿、资源的浪费等损失；辅助生产中的采购运输、仓储保管等费用的增加；销售过程中的差错损失等。

而无形的损失则是指由于服务质量、工作和管理质量水平低下而造成的航空公司商誉下降、顾客流失、载运率下降等。这些损失是巨大的，且难以直接计算，对于企业的影响可能是致命的。另外还有一种无形的损失，就是不合理地片面追求高标准。如在机场建设和飞机购买过程中，不顾市场需求量的大小，片面强调超前和领先水平，造成机场建设和飞机购买过程中投入过大，因而大大增加了航空公司的营运成本。

二、消费者（或用户）的损失

消费者损失是指产品的使用或服务的提供过程中，由于质量缺陷而使消费者蒙受的损失。如产品使用过程中造成的人身健康、生命和财产的损失，使用中由于产品质量缺陷造成的停工、停产、误期或增加的大量维修费用等损失，都属于消费者的质量损失。

三、社会的损失

生产者和消费者的损失，广义地说，都属于社会的损失；反之亦然，社会的损失最终也是对个人造成的损失。我们这里所说的社会的损失是指由于产品缺陷对社会造成的公害和污染，对环境和社会资源的破坏和浪费，以及对社会秩序、社会安定的不良影响等。

第二节 质量成本的基本概念

一、质量成本的含义

美国质量管理专家朱兰和菲根堡姆等人首先提出了质量成本的概念，质量成本也称为质量费用。ISO/ CD-8402-1 中对质量成本的定义是：总成本的一部分，包括确保满意质量所发生的费用，以及未达到满意质量的有形与无形损失。

质量成本不同于其他成本的概念，有其特定的含义。曾经有人错误地认为，一切与保持和提高质量直接或间接有关的费用，都应计入质量成本，结果导致管理上的混乱，成本设置很不规范，使企业之间缺少可比性。例如，有的企业把技术改造、设备大修、职工一般培养、新产品开发设计，甚至把托儿费都一起计入质量成本中，因为这些费用总可以找到它们直接或间接保持和提高质量的关系。实际上这样计算出来的质量成本与生产总成本没有多少区别。

按照国际标准的规定，质量成本是由两部分构成的，即运行质量成本和外部质量保证成本。而运行成本中又包括：① 预防成本；② 鉴定成本；③ 内部故障成本；④ 外部故障成本。

二、质量成本的费用组成

（一）运行质量成本

1. 预防成本

预防成本是指预防故障或不合格品的产生所需的各项费用，大致包括下列各项：

（1）质量工作费（企业质量体系中为预防发生故障，保证和控制产品质量，开展质量管理所需的各项有关费用）。

（2）质量管理培训费。

（3）质量奖励费。

（4）质量改进措施费。

（5）质量评审费。

（6）工资及附加费（指从事质量管理的专业人员）。

（7）质量情报及信息费等。

2. 鉴定成本

鉴定成本是指评定产品是否满足规定质量要求所需的费用，鉴定、试验、检查和验证方面的成本，一般包括下列各项：

（1）进货检验费。

（2）工序检验费。

（3）产品检验费。

（4）检测试验设备及维护费。

（5）试验材料及劳务费。

（6）检验试验设备折旧费。

（7）办公费（为检测、试验发生的）。

（8）工资及附加费（指专职检验、计量人员）等。

3. 内部故障成本

内部故障成本是指在交货前或服务未满足规定的质量要求所发生的费用，一般包括下列各项：

（1）废品损失。

（2）返工或返修损失。

（3）因质量问题发生的停工损失。

（4）质量事故处理费。

（5）质量降级损失费等。

4. 外部故障成本

外部故障成本是指交货（或服务提供完成）后，由于产品或服务未满足规定的质量要求所发生的费用，一般包括下列各项：

（1）索赔损失。

（2）退货或退换损失。

（3）保修费用。

（4）诉讼损失费。

（5）降价损失费等。

（二）外部质量保证成本

在合同环境条件下，根据用户提出的要求，为提供客观证据所支付的费用，统称为外部质量保证成本。其包括的项目如下：

（1）为提供特殊附加的质量保证措施、程序、数据等所支付的费用。

（2）产品的验证试验和评定的费用，如经认可的独立试验机构对特殊的安全性能进行检测试验所发生的费用。

（3）为满足用户要求，进行质量体系认证所发生的费用等。

质量成本没有权威性的定义，只存在国际范围的认同。为使人们避免产生高质量产品就需要高质量成本的误会，国外有些专家建议把质量成本改名为“质量不良成本”。

根据以上质量成本的定义及其费用项目的构成，有必要将现行的质量成本作以下说明，以明晰质量成本的边界条件。

第一，质量成本只是针对产品制造过程的符合性质量而言的。也就是说，在设计已经完成、标准和规范已经确定的条件下，才开始进入质量成本计算。因此，它不包括重新设计和改进设计以及用于提高质量等级或质量水平而支付的那些费用。

第二，质量成本是指在生产过程中那些与出现不合格品密切联系的费用。例如，预防成本就是预防出现不合格品的费用；鉴定成本是为了评定是否出现不合格品的费用；而内、外故障成本是因产品不合格而在企业内部或外部所产生的损失费用。可以这样理解，假如有一种根本不可能出现不合格品的理想式生产系统，则其质量成本为零。实际生产中，这种理想式生产系统是不存在的，在生产过程中由于人、机、料、法、环等各种因素波动的影响，或多或少总会出现一定的不合格品，因而质量成本是客观存在的。

第三，质量成本并不包括生产过程中与质量有关的全部费用，而只是其中的一部分。这部分费用是生产过程中同质量水平（合格品率或不合格品率）最直接、最密切、最敏感的那一部分费用，诸如工人生产时的工资或材料费、车间或企业管理费等，均不计入质量成本中，因为这是正常生产所必须具备的条件。计算和控制质量成本，是为了用最经济的手段达到规定的质量目标。

第四，质量成本的计算，不是单纯为了得到它的结果，而是为了分析在差异中寻找质量改进的途径，达到降低成本的目的。

通常，企业在实施质量成本管理过程中，需要设置明确的质量成本项目。质量成本项目的设置是在如前所述质量成本费用项目的基础上，按照企业的实际情况以及质量费用的用途、目的、性质而设定的。由于不同行业的企业生产条件具有不同的特点，所以具体成本项目可能不尽相同，但基本上是大同小异的。同时，在设置具体质量成本项目的时候，还要考虑便于核算和正确归集质量费用，使项目的设置适应现行会计核算制度，符合一定的成本开支范围，并和质量成本责任制相结合，做到针对性强、目的明确，便于施行。

三、质量成本费用的分类

质量成本费用的项目种类较多，为了进行合理的管理和有效的控制，对其进行科学的分类是十分必要的。质量费用的分类有不同的标准，通常可按下列方法进行分类。

1. 控制成本和故障成本（或损失成本）

按其作用可分为控制成本与故障成本（损失成本）。控制成本是指预防成本加鉴定成本，是对产品质量进行控制、管理和监督所花的费用。这些费用具有投资的性质，以达到保证质量的目的；同时其投资的大小也是预先可以计划和控制的，称为控制成本。

故障成本（或损失成本）也称控制失效成本，是指内部故障与外部故障之和。这两部分费用都是由于控制不力而导致不合格（或故障）的出现而发生的损失，所以一般也称为损失成本。

控制成本与故障成本是密切相关的，在一定范围内，增加控制成本，可以减少故障成本，从而提高企业的经济效益。但是，如果不适当地增加控制成本，反而可能使质量总成本增加，从而降低企业经济效益。所以质量成本管理的一个重要任务，就是合理掌握控制成本的大小，即找到控制成本在质量总成本中的合适比例，使质量总成本达到最小值。

2. 显见成本和隐含成本

按其存在的形式可分为显见成本和隐含成本。显见成本是指实际发生的质量费用，是现行成本核算中需要计算的部分，质量成本中大部分费用属于此类。隐含成本是一种非实际发生和支出的费用，但又确实使企业效益减少的费用。这一部分被减少的收入不直接反映在成本核算中。如产品由于质量问题而发生的降级降价损失，由于质量原因而发生的停工损失等，均属此类费用。

3. 直接成本和间接成本

按其与产品的联系可分为直接成本与间接成本。直接成本是指生产、销售某种产品而直接发生的费用，这类费用可直接计入该种产品成本中，如故障成本等。间接成本是指生产、销售几种产品而共同发生的费用，这些费用需要采用某种适当的方式分摊到各种产品中去。因此，正确区分直接成本与间接成本，对于准确地计算各种产品的质量成本，有着重要的意义。一般来说，预防成本和部分鉴定成本多属于间接成本，而内部故障和外部故障多属于直接成本。

4. 阶段成本

按其形成过程可分为设计、采购、生产制造和销售等各个不同阶段的成本类型。按形成过程进行质量成本分类，有利于实行质量成本控制。在不同的形成阶段制订质量成本计划，落实质量成本目标，加强质量成本监督，以便最后达到整个过程的质量成本优化目标。

此外，质量成本还可以按其发生地点或责任单位进行分类，以便明确单位（如车间、科室）和个人的质量责任，把质量成本计划目标和措施层层分解和落实，严格进行控制和核算。只有这样，才能使质量管理真正取得效果。

第三节　质量成本的构成比例及特性曲线

质量成本各部分费用之间存在一定的比例关系，探讨其合理的比例关系是质量成本管理的一项重要任务。实际上，在质量成本构成的四大项目（预防、鉴定、内部故障、外部故障）中，不同的行业其构成比例存在差异，甚至在同一个企业的不同时期，构成的比例关系也会有所不同或发生变化。但是，根据历史资料的对比、分析，能发现其中存在的问题，揭示提高产品质量、降低产品质量成本的潜力和途径。

一、质量成本的构成比例

四大项质量成本费用的比例关系通常是：内部故障成本占质量总成本的 25%～40%，外部故障成本占质量总成本的 20%～40%，鉴定成本占 10%～50%，预防成本占 0.5%～5.0%。这四项成本之间并不是相互孤立、毫无联系的，而是相互影响、相互制约的。例如，对有些企业，内部与外部故障成本之和可以达到质量总成本的 50%～80%；但对一些生产精度较高，或产品可靠性要求特别高的企业，预防和鉴定成本占较高的比例，有时可超过 50%。从我国目前企业的情况看，普遍是预防成本偏低，因而质量总成本过高，这是值得注意的。在质量成本管理中，要掌握四大项质量成本合理的比例关系，以及它们之间的变化规律，以便在采取降低质量成本的措施中，做出正确的决策。

根据长期实践经验的摸索和总结，质量成本各项目之间的相互作用和影响有其自身的规律：如降低评价与预防成本，将导致外部故障增加，因为预防成本低，必然产生很多不合格品，而对这些不合格品又未严格检查把关，大部分将流入顾客手中，因而外部故障必然很大；如果采取提高评价成本的措施，即加强检查筛选，严格把关，阻止了大量不合格品流入市场和用户手中，因而外部故障就降低，但代价是内部故障增加了，而内、外部故障损失之和可能会有所降低。

一般认为，从内部与外部故障看，即使两者损失相同，也宁可增加内部故障，而减少外部故障。因为发生外部故障，还会导致企业的信誉下降，从而给企业带来潜在的无形附加损失，这往往是极其严重和无法估量的。采取加强工序控制，在生产过程中尽量防止不合格品的产生，虽然内部故障增加了一些，但总的质量成本却有较大下降；采取增加预防费用的措施，虽然数量有限，但效果最好，质量总成本下降最为显著。

二、质量成本特性曲线

质量成本中的四大项目的费用大小与产品合格质量水平（即合格品率或不合格品率）之间存在一定的变化关系。这条反映其变化关系的曲线，称为质量成本特性曲线。质量成本特性曲线的基本模式如图 4.1 所示。其中曲线 C_1 表示预防成本与鉴定成本之和，它随着合格品率的增加而增加；曲线 C_2 表示内部故障与外部故障成本之和，它随着合格品率的增加而减少；曲线 C 为上述四项之和，为质量总成本曲线，即质量成本特性曲线。

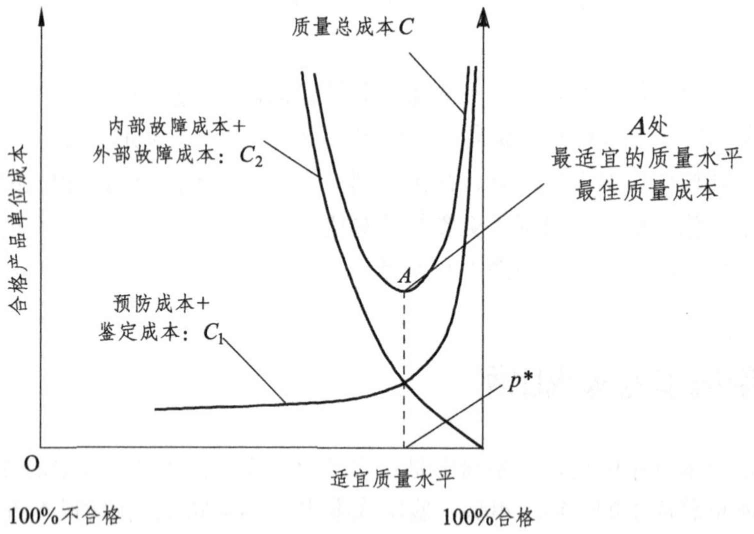

图 4.1 质量成本特性曲线

从图 4.1 中可以看出，质量成本同生产过程符合性质量水平密切相关，或者说，它是合格品率（或不合格品率）的函数。质量成本曲线 C 在左右两端（即合格率为零或 100%时）质量成本费用都很高，中间有一个最低值（A 处），对应的不合格品率 p^*，称为最适宜的质量水平，A 处的质量成本也称为最佳质量成本。

曲线 C 所表现的规律，其原因是十分清楚的。在曲线 C 的左端，不合格品率高，产品质量水平低，内、外部故障成本都大，质量总成本 C 当然也大；当逐步增加预防费用时，不合格品率降低，内、外部故障及质量总成本都将随之降低。但如果继续增加预防费用，直至实现 100%合格，内外部故障理论上趋于零，但预防成本和鉴定成本本身的费用很高，导致质量总成本 C 相应急剧增大。C 先是从大到小变化，然后从小到大变化，中间出现一个最低点。

从图 4.1 中还可以看出曲线 C_1 和曲线 C_2 与不合格品率的关系及变化趋势。

为了便于分析质量总成本的变化规律，将曲线 C 分为三个区域，即Ⅰ：质量改进区域；Ⅱ：质量控制区；Ⅲ：高鉴定成本区。三个区域分别对应着各项费用的不同比例，如图 4.2 所示。

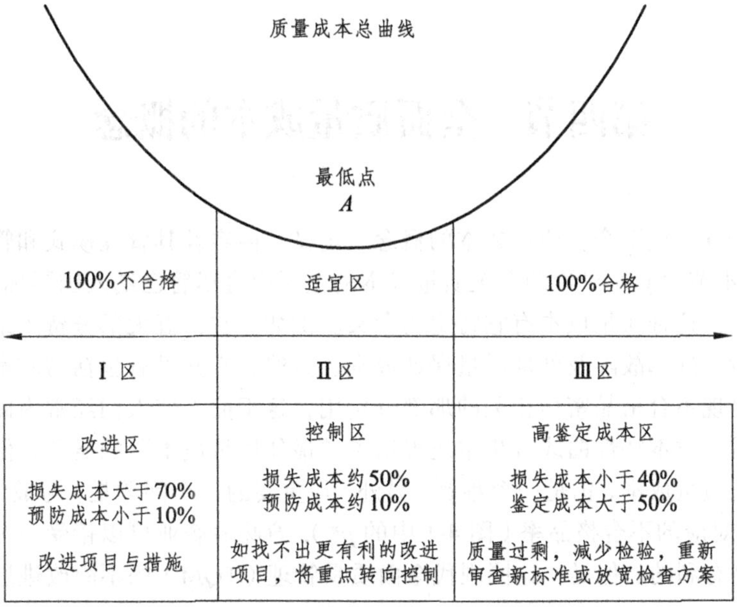

图 4.2 质量成本曲线的三个区域

三、质量成本的优化

所谓质量成本的优化，就是要确定质量成本各项主要费用的合理比例，以便使质量总成本达到最低值。为此，可利用质量成本特性曲线来进行。

从图 4.1 中可以看出，在曲线 *C* 的最佳点以左（即 *A* 点以左），随着预防成本和鉴定成本的增加，质量总成本迅速下降；过了最佳点 *A*，再增加预防和鉴定成本，质量总成本将增加，这说明增加预防和鉴定成本所带来的效果，实际上已小于预防和鉴定成本的增加额。基于这一规律，可以采取逐步逼近的方法，达到最佳质量水平。首先，可以采取某种质量改进措施，即增加预防或鉴定成本，如果此时质量总成本下降或有下降的趋势，则说明质量成本的工作点位于最佳工作点 *A* 的左侧，可以增加这一措施的强度，或增加类似改进措施，直至质量总成本停止下降为止，说明已接近最佳工作点，应转向采取控制措施。反之，当采取某项质量改进措施后，质量总成本上升了或有上升趋势，则说明质量工作点在最佳点的右侧，此时，则应撤销这一措施，或采取反作用的措施，按相反的方向接近最佳点。实际上，进行观察分析或采取措施本身也需要投资，所以一般并不需要找出绝对的最佳工作点，只要知道已位于“适宜区”即可，此时的特点是，无论采取正向措施还是逆向措施，质量总成本的变化都很小。

根据以上讨论，可以得出下面几点结论。

（1）在最佳点 *A* 左侧，应增加预防费用，采取质量改进措施，以降低质量总成本；在最佳点 *A* 右侧，若增加预防费用，质量总成本反而上升，则撤销原有措施，或采取逆向措施，即降低预防费用。

（2）增加预防费用，可在一定程度上降低鉴定成本。

（3）增加鉴定成本，可降低外部故障成本，但可能增加内部故障成本。

第四节　全面质量成本的概念

从 20 世纪 50 年代至今，质量成本的概念、定义、内容及其管理模式和管理方法都在发展和完善之中。本节前面所讨论的有关质量成本的主要内容尽管已纳入国际标准的体系要素，但正如前面所述，这种质量成本有它特定的含义。例如，它由五大部分费用组成，即预防、鉴定、内部故障、外部故障及外部质量保证成本。显然，它并没有包括与质量有关的全部费用，而只是同出现不合格品密切相关的那部分费用，这不能不使人们经常为此而提出疑问。其次，以上在质量成本特性曲线分析中还提出了“最佳质量成本”的概念，但企业能否或如何真正测得最佳质量成本，仍是一个难题。另外，最重要的一个问题是，与最佳质量成本（经济平衡点）A 相对应的不合格品率（图 4-1 中的 p^*），意味着企业可以接受一个适当的不合格品率，对企业是有利的。但是，这同现代全面质量管理（TQM）的不断改进思想是不相容和矛盾的。

现代质量管理的主要观点之一是质量竞争已进入“PPM”（百万分之一）和“零缺陷”的阶段。朱兰后来也承认，他的“经济平衡点”模式有局限性，对于十分接近于“零缺陷”生产的产品，他的模式不适用。但朱兰的质量成本模式不仅已纳入标准，而且在企业中还广为采用，并取得了良好的效果，采取完全否定或拒绝的态度，显然是不实际的。为此，人们称它为一种反应型的传统质量成本模式，需要一个新的模式以解决传统模式中未能解决的问题，比如：

（1）质量投资与其收效之间的时间差；

（2）提供评价现有质量状态和预测改进效果的方法；

（3）更好地理解质量、成本、生产率和利润等概念以及它们之间的相互关系；

（4）构造一种多目标的模式，以便更清晰、更准确地表明质量与效益之间的关系；

（5）找到一种测量长远效益的方法，以克服追求短期效益的倾向；

（6）增设若干非财务方面的要求。

根据以上分析，质量成本应分为两类基本要素：反应型要素和进攻型要素。传统的“预防—鉴定—故障”质量成本模式是反应型的，是企业内部对各种过程作业的反应。这一类反应型的要素在新的质量模式中可归为单独一类，即反应型质量成本要素。另一类更重要的是进攻型成本要素。这两类要素结合在一起，成为新的质量成本模式，即全面质量成本。

一、过程成本模式

为了使质量成本理论与 TQM 原理协调一致，提出了一种称为“过程成本模式”的全新质量成本模式。过程是将输入转化为输出的活动。过程成本将质量成本划分为合格质量成本和不合格质量成本两大部分。合格质量成本是以 100%有效方法提供产品和服务所固有的成本；而不合格质量成本则包括不是使用 100%的有效方法造成的各种浪费，即在各种规定过程中存在的低效能和不必要的开支。过程成本模式是一项重要的进攻型模式方法，因为它与TQM不断改进的思想相一致。注重过程本身就是进攻型最重要的问题，因为它为设计一个组织内的各项活动提供了新思路。

二、指标对比法

把指标作为竞争的连接器，不断将本企业提供的产品或服务与最强的竞争对手和世界一流水平进行对比，找出差距，为企业制订新的目标。目标既要追求高水平，又要实际可行，能够实现。我国的航空运输企业可以将世界上一些先进的航空运输企业（如新加坡航空公司、英航、美国西南航空公司等）作为目标，分阶段进行不断地改进，并力求根据我国的情况进行调整，使之具有自己的特色。

三、世界级制作技术

从实际出发，积极采用各种现代生产技术，如计算机数字控制（CNC）、计算机辅助设计（CAD）、材料需求计划（MRP）、生产资源计划（PRP）、优化生产技术（OPT）以及准时生产制（JIT）等。对于航空运输企业来讲，其现代化的运输工具更需要现代化的管理技术，如目前世界航空运输界通常采用的系统运行控制（SOC）和收益管理（RAI）等先进的方法。现代企业应根据规模和条件，增加上述诸方面的必要投资，以便通过获得高质量的产品或服务而争取市场份额。然而在增加这方面的投资时，也不能忽视其风险，必须认真确定，采用能给自己带来最大效益和机会的新技术。

四、市场份额分析

研究表明，具有高质量的产品，其市场份额也高，而投资回报将比低质量产品高出几倍。即使市场份额不佳，高质量至少也能部分地抵偿其对投资回报带来的影响。因此，企业必须努力提高质量，做出提供优质产品或服务的长远战略性决策。大量研究结果证明，质量投入的增加必然带来相对大得多的市场份额；研究结果同时表明，质量同生产率之间存在正相关的关系，即使仅仅考虑对生产率的影响，在质量上的投入也是值得的。

五、商誉分析

商誉是企业重要的无形资产。据国外统计表明，一位不满意的顾客平均会告知9～10人他所发现的某公司的产品质量问题。不满意的顾客中有13%所告诉的人数会达到20人以上。这是一种重要的广告宣传，其影响之大，难以估量。另据估计，一位完全满意和一贯忠诚的顾客平均能给汽车制造商带来14万美元的年销售额。所以对企业来说，如果丧失在顾客中的商誉可能是一种觉察不到而又十分可怕的危机。在质量成本分析中忽视它更是极端错误的。一旦你的一位老顾客去试用你的竞争对手的产品，那么你将面临永远失去他，甚至失去一批顾客的危险。

总之，丧失顾客的信任所造成的损失是无法估量的，因此，在企业经营管理中，对商誉贡献的研究是有重要实际价值的。

六、统计过程控制（Statistical Process Control，SPC）

从过程成本模式的概念出发，统计质量控制是企业各个“转化”过程中不可缺少的决策手段。而SPC是以数据和信息为基础的，所以质量成本管理是一种以数据和信息为基础的企业经营活动，其理由是：

（1）不收集可靠的数据，就无法进行分析；

（2）没有分析就无法获得有用的信息，也就无法了解过程；

（3）没有相应的行动，信息就不能发挥作用，过程也无法进行控制。

就质量成本而言，SPC具有反应型要素及进攻型要素的双重特点。就反应型要素看，有的学者甚至把SPC视为“预防—鉴定—故障”质量成本模式中的第五项构成因素。从主动进攻的角度来使用SPC意味着企业要使用它来提高工作绩效，而不是经常地应付顾客提出的要求。SPC在制造业已被广泛采用，特别是在TQM促进下，在质量改进的进攻型意识推动下，SPC越来越成为一项不可缺少的质量改进工具。

七、田口方法

田口玄一是日本和世界熟知的著名质量管理专家。尽管当前质量界部分人对田口的理论和方法存在不同观点和看法，但都不得不承认他的质量思路已大大地改变了质量控制的方法。他创造的线内线外质量控制理论，特别是“三次设计”的优化方法，在世界许多企业得到采用并取得了良好效果，在田口所建立的质量损失二次方程和对质量设计方法的简化上尤为显著。近年来，美国电报电话、福特、通用汽车、国际电报电话和施乐等许多著名公司，都在其质量改进计划中使用了田口方法。

田口将“质量”定义为自产品交货起对社会所造成的有关损失，这给质量赋予了新的含义。田口方法的另一观点就是质量在研制过程的设计阶段就必须认真考虑和妥善设计，他强调设计质量可以获得产品稳定可靠的运行状态。为此，田口发展了试验设计技术，提出了利用信噪比进行试验设计的概念和方法；把质量和经济紧密联系在一起，根据质量特性值对目标值的偏离大小，由质量损失函数来计算损失的数量；他还提出了“系统设计、参数设计和容差设计”的三次设计方法，大大提高和优化了设计质量，建立了“质量工程学”的理论。因此，利用田口方法设计和制造出来的产品，不仅质量好，而且能为社会带来显著节约。

第五章 全面质量管理（TQM）

第一节 全面质量管理的基本概念

一、TQM 概述

20 世纪 50 年代末，美国通用电气公司的费根堡姆和质量管理专家朱兰提出了“全面质量管理”（Total Quality Management，TQM）的概念，认为“全面质量管理是为了能够在最经济的水平上，并考虑到充分满足客户要求的条件下进行生产和提供服务，把企业各部门在研制质量、维持质量和提高质量的活动构成为一体的一种有效体系”。60 年代初，美国一些企业根据行为科学管理理论，在企业的质量管理中开展了依靠职工“自我控制”的“无缺陷运动”（Zero Defects）；日本在工业企业中开展质量管理小组（Quality Control Circle，QC）活动，使全面质量管理活动迅速发展起来。

全面质量管理的基本方法可以概况为四句话十八个字，即：一个过程，四个阶段，八个步骤，数理统计方法。

- 一个过程：即企业管理是一个过程。企业在不同时间内应完成不同的工作任务。企业的每项生产经营活动都有一个产生、形成、实施和验证的过程。
- 四个阶段：根据管理是一个过程的理论，美国的戴明博士把它运用到质量管理中来，总结出“计划（Plan）—执行（Do）—检查（Check）—处理（Act）”四阶段的循环方式，简称 PDCA 循环，又称“戴明循环”，如图 5.1 所示。

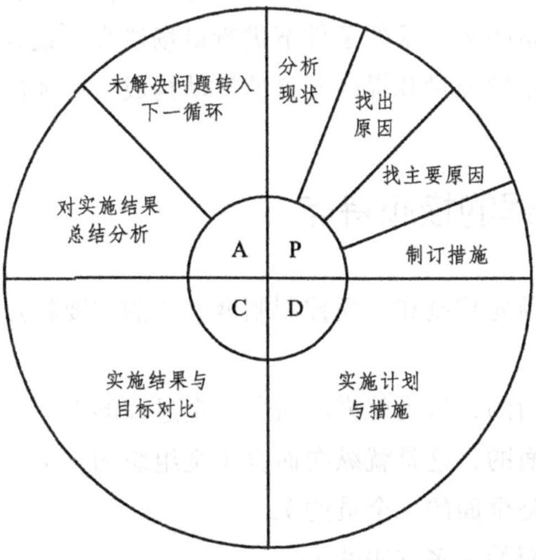

图 5.1 PDCA 循环（戴明循环）示意图

• 八个步骤：为了解决和改进质量问题，PDCA 循环中的四个阶段还可以具体划分为八个步骤。

（1）计划阶段（Plan）

① 分析现状，找出存在的质量问题；

② 分析产生质量问题的各种原因或影响因素；

③ 找出影响质量的主要因素；

④ 针对影响质量的主要因素，提出计划，制定措施。

（2）执行阶段（Do）

⑤ 执行计划，落实措施。

（3）检查阶段（Check）

⑥ 检查计划的实施情况。

（4）处理阶段（Act）

⑦ 总结经验，巩固成绩，工作结果标准化；

⑧ 提出尚未解决的问题，转入下一个循环。

• 数理统计方法：在应用 PDCA 四个循环阶段、八个步骤来解决质量问题时，需要收集和整理大量的数据信息，并采用科学的方法进行系统分析。最常用的七种统计方法，即质量管理七大工具，分别为排列图、因果图、直方图、分层法、相关图、控制图及统计分析表。这套方法是以数理统计为理论基础的，不仅科学可靠，而且比较直观。

二、TQM 的定义

全面质量管理是一种由顾客的需要和期望驱动的管理哲学。全面质量管理就是一个组织以质量为中心，以全员参与为基础，目的在于通过让顾客满意和本组织所有成员及社会受益而达到长期成功的管理途径。质量管理大师费根堡姆对 TQM 的定义："为了能够在最经济的水平上，并考虑到充分满足顾客要求的条件下进行市场研究、设计、制造和售后服务，把企业内各部门的研制质量、维持质量和提高质量的活动构成为一体的一种有效的体系"。

三、全面质量管理的核心特点

全面质量管理是一种预先控制和全面控制制度。它的主要特点就在于"全"字，包含以下四层含义。

（1）管理的对象是全面的，这是就横向而言（全过程的）。

（2）管理的范围是全面的，这是就纵向而言（全组织的）。

（3）参加管理的人员是全面的（全员的）。

（4）管理的方法是全面的（多方法的）。

第二节 全面质量管理在实践中的应用

随着产品的日益丰富，大部分产品已处于买方市场，人们购买商品时越来越挑剔；同时人们的生活水平也迅速提高，购买商品的标准逐步从“价廉”向“物美”转变。在这种宏观环境中，企业要想长久生存，必须把握好产品质量关。

产品质量管理应该是对生产过程的全面跟踪管理。正如“产品质量不是检验出来的，而是生产出来的”所说，只有做好商品生产的各个环节的质量管理，才能保证产品质量的检验合格。因此，对一个企业而言，实施全面质量管理是十分必要的。但是怎样才能实现质量管理的全程化，并且为企业带来较好的效益呢？ 首先应做的就是认真贯彻 ISO9000 系列标准。

一、认真贯彻 ISO9000 系列标准

全面质量管理是指一个组织开展以质量为中心，以本组织全体成员参与为基础的一种管理方式。它的目标是通过让顾客满意和该组织全体成员和社会受益，以达到长远成功。开展全面质量管理必须建立一个质量体系。一般而言，一个组织能够为社会提供产品或服务，该组织应具备一个质量体系；但这个质量体系通常都是不完善的，存在这样或那样的问题。要健全这个体系，可以充分利用 ISO9000 系列标准，从而为企业有效地进行全面质量管理提供保证。

ISO9000 系列标准是人们长期以来在管理活动中的经验总结，为企业的生产提供了依据。企业在生产中有两种质量不易被协调。一种是目标质量（设计质量，属于适用性质量），即在未考虑生产操作条件的情况下确定的质量；另一种是标准质量（制造质量，属于符合性质量），即按照设计的要求，充分考虑生产技术条件，并以现有技术在生产制造过程中应该达到的质量。标准质量会尽量向目标质量靠拢，因此制订目标质量是进行全面质量管理的首要任务，而 ISO9000 系列标准则为目标质量（目标质量标准化）的制订提供了一个合理的依据，让企业减少了不应有的失误。从这不难看出，贯彻 ISO9000 系列标准是开展全面质量管理的一种有效手段。

ISO9000 系列标准是对企业质量保证体系的一个基本要求，取得认证是产品进入市场的前提条件，但并不能保证产品具有市场竞争力。因此企业应该在贯彻 ISO9000 系列标准的基础上进一步展开全面质量管理，以市场用户需求为上，全员参与管理，进行持续的质量改进，这样企业才能在市场上具有竞争力。质量管理的本质特征是质量改进，ISO9000 系列标准是依据标准进行质量控制，是被动式的，它只告诉你做什么，并没告诉你如何去做。达到 ISO9000 系列标准是实施全面质量管理的基础，是企业的义务。

认真贯彻 ISO9000 系列标准对强化质量体系是必要的。它为企业提供了多种质量保证模式，企业可根据供需双方对风险、成本和利益进行全面的考虑和平衡，系统地考虑产品设计的复杂性、设计成熟程度、制造复杂性、技术性、安全性和经济性等因素，从中选择一个合

适的质量保证模式，以便实现全面质量管理。它要求有完整的文件化质量体系，是对全面质量管理的规范化，是全面质量管理的基础工作，对技术和管理提供补充，是产品出口的必要条件。

综上所述，ISO9000 系列标准推动了全面质量管理在企业中的应用，为企业抢占市场打下了坚实的基础。企业只要以贯彻标准为基础，以实施全面质量管理为根本，坚持“始于教育，终于教育”的贯标思想，把贯标有效、合理地应用到全面质量管理中去，一定能够实现高效益运作。

二、全面质量管理与 ISO9000 的对比

1. ISO9000 与 TQM 的相同点

（1）两者的管理理论和统计理论基础一致。两者均认为产品质量形成于产品全过程，都要求质量体系贯穿于质量形成的全过程；在实现方法上，两者都使用了 PDCA 质量环运行模式。

（2）两者都要求对质量实施系统化的管理，都强调“一把手”对质量的管理。

（3）两者的最终目的一致，都是为了提高产品质量，满足顾客的需要，都强调任何一个过程都是可以不断改进、不断完善的。

2. ISO9000 与 TQM 的不同点

（1）期望目标不一致。TQM 质量计划管理活动的目标是改变现状。其作业只限于一次，目标实现后，管理活动也就结束了，下一次计划管理活动，虽然是在上一次计划管理活动的结果基础上进行的，但绝不是重复与上次相同的作业。而 ISO9000 质量管理活动的目标是维持标准现状。其目标值为定值。其管理活动是重复相同的方法和作业，使实际工作结果与标准值的偏差尽量减少。

（2）工作中心不同。TQM 是以人为中心，ISO9000 是以标准为中心。

（3）两者执行标准及检查方式不同。企业实施 TQM 时，其制订的标准是企业结合其自身特点制订的自我约束的管理体制；其检查方主要是企业内部人员，检查方法是考核和评价（方针目标讲评，QC 小组成果发布等）。ISO9000 系列标准是国际公认的质量管理体系标准，它是供世界各国共同遵守的准则。贯彻该标准强调的是由公正的第三方对质量体系进行认证，并接受认证机构的监督和检查。

TQM 是一个企业“达到长期成功的管理途径”，但成功地推行 TQM 必须达到一定的条件。对大多数企业来说，直接引入 TQM 有一定的难度。而 ISO9000 则是质量管理的基本要求，它只要求企业稳定组织结构，确定质量体系的要素和模式就可以贯彻实施。贯彻 ISO9000 系列标准和推行 TQM 之间不存在截然不同的界限，我们把两者结合起来，才是现代企业质量管理深化发展的方向。

同样，安全管理体系（SMS）与全面质量管理（TQM）有相似之处，即 SMS 也不是直接引入企业的，而是把其理论、思想与组织的实际情况结合起来，在充分理解其精髓的基础上建立并不断完善，以达到应用的目的。从这个角度来说，SMS 更偏向是一种理念和思想，而非一种可以直接应用的工具。

三、建立有效的质量体系

质量体系是指为实施质量管理所需的组织结构程序、过程和资源。企业为实现其所规定的质量方针和质量目标，就需要分解其产品质量形成过程，设置必要的组织机构，明确责任制度，配备必要的设备和人员，并采取适当的控制办法，使影响产品质量的技术、管理和人员的各项因素都得到控制，以减少、清除，特别是预防质量缺陷的产生，所有这些项目的总和就是质量体系，或者说质量体系是所有这些项目的有机综合体。从图 5.2 中可以看出，建立质量体系是全面质量管理的核心任务，离开质量体系，全面质量管理就成了一个空壳。由此看来，企业建立全面质量体系是必须的，是实现全面质量管理的根本保证。

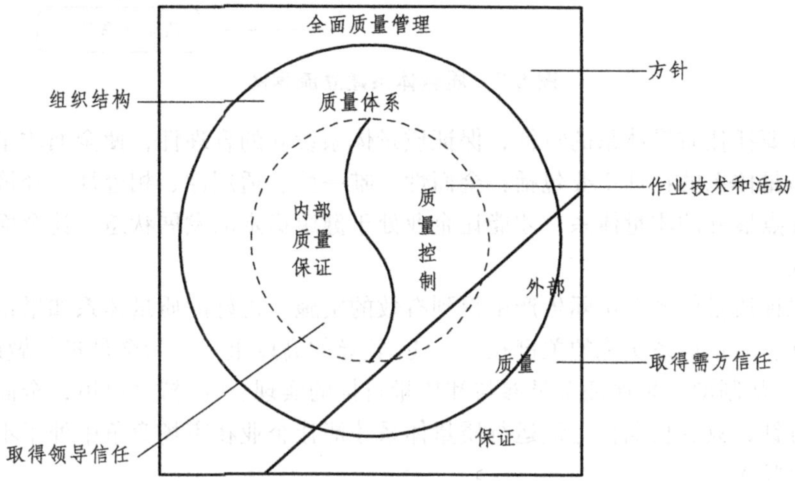

图 5.2　全面质量管理因素图

质量管理的中心任务就是以质量为中心，以标准化建设为重点，建立和实施质量保证体系。那么如何才能建立一个好的质量体系，从而实现企业的全面质量管理呢？我们认为应主要从以下几个方面加以重视。

（1）企业必须保证质量体系建立过程的完善。一个完整的建立程序是建立有效质量体系的基本保证，质量体系是在一个动态的环境中稳定存在的，没有严格的制订程序作为保障是很难产生这样的体系的，全面质量管理也就无从谈起。在实践中质量体系的建立通常有以下几个步骤：

① 分析质量环。质量环就是指在质量形成过程中影响产品质量的各个环节，它是质量体系建立的基础。在这一阶段中必须明确各环节的质量职能，为全面质量管理在实施过程中确立目标，实现产品质量的全程目标管理。

② 研究具体组织结构。在第①步的基础上，企业结合自己的实际情况，进一步明确各环节的质量要求、采用的具体措施、设备的配备以及人员的安置。这是质量体系建立过程中最为重要的一步，它关系到全面质量管理在企业中应用的程度和实施效果。

③ 形成文件。质量体系必须是一个文件体系，才能使质量管理达到全员参与的目的。

④ 全员培训。最高管理者有力而持久的领导和组织全体成员的教育及培训对于全面质量管理的成功是非常重要的，在质量体系的建立中这一步也是不容忽视的。

⑤ 质量体系审核。没有严格的审核，就没有质量体系的有效运作。监督审核是判断质量体系文件被贯彻执行好坏的有效途径，是质量体系建立过程中不可或缺的一步。

⑥ 质量体系复审。质量体系的建立和应用是一个不断完善的过程。因此必须通过不断的复审、反馈信息，以达到质量体系的不断改进，更好地贯彻全面质量管理思想。

以上质量体系建立过程可以通过图 5.3 清晰地表明。

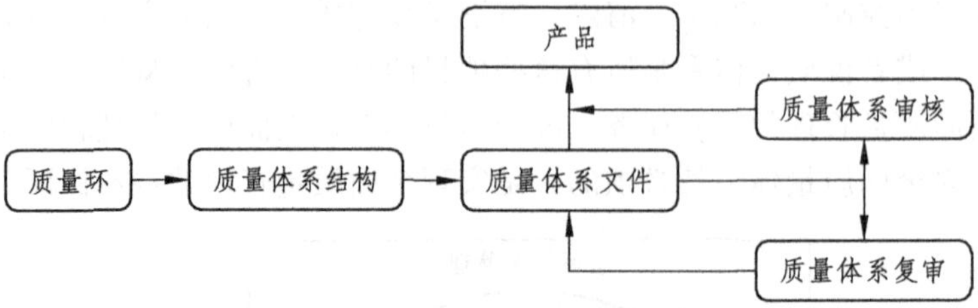

图 5.3　质量体系建立流程图

（2）企业要抓住质量体系的特征，保证质量体系设立的合理性，使全面质量管理有效地发挥作用。质量体系的特性主要包括：全面性、唯一性、适用性、相容性、经济性。只有紧紧地围绕这几点展开的质量体系，才能让企业处于健康稳定的发展状态，让全面质量管理的效果得以展现。

（3）要保证质量体系在实际生产中得到有效的实施。再好的质量体系如果得不到应用，等于没有建立。质量体系实施的关键在于：① 领导的高度重视，为全员参与做好表率作用；② 加强审核，从制度上来保证全员参与和质量目标的实现；③ 持之以恒，全面质量管理是一个长期的方针，只有长期稳定地运行质量体系才能让企业在市场竞争中处于不败地步，从而不断的发展壮大。

企业通过认真地贯彻 ISO9000 系列标准，建立符合本企业实际情况的质量体系模型，全面实施全程质量管理方针，一定能够在市场竞争中脱颖而出，实现企业的高效益发展。

第六章　国际航空航天质量管理体系标准（AS9100）

本章主要介绍国际航空航天质量管理体系标准（AS9100）的产生背景和主要内容，分析并归纳了其应用情况、存在问题及目前修订工作的技术动态。另外，介绍了国际航空航天质量协调组织（IAQG）的组成和战略，整理、归纳了其发布的 9100 系列标准最新目录。

第一节　概　述

一、AS9100 标准产生的背景及演变

AS9100 标准的产生源于航空航天工业的组织及其供方共同的需求。航空航天工业的全球化以及各地区或国家要求和期望的差异，使航空航天工业的组织及其供方面临严峻的挑战。一方面，一个组织要面对众多的供方，组织面临着如何保证从世界各地和供应链中各层次的供方采购高质量的产品，实现采购要求规范化的挑战。另一方面，一个供方也会面对众多的顾客，供方既要对不同的顾客交付具有不同质量期望和要求的产品，也要应对众多顾客要求不同的频繁的第二方审核。因此，不论从组织还是组织的供方，都希望建立一个国际航空航天质量管理体系标准，统一航空航天质量管理体系要求，并用第三方认证取代对众多供方的第二方审核。

2000 版 ISO9001 标准强化了标准的通用性和原则性，适用于所有产品类别、不同规模和各种类型的组织。为了扩大 2000 版 ISO9001 标准的适用性，国际标准化组织质量管理与质量保证标准化技术委员会（ISO/TC176）扩大了与相关技术委员会和行业的合作，制订了有关行业的国际质量管理体系标准。如 ISO/TC176 与国际汽车特别工作组合作，制订了汽车行业的国际标准 ISO/TS16949《质量管理体系——汽车生产件及相关维修零件组织应用 ISO9001：2000 的特别要求》；与医疗器械质量管理及相关方面的技术委员会合作，制订了医疗器械行业的国际标准 ISO13485 《医疗器械——质量管理体系——用于法规的要求》；与电气通信服务行业合作，制订了电信行业的质量管理体系标准 TL9000 等。为了制订航空航天行业的质量管理体系标准，国际标准化组织航空航天技术委员会（ISO/TC20）成立了 WG11 工作组，以美国汽车工程师协会（SAE）的 AS9000 标准为蓝本，按照 ISO 标准框架制定国际航空航

天质量管理体系标准。国际航空航天质量协调组织（IAQG）成立后，接替了 ISO/TC20 WG11 工作组的工作，负责国际航空航天质量管理体系标准的制定工作。

为了在最大范围内统一航空航天工业系统质量管理体系要求，提高产品质量，IAQG 于 2001 年 3 月发布了国际航空航天质量管理体系标准 IAQS9100《航空航天质量体系——设计、开发、生产、安装和服务的质量保证模式》的最终草案，根据该草案，SAE 于 2001 年 8 月等同发布了 AS9100A 版标准（包括以 ISO9001：1994 和 ISO9001：2000 为基础的两个部分，2004 年修订为 AS9100B，取消了基于 ISO9001：1994 的部分），并将依据该标准通过第三方质量体系认证作为航空航天的供方市场准入的先决条件之一。波音、GE 等航空制造组织已要求中国从事民用航空产品转包生产的供方按 AS9100 进行质量体系认证。

二、IAQG 简介

IAQG 于 1998 年 12 月由美洲、欧洲和亚洲航空航天工业的一些主要制造商成立，其目的是：在国际航空航天制造商之间建立和保持有效的合作，以提高质量和降低成本；促使供方持续改进过程，减少非增值活动，交付高质量产品。

IAQG 的组织结构如下（图 6.1）：

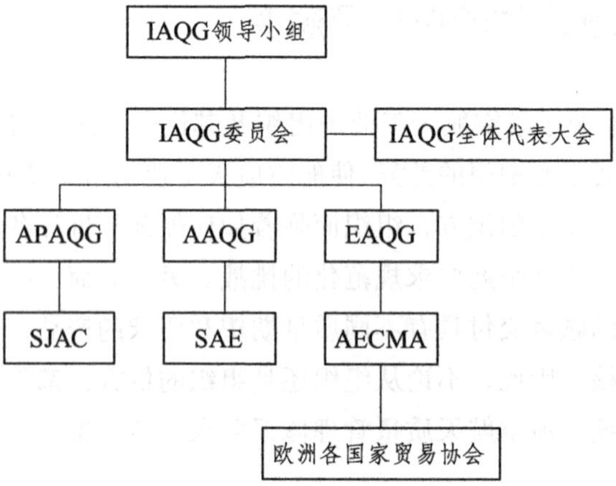

图 6.1　IAQG 的组织机构

（1）IAQG 顶层设领导小组、委员会和全体代表大会。领导小组由每个地区的代表组成，委员会负责制订 IAQG 的政策、目的和目标，全体代表大会是世界范围内的航空航天团体交流的论坛。

（2）IAQG 下设三个地区分支机构，分别为亚太航空航天质量协调组织（APAQG）、美洲航空航天质量协调组织（AAQG）、欧洲航空航天质量协调组织（EAQG）。三个地区分支机构由各个地区的主要航空航天制造组织和有关协会组成，APAQG 的有关事务由日本航空航天工业协会（SJAC）负责；AAQG 的有关事务由美国汽车工程师协会（SAE）负责；EAQG 的有关事务由欧洲航空航天器材制造商协会（AECMA）负责，AECMA 的有关工作依托于欧洲各国家贸易协会。

第二节　AS9100的主要内容

AS9100B 的内容包括两部分，一部分是 ISO9001 的内容，另一部分是附加的航空航天特殊要求。现将附加的主要内容（包括增加的条款 11 个和在原条款上的补充内容）归纳如下：

（1）在第 3 章术语中增加条款 3.1 关键特性。

（2）在第 4 章质量管理体系中，增加条款 4.3 技术状态管理。在 4.2 文件要求中补充了确保顾客和政府管理部门获得体系文件的要求。

（3）在第 5 章管理职责中，5.5.2 管理者代表中补充了管理者代表解决有关质量问题不受组织干预的要求。

（4）在第 6 章资源管理中，6.4 工作环境中补充“注”，列举了可能会影响产品符合性的因素，包括温度、湿度、照明度、清洁度、防静电等。

（5）在第 7 章产品实现中，7.1 产品实现的策划中补充了识别支持产品运行和维护所需的资源要求。7.2.2 与产品有关要求的评审中补充了对风险（如新技术、短交货期）的评审要求。7.3.1 设计和开发策划中补充了将设计工作分解为若干重要单元，并分析各单元的设计和开发任务及必需的资源。7.3.3 设计和开发输出中补充了关键特性标识和对产品进行标识、制造、检验、使用和维护所要求的相关资料的规定。7.3.5 设计和开发验证中补充“注”，列举了设计和开发验证可以包括的活动。7.3.6 设计和开发确认中增加条款 7.3.6.1 设计和/或开发验证和确认的文件、7.3.6.2 设计和/或开发验证和确认试验。7.3.7 设计和开发更改的控制中补充了组织应对需要顾客和/或政府管理部门批准的更改做出规定。7.4 采购中分别对 7.4.1 采购过程、7.4.2 采购信息和 7.4.3 采购产品的验证补充了若干要求，包括应对顾客指定货源的采购产品质量负责，采购信息中应有设计、试验、检验及验收要求，采购品未经验证合格而放行时必须有可靠追回程序等。7.5.1 生产和服务提供的控制中补充了策划时应考虑多余物控制、规定技艺评定准则等，并增加条款 7.5.1.1 生产文件、7.5.1.2 生产过程更改的控制，7.5.1.3 生产设备、工装和数控机床程序的控制，7.5.1.4 在组织设施外进行的暂时性转移工作的控制，7.5.1.5 服务运行的控制。7.5.4 顾客财产中补充了财产包括顾客提供用于设计、生产和/或检验的资料。7.6 监视和测量装置的控制中补充了保持监视和测量装置的清单及有关校准和管理要求。

（6）在第 8 章测量、分析和改进中。8.2.2 内部审核中补充了采用适用工具和技术的要求。8.2.3 过程的监视和测量中补充了过程不合格时的措施。8.2.4 产品的监视和测量中补充了对关键特性的监视和控制及例外转序的要求，并增加条款 8.2.4.1 检验文件、8.2.4.2 首件检验。8.3 不合格品控制中补充了对不合格品处置的具体要求，提出按顾客设计生产的产品和按顾客规范由组织自行设计产品的处置权限、报废产品的处置及已交付的不合格品的报告要求。8.5 改进在 8.5.2 纠正措施中补充了当纠正措施无法及时或有效实施时，采取专门措施的要求。

第三节　AS9100 应用简况及存在的主要问题

一、应用简况

9100 系列标准的发布引起了国际各方面的广泛关注。如美国国防部（DOD）宣布从 2003 年 3 月 1 日开始采用 9100 系列标准；美国航空航天局（NASA）于 2002 年 4 月 8 日发布了 9100 系列标准的采用通告；美国联邦航空局（FAA）虽然对主制造商的检查未采用 9100 系列标准（FAA 对主制造商的检查采用《航空器审定系统评审大纲》），但对主制造商用 9100 系列标准对供方的质量管理体系进行控制表示认可；另外，美国空军也在研究采用 9100 系列标准的政策。

贯彻国际航空航天质量管理体系标准并通过第三方认证是市场准入的先决条件之一，这对我国从事民用航空产品转包生产的单位既是挑战，也是机遇。通过对标准的贯彻，为这些单位拓展转包生产业务、提高质量、降低成本起到重要作用。我国上海飞机制造厂的航空零部件转包生产项目于 2004 年 7 月获得法国国际检验局（BVQI）颁发的 AS9100 质量管理体系认证证书。上海飞机制造厂是美国波音公司在中国诸多供应商中首家通过 AS9100 第三方认证的企业，该厂的 B737-NG 平尾交付速率由原来的每月 10 架提升至 13 架，被波音飞机公司评为金牌供应商。哈飞航空于 2004 年 10 月获得 BVQI 颁发的 AS9100 质量体系认证证书，为进一步打开国际航空产品转包市场奠定了坚实的基础。西飞国际合作项目质量管理体系于 2004 年 9 通过了国际第三方质量体系认证，为西飞进一步扩大与波音公司、英宇航、法航、意航等世界各航空企业国际合作项目提供了条件。

另外，我国航空行业已等同采用 AS9100、9102、9103、9131，其中第一项已发布，标准号为 HB9100：2003，后三项即将发布。

二、存在的主要问题

从目前 AS9100 标准应用的实际情况来看，主要是航空行业的企业在用。从该标准的内容来看，航天企业特别重视的某些做法还没有完全反映进去，如风险管理、关键项目管理、标识的唯一性要求等。2004 年，由美国波音公司、罗克希德马丁公司、欧空局、日本航天探测局以及英国、法国航天界的代表组成了一个航天特别工作组，专门研究对 AS9100 标准的修订，使航天企业多年积累的实践经验更多地融入标准中，从而使该标准更好地为航空航天企业服务。

第四节 AS9100修订及相关标准最新动态

一、AS9100修订动态

AS9100修订航天特别工作组自成立以来，经过多次小组研讨，2006年6月形成了初步的修订意见，归纳如下：

（1）第3章术语中扩展关键性的概念。原标准中有一个“关键特性”的术语定义，为了体现对所有关键的方面都要重视，拟补充“关键的”定义，并提出常用术语包括关键工作、关键过程、关键特性和关键项目。

（2）第4章质量管理体系中，增加条款4.4风险管理要求，包括风险识别和评估，减轻风险的措施及其实施，以及风险的监视、沟通和接收要求。通过注解引出ISO17666风险管理指南作为参考资料。并在标准相应的条款中补充了风险管理方面的相关要求，如在7.3.2中增加进行故障模式和影响分析（FMEA）、危害分析及其他风险识别分析的要求。

（3）第7章产品实现的策划中，策划产品的质量目标和要求时拟补充考虑如下方面：“产品和人身安全；可靠性、可用性、维修性；可生产性、可检查性、处置；用于产品上的零件和材料的适用性；有助于产品功能的软件的选择和开发”。另外，采购产品的验证中补充提出由客观的和可靠的外部信息源（如官方认可的质量管理体系认证机构、业绩评审协会和政府组织等）产生的质量数据也应该被用于验证目的，以及要有积极的召回程序，确保采购产品未被验证符合要求前不应被使用或处理。

（4）第8章测量、分析和改进中，在8.2.4.1中补充提出对产品和服务接收的测量要求文件中应包括产品的唯一性标识和所用的监视、测量装置的唯一性标识。在8.5改进中补充提出持续改进质量管理体系的有效性方面要重视利用已取得的经验和最佳实践，制订预防措施时不仅要考虑组织自身产生的信息，而且要充分利用外部信息源产生的信息（如警报的或咨询的信息）。

二、IAQG新的战略

IAQG于2005年制定了其近期工作的最新战略，其核心内容归纳如下：

1. 按时按质交付产品和服务

通过在国际航空航天企业之间建立并保持动态的合作并基于信任的基础上，在整个供应链上提高质量、减少费用。关注的重点包括：持续地改进供应链过程，连续地交付高质量产品，通过寿命期内按时按质交付（OTOQD）产品和服务来确保顾客满意。按时的含义指：产品交付，备件及服务交付，包括供应链中所有层次上的零件和资料，并减少库存。按质的含义指：持续的安全性改进，考虑成熟度、可靠性和拥有费用，无设计和制造缺陷，减少浪费。

2. 供应链控制

应对全球挑战，在航空、航天、国防工业领域重视质量和安全性，实施全球供应链控制。具体措施包括在航空、航天、国防系统统一术语，开发能力管理过程的共同框架，建立培养全球培训师的方法和培训师网络，制定全球供应链过程标准和指南，开发供应链过程成熟度模型，与供应链委员会建立联系，吸取其他工业的经验和最佳实践，确保持续改进OTOQD。

3. 与 ISO9001 保持一致

对 AS9100B 的修订始终与 ISO9001 的修订保持一致，于 2008 年完成修订工作，在全球实施并使其得到所有利益相关方的认可。同时，制定国际统一的、唯一性的认证方案，包括审核过程和达分标准。

4. 积极的产品实现过程

建立和实施积极的产品实现过程，确保从内部和外部进行立即的和可持续的 OTOQD，提高供应链上的制造过程能力水平。具体措施包括编制培训材料，协助有效实施关键特性标准 9103，实施过程认证，确定工业界标准过程和用于根原因分析的工具箱等。

三、IAQG 发布的 9100 系列标准最新目录

截至 2005 年，根据收集到的部分资料分析，IAQG 发布的 9100 系列标准目录见表 6.1。

表 6.1　9100 系列标准最新目录

标准号	名称	美洲	亚洲	欧洲
9100	航空航天质量体系——设计、开发、生产、安装和服务的质量保证模式	AS9100B：2004	日本 JISQ9100：2004 中国 HB9100：2003 韩国 KS9100：2005	EN9100：2003
9101	质量管理体系——评估（基于 ISO9001：2000）	AS9101B：2003	SJAC9101B：2004	EN9101：2003
9102	航空航天首件检验要求	AS9102A：2004	SJAC9102A：2004	EN9102：2004
9103	关键特性波动管理	AS9103：2001	SJAC9103：2002	EN9103：2001
9104	航空航天供应链质量体系认证、注册方案要求（IAQG 行业用）	AS9104A：2005	SJAC9104：2005	EN9104：2004
9110	质量体系——适用于维修组织的质量保证模式	AS9110：2003		EN9110：2003
9111	适用于维修组织的质量体系——评估（基于 ISO9001：2000）	AS9111：2005		EN9111：2003
9120	适用于库存批发商的质量体系——要求（基于 ISO9001：2000）	AS9120：2002		EN9120：2003

续表 6.1

标准号	名称	美洲	亚洲	欧洲
9121	适用于库存批发商的质量体系——评估（基于 ISO9001：2000）	AS9121：2003		EN9121：2003
9131	质量体系——不合格的文件要求	AS9131：2001	SJAC9131：2002	EN9131：2001
9132	质量体系——零件标识的二维数据矩阵代码质量要求	AS9132：2005	SJAC9132A：2005	EN9132：2005
9133	质量体系——航空航天标准件合格审定程序	AS9133：2002	SJAC9133	EN9133：2004
9134	供应链风险管理指南	ARP9134：2004		EN9134：2004

AS9100 在全世界航空航天领域的广泛应用，使航空航天企业有单一的质量管理体系可循，节省了过去为应付不同顾客所需付出庞大的体系建立与后续的审核成本。随着全球竞争及合作力度的加大，以及行业性国际标准的增加，我国航天行业执行适用于航天行业的国际标准是最适合的，也是参与国际合作所必需的。今后尚需继续关注 9100 系列标准的变化并积极推动我国采用国际标准。

第七章 民航业质量管理与安全管理

质量与安全是组织赖以生存与发展的基础，二者相互补充、互为促进，贡献于组织不断满足顾客需求并努力超越顾客期望这一内部要求及相应的法律法规这一外部要求。民航业的安全管理主要为满足适航当局的法律法规，但质量管理体系的建立与实施、安全质量的结合及标准化可以促进民航企业在定性满足外部符合性要求及局方要素审核外，还可不断地控制与改进内部质量管理的有效性和符合性。本章主要分析民航业中质量与安全的关系及差异，并对质量与安全、质量管理与安全管理的交叉和结合对促进民航业安全管理模式及水平的发展提出建议。

第一节 质量与安全

一、质 量

ISO9000：2005 标准对“质量”的定义是：一组固有特性满足要求的程度；对“等级”的定义是：对功能用途相同但质量要求不同的产品、过程或体系所作的分类或分级。从这两个定义可以看出，质量好坏所包含的不是产品等级的高低这一内涵，也不是我们通常用以描述产品或服务的一系列形容词，如物美价廉、精致、闪闪发光等。评价质量的好坏，首先必须依托一个对象，这个对象就是产品。此处提及的产品，是从质量管理学的角度而言，指实体的产品、服务、过程或体系等，而不是通常所说的狭义的商品。其次，“满足要求”指满足顾客要求及适用的法律法规要求，最终达到顾客满意并努力超越顾客期望。而质量定义中的这个要求必须转化为具体可控制的、有指标的特性，作为评价、检验和考核的依据，即这个依托对象的什么质量特性在什么程度上满足顾客及法律法规的要求。因此，关注产品质量，最终归结到关注产品的质量特性上来。

二、安全与质量特性

所谓质量特性，即是定量化的质量，这样才有利于质量的过程控制。而由于质量特性的选择方法不一样，有很多质量特性依据现有的测量技术是不能直接测量其特性值的。在这种情况下，设法用可测量的代用特性来代替真正的质量特性，即代用质量特性。产品的质量特性依据不同的产品类型而有所区别，如对于实体产品一般主要包括性能（即使用功能）、寿命、可靠性、安全性、经济性等质量特性；对于服务业主要包括安全性、功能性、经济性、舒适性、及时性、文明性等。

因此，可以看出，质量特性中一般包含了安全这一特性指标。没有安全的基本保障，产品或服务很难得到顾客的认可，产品或服务质量也相应很低。因此，安全是产品质量特性中的一个重要的指标，安全是质量的基础。但反过来，质量特性又不仅限于安全方面。比如，某个产品的基本使用功能（性能）都难以达到，安全特性也就失去意义。

但是，质量又不能完全地涵盖安全这一特性，对民航业尤其如此。前已述及，质量是通过满足顾客要求及适用的法律法规要求而体现的，而顾客要求须转化为可控制的质量特性，即量化的质量。即使是安全这一质量特性，也是通过具体的指标进行量化和控制，这显然是基于规章或程序要求、针对结果的一种控制模式。而安全是一种状态，即通过持续的危险识别和风险管理，将人员伤害和财产损失的风险降低并保持在可接受的水平（ALOS）及其以下，而不是通过量化的结果去测量的。

三、质量与安全体现了对实施主体不同的要求

质量要求体现了对组织的内部及外部要求，即建立、实施并改进质量管理体系以满足顾客需求的内部要求和满足适应的法律法规的外部要求；而安全更多体现了适航法规这一外部要求。一般而言，质量是以建议的形式，通俗的说是“你可以做得更好，而且，我们可以帮你做得更好”。安全是法律法规的硬性规定，反映了“你必须做，且你必须做得更好，且有一个最低的标准”，这个标准在民航业可以称为“可接受的安全绩效水平（ALOSP）”。一个组织可以不建立并实施质量管理体系或进行 ISO9001 认证，除非这个组织想通过这种符合性的认证来提升顾客对其产品或服务的认可，进而提高其产品或服务的市场竞争力和组织的经济效益。对于航空工业而言，可以选择 IAQS9100 系列标准（我国按 HB9100 标准）的要求对航空器设计、生产及维修企业建立质量管理体系，IAQS9100 系统标准是对合同及适用的法律法规的补充，而不是替代，如果本标准与适用的法律法规要求有矛盾，以后者为准。而航空工业做出建立质量管理体系的战略决策后，一般是综合选择 IAQS9100 标准要求与适航当局对质量控制系统的要求作为依据，二者相互补充，以满足对内的顾客要求和对外的法规要求。这种对外的法律法规要求，更多的是一种安全控制，而没有包括安全策划、安全保证及安全持续改进的内容。

另外，安全对实施主体的要求更为宏观，是框架型的体系。尽管它也要求企业建立一套符合局方要求的体系，但对体系的具体内容并无详细规定，而是由各企业根据自身实际情况自行制定。而质量及其标准化更偏重于管理的具体过程，是一种基于过程和结果的管理方式，并以详尽、具体的标准化要求对过程和结果进行约束。

四、质量更关注过程与结果，而安全更关注状态与要素

ISO9000 系列标准是从宏观角度对组织或企业的产品、过程及体系予以规定，而更为详

细的规定则通过相应的国家标准、行业标准及地方标准进行明确。之所以说质量更关注结果，是因为组织的质量是通过相应的标准及质量特性反映出来的（或是以标准及质量特性对产品或服务质量进行控制）。质量本身也可理解为标准化，只有符合标准（ISO9000 系列标准、IAQS 系列标准、国标、行标及地方标准等）和相应的质量特性（真正质量特性及组织为达到真正质量特性而制订的代用质量特性），产品及服务质量才满足要求。所以，质量更多是以标准和质量特性为基础而进行符合性和定量化的审计。

而安全不能以结果来衡量，这从安全的定义，即安全是一种状态就可以清楚理解。安全必须通过持续的危险识别和风险管理过程，这一过程是对影响安全的诸多要素，如人、机、料、法、环（“4M1E”）进行控制（航空维修中，我们可以称之为“工序能力控制”），或安全管理的五大要素（即管理承诺与策划、风险管理、安全信息、实施与控制以及监督、测评与改进）进行控制，使这些要素将造成不安全事件的可能性以及事件的严重性降低到理论可能的最低水平（ALARP）或可接受的安全绩效水平（ALOSP）。

五、评审方式及内容规定程度的差异

对组织质量方面的审核一般通过第三方认证机构对手册、程序进行评审，较为具体和细化，会针对具体考核内容制订相应的评分标准和评分办法，并对考核内容逐项逐条进行评定，验收和复审需要逐个班组、逐个车间地进行。而局方对安全管理的审计则看是否建立并有效运行，偏向于主要框架和要素的完整性，是对各要素符合性的定性审计。

例如，质量管理在管理职责中明确了管理承诺、以顾客为关注焦点、质量方针、策划、职责、权限与沟通、管理评审的要求；在资源管理中对资源提供、人力资源、基础设施和工作环境提出了通用要求；在产品实现策划中规定了策划的内容和项目管理、风险管理、技术状态管理、工作转移控制的要求；在与顾客有关的过程中规定了与产品有关要求的确定和评审内容；在设计和开发中规定了设计和开发策划、输入、输出、评审、验证、确认和更改的控制要求；规定了顾客财产的控制要求；在测量、分析和改进中对顾客满意、内部审核、过程的监视和测量、产品的监视和测量、不合格品控制、数据分析、持续改进、纠正措施、预防措施规定了要求……适航当局的法规、程序等对以上内容未规定或未明确规定，但对以下内容的规定则更为明确或原则性更强，如对局方批准的文件、资料要求；对培训、考核、持证上岗规定；在 TC 阶段对产品的设计与开发控制；供应商控制中对采购过程、采购信息、采购产品验证的具体要求；对制造与特种工艺、无损检测、机载软件的控制要求；对制造过程中的适航审定要求；对统计质量控制、试验控制、不合格品评审、处理、报告、召回规定等。

第二节　质量管理与民航安全管理的联系与结合

质量管理经历了质量控制、质量保证与全面质量管理三个阶段，同样，安全管理也有类似的三个阶段，即安全控制、安全保证与全面安全。

一、质量控制与安全控制

质量管理学中的质量控制是指为了通过监视质量形成过程，消除质量环上所有阶段引起不合格或不满意效果的因素，以达到质量要求、获取经济效益而采用的各种质量作业技术和活动。质量管理大师 Crosby 提出的“Do It Right at First Time”（第一次就做好）、“Zero Defect”（零缺陷）等经典思想充分体现了质量控制应在事前（质量策划）、事中（工序控制），而非事后（产品检验）。

安全是质量的重要组成部分，质量控制的目标是减少和消除缺陷，这其中至少包含了产品的生产制造过程及使用是安全的。质量管理大师 Crosby 的经典理论在民航业中充分体现了安全管理以“预防为主”的指导方针。因此，安全控制的目标是减少和消除不安全的行为和工作环境，以降低事故发生的可能性。

安全控制并不能通过工序控制来达到结果，其手段主要是安全风险管理。例如，对于普通制造行业，不合格品是一种不正常的事件，这一是因为不合格品不能被接受（其质量特性不能满足要求），二是对于普通制造行业一般采用机械化、自动化的生产线，不合格品的出现反映了工序控制存在问题。而对于使用中的航空器及其装备的性能下降、失常、缺陷、故障和损伤是不可避免的，大多数“不合格”项目的发生，均属于正常事件（利用航空器设计时的可靠性余度）。使用中航空器的技术性能下降或故障，除与维修作业的单件、手工、复杂性等特点有关外，还与航空器设计及生产制造时的固有安全水平有很大关系。因此，航空运输业的安全控制应通过不断主动地识别运行中的安全隐患或危险源，分析其产生的原因及可能产生的后果，确定其安全风险的大小，制定相应的风险缓解措施，从而以最经济的方式至少满足可接受的安全绩效水平（ALOSP）。

二、质量保证与安全保证

质量保证是质量管理体系的一个重要组成部分，是指为了提供信任表明实体能够满足质量要求，而在质量体系中实施并根据需要进行证实的全部有计划和有系统的活动。其实质就是按照一定的标准生产产品的承诺、规范、标准。如对于航空维修而言，其质量保证是适航法规要求的一种管理制度，是指航空器营运人在工程与维修方面满足有关适航标准、向适航当局提供充分信任而开展的有计划、有系统的管理活动。这些活动主要涉及三个方面：

（1）如何进行质量管理以达到质量要求，进而满足民用航空规章中对航空维修的要求和标准。

（2）向适航当局提供营运人在工程与维修方面满足适航要求的信任。

（3）向适航当局提供满足适航要求的证据。

质量保证是一种管理思想，也是航空维修质量管理体系的重要组成部分，而对企业内部，它是作为质量保证部门的质量管理职能。

国家安全风险管理和国家安全保障是国家航空安全纲要（SSP）四个组成部分中的两个重要组成部分，而安全风险管理和安全保证也是安全管理体系（SMS）的两个核心运行活动。可见，ICAO（并督促各缔约国）把安全保证放在极为重要的位置，并通过普遍安全监督审计计划(USOAP)对缔约国用全面的系统方法对所有与安全相关的附件条款实施安全监督审计。目标是通过定期对缔约国进行审计促进全球航空安全，并通过评估安全监督系统关键要素的实施情况以及缔约国对 ICAO 与安全相关的标准及建议措施（SARPs)、相关程序、指导材料及安全相关措施的执行情况来确定各缔约国政府的安全监督能力。而我国民航安全审计（CASAP ）则是中国民用航空局依据国际民航组织标准和建议措施、国家安全生产法律法规及民航规章、标准和规范性文件，对航空公司、机场、空管等单位进行的符合性检查，属政府安全监管行为，旨在体现各民航企业及各司局事业单位的安全保障能力。

质量保证与安全保证，首先都是一种管理思想。其次，二者均要求对企业或组织内部(内部保证）提供保证的同时，必须向外部提供保证。对于质量保证而言，主要是通过认证及与标准、规范的符合性来体现，也称作第三方认证；而对于安全保证而言，其更重要的是要符合适航法规的要求。再次，二者均是在提供信任的同时提供有说服力的证据。最后，二者均是通过有计划、有系统的活动来提供信任与证据，而不是一种广告宣传或口号。

三、民航业中质量管理与安全管理的交叉与结合

质量与安全是组织生存与发展的基础，在民航业更是如此。前已述及，质量与安全及相应的质量管理与安全管理的理念、方式、要求、内容侧重点、评审等很多方面存在一定的差异，但二者并不矛盾，而是相辅相成。相对于安全管理，质量管理的理念和模式，尤其是全面质量管理的精髓思想更为成熟且经过大量实践检验，证明其能为组织的各个领域提高管理水平。

虽然质量管理体系的建立与实施能明显改善组织的质量水平（满足顾客需要并努力超越其期望这一内部要求）并满足相应的法律法规这一外部要求，但其建立和实施的过程与程序并不是民航业各组织强制要求的，因为航空器制造企业、航空器及航材供应企业、维修企业、航空器运行企业等首先必须满足的是适航当局的法律法规要求。但是，质量管理体系的建立、实施与适航当局的法律法规要求并不矛盾，而是相辅相成、互为补充的关系。

在这方面，国际航空航天质量组织（IAQG）及我国在质量安全二者的交叉与结合方面已有了一定的进展。例如，国际航空航天质量组织（IAQG）针对于航空航天工业成立及发布系列国际航空航天质量标准（IAQS)，我国也相应发布了技术内容等同的 HB9100 系列标准，对航空器及其部附件的生产、维修及仓储、分销规定了质量管理体系要求。这些标准的发布，是对适航当局法律法规要求的补充而不是替代，且以适航当局的要求为准。航空工业组织可以综合考虑 IAQS 标准要求及适航当局法律法规要求，以二者的内容为依据建立质量管理体系，可以做到既提升质量管理水平、满足顾客需求这一内部要求，又满足适航当局法律法规这一外部要求。另外，2004 年初国务院发布的《国务院关于进一步加强安全生产工作的决定》要求，在全国所有的工矿、商贸、交通、建筑施工等企业普遍开展安全质量标准化活动。随后，国家安全生产监督管理局又下发《关于开展安全质量标准化活动的指导意见》。目前，建筑、机械、煤矿、非煤矿山、危险化学品、烟草等行业相继开展了安全质量标准化，各行业相继制定了安全质量标准化实施指南、考核评级标准和考核评级办法，并取得了很好的成绩。

在民航业内部，国际民航组织在其安全管理手册 ICAO SMM Doc9859 文件中对质量管理

体系与安全管理体系的结合有如下建议：一旦了解了 SMS 和 QMS 之间的共同点和不同点，就有可能使两个体系建立起互补的关系。SMS 和 QMS 之间的关系是互相促进的，绝不是相互敌对的。

民航运输企业作为一个生产组织，长期以来也在按 ISO9000 系列标准及适航当局要求开展质量管理。然而，民航运输业还未像航空工业那样形成通用的质量系列标准和要求、建立分享评定结果的方法来实现其目的。有幸的是，全面质量管理思想及其理念对民航业的安全管理带来了许多启示和借鉴，安全管理体系便是部分建立在质量管理体系基础之上的，而有些则反映了一般工业企业的最佳实施办法。安全管理体系的建立与应用是局方强制要求执行的，从根本上说属于外部要求，其形式、内容、侧重点、审核方式等与质量管理体系仍有一定的差别。因此，可以考虑把质量管理体系的相关相求与安全管理的管理承诺与策划、风险管理、安全信息、实施与控制以及监督、测评与改进等要素结合起来，并将其不同的质量管理要求通过法规、标准来规范，形成安全管理体系的文件管理要素内容，进而形成质量管理的行业通用标准，作为适航法规的补充。

第三节　TQM 与 SMS 的内涵与联系

全面质量管理（TQM）与安全管理体系（SMS），前者在生产制造、服务及公共事业单位得到广泛推广与应用，主要为改善组织的质量管理水平，目的是达到顾客满意；后者在民航业要求强制实施，主要为提高安全风险防范能力，目的是将人员伤害或财产损失的风险降低并保持在可接受的安全绩效水平（ALOSP）或其以下。本章在简要阐述 TQM 与 SMS 的内涵的基础上，主要对 TQM 与 SMS 的联系进行分析。理解 TQM 的思想精髓与理念及其与 SMS 的联系，有助于民航从业人员对 SMS 的理解更为清晰、深入，对我国民航业推行 SMS 建设具有重要的实际意义。另外，本章还对比研究了在民航业 TQM 与 SMS 的差异及不足之处。

一、TQM 与 SMS 的内涵

1. TQM 的内涵

从理论与实践角度，质量管理大致经历了三个阶段，即质量检验阶段、统计质量控制阶段及全面质量管理（TQM）阶段。全面质量管理是在 20 世纪 60 年代由质量管理大师 A. V. Feigenburm 和 J. M. Juran 提出的。当然，从 20 世纪 80 年代开始制定的 ISO9000 族标准也可称作后全面质量管理阶段。TQM 就是一个组织以质量为中心，以全员参与为基础，目的在于通过让顾客满意和本组织所有成员及社会受益而达到长期成功的管理途径。TQM 是一种预先控制和全面控制制度，它具有三个核心特征：即全员参加的质量管理、全过程的质量管理和多方法的质量管理。我国是在 1978 年从日本小松引进这一管理理念，之后不仅在生产制造行业，而且在政府部门、医疗及食品卫生等公共事业单位得到广泛推广与应用。TQM 对提高组织的质量管理水平，促进组织经济、高效地运行起到积极的推动作用。TQM 的核心内容是质量管理八项基本原则及 PDCA 循环。

2. SMS 的内涵

SMS 的核心是通过主动地管理而不是被动地符合规章要求来改进航空安全，是一种系统、主动、明晰的安全风险管理过程，其基本理论是 reason 理论。实施安全管理体系的基础是积极的安全文化，本质是系统管理，核心是预防性风险管理。风险管理必须在信息管理和数据驱动的基础上借助闭环管理予以实现。相对于传统的安全管理，SMS 的内涵主要体现在以下几个方面：从单一要素改进到系统全面完善；从事后管理到事前管理；从符合规章到风险防范；从符合性监督到管理体系审核；从运动式管理到常态化管理；从技术规范化到管理规范化；从少数人的安全责任到全员的安全责任；从阶段性管理到持续性改进；从开放式管理到闭环式管理；从规章制度执行到安全文化引领。

从最初提出到逐步建设与发展，SMS 建设在美国、加拿大、英国、澳大利亚等国家已开展了近 20 年时间。现在不仅显著提高民航业、公路、铁路等交通行业的安全管理水平，在食品卫生、网络安全等领域也得到广泛应用，并起到明显的效果。而在我国，从 20 世纪初才刚刚开始参考或翻译国外 SMS 的相关资料，从 2004 年开始立项研究，2006 年首次在海航试点，起步晚，积累薄弱。

按照国际民航组织对相关附件（1、6、8、11、13、14）的要求，各国建立国家航空安全纲要（SSP），以使航空营运达到可接受的安全绩效水平（ALOSP）。我国民航在“十一五”期间对 SSP 的重要组成部分——安全管理体系（SMS）建设极为重视，于 2007 年 10 月 23 日发布了《中国民用航空安全管理体系建设总体实施方案》(民航发〔2007〕136 号)，并根据不同行业部门如培训机构、航空经营者、维修组织、航空器设计/制造者、空中交通服务提供者和验证合格的机场经营者等制定了相关的指导方案和具体要求。比如，2008 年 4 月 29 日，民航局飞标司发布了《关于航空营运人安全管理体系的要求》(AC-121/135-FS-2008-26)。而针对专业维修单位，民航局制定了咨询通告 AC-145-15，并要求按 CCAR-145 部建立的维修单位分三步建设安全管理体系，且在 2012 年 12 月 31 日前建设完成并进入应用阶段。机场司于 2008 年 3 月 24 日发布了《机场单位安全管理体系建设指南》(AC-139/140-FS-2008-1)，并要求把建设符合国家认可的机场安全管理体系作为申请民用机场使用许可证应当具备的基本条件之一。2009 年 8 月，民航空管局发布了《民航空中交通管理安全管理体系建设要求》(MD-TM-2009-003)，对空管安全管理提供了指导思想和具体方法。而且，2010 年即被定为我国民航的“安全管理体系建设年”。我国民航虽然对 SMS 建设以建议及强制形式要求在航空公司、维修单位及机场、空管单位等开展，但 SMS 的建设绝不能停留在喊口号、走形式或应付局方检查的阶段。造成这种现象的原因，除了因为对成本—风险—效益的辩证关系理解不够深入之外，很多管理者及大部分的一线员工对 SMS 的本质理解并不全面或含糊不清，而这种状态对民航推进 SMS 建设及其成效会造成极大的阻碍。

SMS 更应被理解为一种思想与理念，而非一种方法或工具。因此，从这样一个角度考虑，虽然我国民航沿用与借鉴国外 SMS 建设的成功经验，但并不能直接利用国外 SMS 建设的成果，而是需要一种长期的、持续不断的在理解其精髓的基础上逐步建设。同时，对 SMS 建设的阶段性成果在实践中加以应用，不断接受实践的检验并予以持续改进。实际上，这也刚好构成一个 SMS 建设的 PDCA 循环。

3. SMS 与安全文化

安全文化是存在于群体和个人中的种种素质和态度的总和。对于民航业而言，“安全第一”是民航安全文化的灵魂，“安全就是效益”是民航安全文化的价值反映，而法规规章是民航安全文化的制度保障。在组织或企业内部，安全文化可以被通俗的理解为“我们这里在安全及安全管理方面做事的方式”。这种方式，更多的并不是体现在程序、制度或标准上，而是体现在广大员工的意识中。这种意识，便是“安全第一，预防为主”的安全意识，便是“质量保安全，安全保效益”的成本-风险-效益的辩证关系意识。然而，如何在广大职工群体中形成这种安全意识和成本与风险意识？其中一个重要的方式就是让广大从业人员真正理解“安全第一，预防为主”的安全工作指导方针。在这方面，民航企事业单位一直在努力。比如企业的安全教育，其中一方面是安全技术教育和安全管理教育，而另一个重要的方面便是安全文化教育，即安全素质、安全意识和行为的教育。因为目前的科技手段还达不到物的本质安全化，而设施设备的危险又不可能根本避免，因此需要用安全管理的手段予以补充。传统的安全管理体制与程序固然举足轻重，但是安全管理的有效性依赖于对被管理者的监督和反馈，是一种被动的管理。

前已述及，SMS 更偏向于一种思想和理念，是一种新的安全管理模式。SMS 的建设绝不是从质量与安全的要素出发，以组织或企业的机构、硬件设施或制度规范来体现，而是体现在广大从业人员的安全意识中。只有行业从业人员真正理解 SMS，并愿意把 SMS 的系统管理思想、风险管理理念体现、应用于日常工作岗位上，把其精髓真正转化为组织或企业的安全文化，SMS 的建设才能真正像珍珠上的链一样，把目前组织的各种管理（如果将其看成珍珠）串起来，形成系统全面的安全管理模式。

然而，如何使民航从业人员真正理解 SMS 的内涵，将 SMS 的内容和要求转化为一种积极主动的安全文化，并从本职岗位的安全责任及安全目标上去实践 SMS 的相关内容和要求，将成为我国民航 SMS 建设的关键所在。所以，笔者认为，阐述更为成熟且经过大量实践检验的管理体系 TQM 与 SMS 的关联性，将有助于民航从业人员更清晰、深入地理解 SMS 的内涵，并进一步全面、主动地参与 SMS 的建设。

二、TQM 与 SMS 的联系

TQM 中，“质量”一词并不具有绝对意义上最好的一般含义，而是指“最适合于一定顾客的要求”，即“一组固有特性满足要求的程度”（ISO9000：2005）。同样，SMS 中，安全也并不代表没有事故发生这一结果，而是“通过持续的危险识别和风险管理过程，将人员伤害或财产损失的风险降低并保持在可接受的水平或其以下”的一种状态。

相对于 SMS 而言，TQM 的管理思想更为成熟，理论体系更为完备，且经过大量实践检验证明其有效性和效率，更容易被人们所理解和接受。而 SMS 非常年轻，具体的 SMS 程序是在质量原则上发展起来的。可以说，SMS 是建立在 TQM 基础上的，是 TQM 在民航业中的具体体现与应用。

作为发展更为成熟的管理体系，全面质量管理的核心观点在我国民航 SMS 中得到了科学、合理的体现与应用。二者之间的相互关系主要表现在以下几个方面。

1. TQM 的“T”与 SMS 的“S”

TQM 关键在于前面的“T”（Total，全面的），其涵盖的是全员的、全过程的、多方法的核心思想。TQM 说明，质量管理不应仅停留在具体的产品质量、服务质量或工序质量上，而应涉及组织中的每个人、每个过程（ISO9000：2005 族标准：广义的“产品”是过程的结果），并采用科学合理的统计方法及新旧 QC 七大工具进行分析与决策。而 SMS 关键在于后一个“S”（System，体系），即由相互作用、相互依赖的一组要素所组成的体系。安全管理应形成一个体系，而不是什么都有，但都是孤立的管理点，被动地符合标准。

TQM 是基于质量管理的体系，而 SMS 是基于安全管理的体系。对于一般的企业，质量是保证社会效益和经济效益的基础；而对于民航运输业而言，质量是保证安全和效益的前提。中华人民共和国航空行业标准 HB9100—2003 中也提出：本标准规定的质量管理体系要求是对合同和适用的法律法规要求的补充，而不是替代。因此，民航业仅实施 TQM（包括 ISO 认证）是不够的，必须有一个更有针对性、更能突出安全风险管理的管理模式与理念，这种模式与理念，便是我们正在建设的 SMS。而对于 SMS，相关组织或企业可以进行标准化质量体系的认证，也可以不进行，这取决于组织或企业是否愿意通过质量认证来提高组织或企业的效率和市场竞争力，而非安全管理水平及安全保障能力。

2. TQM 的“以顾客为关注焦点”与 SMS 建设

质量管理八项原则的第一条原则为“以顾客为关注焦点”。从质量管理学的角度，“顾客”这一概念的内涵得到了积极的拓展。通常，狭义的“顾客”是商品买卖关系中的买方，而 ISO9000 族标准对“顾客”的定义为“接受产品的组织或个人”，而“产品”则是“过程”的结果。“过程”这一概念把产品的形成过程有机地“分解”成若干易于管理和控制的点，这个点就是将输入转化为输出的一组相互关联、相互依赖的活动。这样，每个过程必须投入哪些资源，必须输出什么结果，如何增值，采用什么方法测量就相当明晰，易于管理。多个过程形成过程链，这样，上一个过程的输出成为下一个过程的输入，下一个过程就成为上一个过程的“顾客”。

中华人民共和国航空行业标准（HB9100—2003）指出：“为确保顾客满意，航空工业组织必须生产安全的、可靠的产品并持续改进，以满足或超越顾客及法规授权的管理部门的要求”。“以顾客为关注焦点”在民航业中的体现表现在航空公司不仅要以狭义的顾客——乘坐飞机的乘客为关注的焦点，满足他们的要求并努力超越他们的期望；而且，广义的顾客还包括企业的管理当局、企业的供方（航空器制造厂商、航材生产与销售商、维修单位等）、企业的内部员工，航空公司还应关注他们的需求，与他们互利、双赢。另外，根据质量管理的上一个过程是下一个过程的“供方”，而下一个过程是上一个过程的“顾客”这一理论，在航空公司各个职能部门和不同岗位间，也应设身处地地考虑具有工作衔接的下一个工作或工序，且关注相邻工作或工序的接口。对于航空维修而言，由于工序复杂且手工劳动较多，这种工作中的衔接或接口显得更为重要。而且，这种对一下道工序及工序接口的关注，在企业的相应程序手册或工作单卡中可能并没有明确的要求。而如果从业人员能从质量管理的角度深入理解广义的“以顾客为关注焦点”，会把这种思想转化为积极的安全文化和安全意识，主动地在实际工作中关注他的下游“顾客”。

3. PDCA 循环与 SMS 的四大特征

PDCA 循环是由美国质量管理专家戴明博士在 1950 年提出的，因此也称“戴明环”，它是全面质量管理所遵循的科学程序。全面质量管理活动的全部过程，就是质量计划的制订和组织实现的过程，这个过程就是按照 PDCA 循环，不停顿地周而复始地运转。PDCA 循环即计划、执行、检查、处置，对应质量管理的四个主要过程，即质量策划、质量控制、质量保证与质量改进。PDCA 主要在于其“A”阶段，即“处理”阶段，就是解决存在的问题，总结经验和吸取教训的阶段。质量管理八项原则第六条为“持续改进”，这是一个组织永恒的目标，因为绝对的最好质量是不存在的，或者至少在技术上及经济上是不可行的。

同样，安全管理体系包括四个组成部分，即安全政策和目标、风险管理、安全保证与安全促进，对应了质量管理的策划、控制、保证与改进的科学程序。SMS 的两个核心运行活动是安全风险管理和安全保证。安全风险管理是安全政策与目标所设计的活动，目的是对提供服务的相关运行环境中的危险源进行初步识别。安全保证则是持续的不间断的活动，目的是保证危险源的初步识别、与安全风险后果的评估相关的假设、系统现有的防御措施，作为风险控制方法，在系统演变一段时间内是有效的、可行的；并对防御措施进行必要的变更。 因此，危险源识别是一步或一次性的行动，在系统设计时或者是原系统需要进行重大变更时进行。另一方面，安全保证则是不间断的日常工作，以保证支持提供服务的系统运行能够不受危险源的影响。简单地说，危险源识别提供了一个初始的参考框架，而安全保证则需日常进行。风险管理与安全保证两个核心运行过程，就是一种不断地主动寻求改进机会（“持续改进”），将不安全事件发生的可能性及后果的严重程度降低并保持在可接受的水平。两个核心运行过程在安全政策和目标的保护下进行，并由安全促进来支持。SMS 的这两个组成部分包括必要的组织安排，如果没有这些组织安排的话，危险源识别和安全风险管理就不可能进行，或有严重缺陷。因此，安全风险管理和安全保证是 SMS 真正在“工作”，它们是正在运行的 SMS 运行活动。而安全政策和目标与安全促进提供了一个参考框架，也提供了一个支持，使安全风险管理和安全保证这两个运行活动能够有效进行。

上面的四个组成部分，是 SMS 的基本组成部分，它们代表实际安全管理体系的四个安全管理过程。这四个过程，也正好对应质量管理体系的质量策划、质量控制、质量保证与质量改进及 PDCA 循环这一科学程序。从这个方面也可以看出，SMS 是建立在 TQM 的基础上的，是 TQM 在民航质量管理与适航管理方面有针对性的应用。

4. 基于事实的决策方法与 SMS 的安全信息管理

质量管理八项原则第七条即为“基于事实的决策方法”。TQM 是从统计质量管理发展而来的，它要求尊重客观事实，尽量用数据说话。真实的数据既可以定性反映客观事实，又可以定量描述客观事实，给人以清晰明确的数量概念，这样就可以更好地分析问题、解决问题，纠正那种凭感觉、靠经验、“拍脑袋”的工作方法。

要用事实和数据说话，在管理中首先应当有广泛、合理的信息来源渠道并对信息加以识别；其次是加强信息管理，并灵活运用各种统计技术和手段（GB/T19004—2000 的要求）对定性（语言信息）或定量（数据信息）的信息进行科学的处理，获得易于决策的直接信息。统计技术可以帮助测量、表述、分析和说明组织管理的业绩和产品质量发生的变差，能够使我们更好地理解变差的性质、程度和原因，从而有助于解决甚至防止由变差引起的问题，并促进持续改进。对语言或数据信息的处理一般采用 QC 新旧七大手法。

QC 旧七大质量工具主要针对数据信息的处理，其作用分述如下：

（1）检查表（Check List）：收集、整理资料，累积数据；

（2）帕累托图或排列图（Pareto Diagram）：确定主导因素；

（3）因果图或鱼刺图（Fish-bone Diagram）：寻找引发结果的原因；

（4）分层法（Stratification）：对数据进行分类整理，从不同角度层面发现问题；

（5）运行图或控制图（Run Chart）：识别波动的来源，控制过程质量；

（6）直方图（Histogram）：展示过程或数据的分布情况；

（7）散布图（Scatter Diagram）：展示不同变量之间的相关关系的坐标图。

QC 新七大手法主要针对非数据信息即语言信息的处理，其作用分述如下：

（1）关联图：用箭头连接起来进行图示分析，理清复杂因素间的关系；

（2）系统图：把要实现的目的与需要采取的措施或手段系统地展开，绘制成图，明确问题的重点，寻找实现目标的最佳手段或措施；

（3）亲和法：从杂乱的语言数据中按其相互亲和性（相近性）归纳整理，以使问题明确并吸收信息；

（4）矩阵图：从问题事项中找出成对的因素群并排列成行和列，找出行与列的关系或相关程度的大小，探讨问题点；

（5）PDPC 法（过程决定计划图）：预测设计中可能出现的障碍和结果，并提出多种应变计划；

（6）箭条图：通过小组讨论，合理制订进度或日程计划；

（7）矩阵数据解析法：多变量转化为少变量，并进行数据定量分析，以便更准确地整合分析结果。

新七种工具的特点可以概括如下：整理语言资料；引发思考，有效解决零乱问题；充实计划；防止遗漏、疏忽；使有关人员了解；促使有关人员的协助；确实表达过程。另外，新七种工具并不取代老七种工具，虽然与老七种工具之间存在差异，但二者是相辅相成的。比如，老七种工具偏向理性面，大量数据资料，基于问题发生后的改善；而新七种工具偏向感性面，大量语言资料，基于问题发生前的计划和构想。

用事实和数据说话，GB/T19004—2000 也要求加强质量记录的管理和计量工作。

SMS 中的航空安全信息管理是指对输入、输出的与航空安全相关的信息进行收集、整理和加工。其中安全信息的收集是前提，安全信息加工，即信息的分析是关键，而安全信息的利用是目的。航空安全信息对以事实为依据做出决策是必不可少的。比如，针对航线维修中工作梯与飞机碰撞这一不安全事件进行风险分析，就必须确定企业发生此类事件的可能性，是每月一次、每年三次、每年一次还是三年或五年一次；其次，根据以往及行业内发生此类事件所造成的人员伤亡数量、航空器损坏程度及具体经济损失大小来决定此类事件后果的严重程度。根据调查分析所得到的可能性与严重性，计算此类事件的风险值，并评估风险大小，采取相应的风险控制措施。SMS 要求做好相关记录，记录不仅是为了提供证据，包括为领导决策提供信息和数据，还是可靠性和维修方案设计的主要信息来源。

三、TQM 在民航业相对于 SMS 的不足与区别

TQM 与 SMS，民航业不同行业都在积极地实施。二者既有重要的联系，也有明显的区别。相对于 TQM，SMS 在民航业中更具有针对性，更关注安全和风险防范。如何整合和优化 TQM 与 SMS 在民航业中的应用，本书没有涉及，只是粗浅分析了二者在民航业中应用的区别及 TQM 的不足之处。

1. TQM 相对于 SMS 的不足之处

相对于 SMS 而言，TQM 在民航业中的应用不足之处至少体现在以下几个方面：

（1）TQM 对风险管理的不足

TQM 的重点是改善组织的质量管理水平，以最经济的方式提高组织产品和服务的市场竞争力，并充分满足顾客要求和超越顾客期望。其关键是通过质量策划识别和分解质量管理的要素，即过程要素和其管理点，通过建立质量管理体系和职能机构，投入相应的资源以开展全面质量管理，并通过质量审核和质量监督来持续改进质量管理水平。SMS 的核心活动是安全风险管理和安全保证，必须通过风险识别、风险分析和风险控制将组织的安全状态和安全管理水平控制在一个可以接受的水平（ALOS），并满足最基本的法规要求和适航性。质量虽然隐含和包含了安全的内容，但对目前倡导以风险管理为核心的安全管理体系而言，是不充分的。民航运输是一个高风险的行业，系统高度复杂，所以 SMS 的风险管理更主要强调安全风险，而非商业风险的管理。

（2）TQM 对安全及灾难性问题的处理不足

SMS 的核心活动是风险管理，风险管理充分体现了“安全第一，预防为主”的安全方针。对于后果非常严重的不安全事件或事故，必须采取风险缓解措施将其降低到可容忍或可接受的水平。而 TQM 强调以组织的质量为中心开展相关活动，它关注产品或服务的功能性、舒适性、经济性、及时性、文明性与安全性。质量管理体系中没有应急准备和响应的内容，它主要强调“不合格品的控制”。对于制造行业，不合格品是一种不正常的事件；而使用中的航空器及其装备的性能下降、失常、缺陷、故障和损伤是不可避免的，大多数不合格项目发生，均属于正常事件。很明显，TQM 对安全及灾难性问题给予的重视程度明显不足。

（3）有时，ISO9000 族标准为代表的质量管理会让人感觉是一种形式，而 SMS 必须落到实处

由于质量体系的认证主要是企业为提高产品和服务的市场竞争力而进行的，通过 ISO9001 的认证只能表明企业的产品满足现行的国际标准。可以这么理解，即企业进行 ISO9001 认证只是在做一个暂时的、符合性的认证。一旦通过认证，即可以“享有”市场和顾客的“认可”。于是，这种认证会给企业带来一种“一劳永逸”的价值感，产生一种重形式而非其实质的优越感。相对于 TQM，SMS 是一种以安全要素为对象的技术管理，SMS 建设

是 ICAO 及其缔约国的适航管理当局以法规形式进行的强制要求，其思想和理念的价值远大于其形式。所以，SMS 的建立与应用应是一个持续的、不断积累的过程，必须务实。质量体系的认证与 SMS 建设，前者偏向于符合性，而后者则更关注适用性和有效性。

2. TQM 与 SMS 区别

虽然 SMS 是建立在 TQM 基础之上，民航业在实行 TQM 的同时，还必须进行 SMS 建设。其原因主要是，TQM 是质量管理体系，是为组织改进和提高质量管理水平，在最经济的水平上最大限度地满足顾客的要求并努力超越顾客期望而进行的。而 SMS 建设是为了提高民航各行业的安全管理水平、安全风险管理能力并满足最基本的适航标准，其目的是将人员伤害或财产损失的风险降低至并保持在可接受的水平或其以下。可以说，TQM 及其质量体系的认证是推荐性的，其体现的是产品或服务的竞争水平；而 SMS 及相应的维修方案和可行性方案是强制性的，其体现的是适航性和法规性。

TQM 与 SMS 的区别至少体现在以下四个方面：

（1）形成文件的程序的差异

TQM 文件一般包括：形成文件的质量方针和质量目标、质量手册、组织为确保过程的有效策划、运行和控制所需的文件及其他质量记录等。而 SMS 的相关文件除了以上外，还至少且必须包括：适用的法规授权部门所规定的质量管理体系的要求（如航空质量管理体系要求）、适航要求、SB、AC、AD 以及组织内部的维修方案、工程手册、工作单卡等。可以说，SMS 更多是基于安全要素的管理，其目标更为明确，主题更为清晰，偏向于一种专业技术管理方式。

另外，除 ICAO 附件 15——航空情报服务在质量管理方面进行了要求和建议之外（附件 15 中 3.2.1、3.2.2、3.2.5 至 3.2.13），在 ICAO 的其他附件里，没有关于质量管理体系的要求。而对安全管理体系的要求，目前已在附件 1、附件 6、附件 8、附件 11、附件 13、附件 14 中体现。

（2）SMS 重点关注组织安全和人的表现，可以说是“安全的满意度”。而 TQM 的重点是针对全员全过程和多种质量方法与工具的科学应用，关注顾客对产品和服务的满意度，即社会效益与经济效益。

（3）SMS 重点是安全风险管理，其核心是 REASON 理论；而 TQM 重点是质量控制与保证，其核心是质量管理八项原则及 PDCA 循环。

（4）SMS 应该既包括安全，也包括质量政策和实践。TQM 是推荐性的，可以执行，也可以不执行。如果组织为了提高市场竞争力和经济效益，则选择执行并通过其验证。而 SMS 是强制性的，是 ICAO 及其缔约国的适航管理当局以法规形式的强制要求。

四、TQM 对我国民航 SMS 建设的促进

从以上分析可以看出，TQM 的理念在我国民航 SMS 中得到大量的体现与应用，并在一定程度上融入民航业组织的安全管理体系之中，形成组织的各种安全文化和具有可操作性的各种安全程序、规章标准。研究 TQM 的管理思想与 SMS 的系统观念对于领会、把握民航

SMS 建设的实质、推动民航 SMS 的建设及取得更好成效具有极其重要的理论与现实意义。TQM 作为经典的管理学科体系，其精髓不仅在组织的质量管理体系中，在我国民航安全管理体系中的应用仍可以得到进一步的丰富和拓展。

SMS 的建立对象是后一个“S”（体系），而其目的在于中间的“M”（管理）。SMS 并不是一项可以直接操作的“静态的”法规或制度，也不是一种工具，可以较为便利地贯彻执行，而是一个需要较长时间，在不同组织层面、不同工作领域不断总结和积累、逐步建立和发展的管理方法。

TQM 与 SMS，前者主要为促进质量管理水平，后者主要为提高安全保障能力。“安全第一、预防为主、综合治理”是我国民航安全管理的基本方针，而质量是安全的前提，是民航业安全、经济、高效地运行与发展的保证。分析、探讨 TQM 在我国民航安全管理体系中的应用，并进一步研究 TQM 经典管理思想在我国民航安全管理体系中的应用，对促进我国民航 SMS 建设，改善和提高民航安全管理水平具有极为重要的理论意义和时代意义。

第八章　航空维修的质量体系及其运行

第一节　航空维修的质量体系

航空维修是航空器安全运行的基础，主要涉及航空器固有安全性和可靠性的形成、保持和恢复。维修质量与维修安全是航空维修的生命线，贯穿于维修活动的全过程，渗透到航空维修系统的各个领域。因此，航空维修质量与安全管理已经成为航空器安全、经济、高效、准时运行的一个不容忽视的根本问题。

一、航空维修的质量体系

航空维修的质量体系从航空器营运人的角度来看就是工程管理体系。需要说明的是，航空维修的质量体系首先必须满足有关适航规章的要求，而不是ISO9000系列标准。适航规章是国家的法规，合格的营运人、维修单位和维修人员必须符合有关的适航规章的要求，取得相应的资质后才能从事航空器的营运、维修等航空活动。而ISO9000标准对组织或企业来说是一种推荐性标准，可以执行这个标准，也可以不执行。如果企业想通过ISO9000的认证来提高市场竞争力，则需符合ISO9000标准。

管辖航空维修的适航规章主要有：

（1）CCAR-121 AA《民用航空器运行适航管理规定》（现已失效）；

（2）CCAR-121 R4《大型飞机公共航空运输承运人运行合格审定规则》（第L章 飞机维修）；

（3）CCAR-145 R3《民用航空器维修许可审定的规定》；

（4）CCAR-66 R1《民用航空器维修人员合格审定的规定》；

（5）CCAR-43《维修和改装一般规则》。

CCAR-121AA是从航空器营运人的角度提出的对维修与工程方面的基本要求，侧重于工程管理。CCAR-121 R4是对大型飞机公共航空运输承运人维修系统的管理说明，侧重于工程管理。CCAR-145 R3是从维修单位的角度提出的基本要求，侧重于维修实施。CCAR-66 R1则是对航空维修人员合格审定的规定。CCAR-43是用于规范民用航空器及其部件的维修和改装工作，侧重于维修实施。

CCAR-121AA虽然已经失效，其主要内容及规定已合并到CCAR-121及CCAR-145中。如CCAR-121R4第G章（手册的编写）、L章（飞机维修）、AC-121-51（维修工程管理手册编写指南）、AC-121-64（质量管理系统）；CCAR-145 R3各条款、AC-145-5（维修单位手册编写指南）。考虑适航管理规定是独立维修单位或营运人维修部门编写工程管理手册的基本要求和出发点，以及工程管理体系与质量管理体系管理要素的系统性，本章仍以 CCAR-121AA 的内容及其规定的要素作为工程管理体系的基本要求。

CCAR-121AA 要求航空器营运人必须从维修工程的角度出发建立一套维修与工程问题的处理原则、标准、程序和方法，以便对其全部的维修工作实施系统、科学和有效的工程管理。维修是指维修工作的具体实施及其记录，对应 PDCA 循环的 D 与 C 阶段；而工程指维修的工程管理，对应 PDCA 循环的 P 阶段。

作为工程管理的法规文件，《工程手册》属于营运人营运手册的一部分。《工程手册》是阐明营运人的维修方针（包括质量方针），并促进其工程管理体系的构成和运行的文件。

CCAR-121AA 强调工程管理，最初是从保证航空器的持续适航性，营运人应履行其适航的法律责任的角度提出的。适航责任概括地说就是要求营运人必须保证航空器在每次飞行作业之前，所有涉及航空器营运安全的维修作业均已正确实施。由于航空维修的多样性和复杂性，世界上还没有一家航空公司能独立完成全部的维护和修理工作。由于机队规模、维修规模、维修能力的限制，适航性责任所要求的维修作业，可以由营运人自己直接完成，也可以由营运人委托合格的独立维修单位来实施其中部分甚至绝大部分维修作业。重要的是营运人必须提出完整的维修要求和维修规范，并建立一套工作程序、方法和标准去确认这些维修工作已被相应的维修机构正确地实施。也就是营运人必须首先制订满足适航标准所规定的最低维修要求的维修方案，通过营运人的可靠性方案来监督、评估维修方案的有效性和适用性，并依据营运人的《工程手册》所提供的原则、标准、程序和方法，对全部维修工作（包括委托维修工作）加以规划、组织、安排和管理。也就是营运人必须建立一套工程管理体系，这是营运人保证其航空器适航性和运行安全的必要前提和重要手段。

CCAR-121AA 规定了工程管理体系的基本要求，更详细的要求是在 CCAR-121AA 的咨询通告 AC-121-08《航空营运人（工程手册）的编制与运用》中阐述的。该咨询通告推荐了一种典型的工程管理体系，它包括如下要素：

（1）一般原则和程序；

（2）预定维修方案（维修制度）；

（3）维修与工程机构；

（4）持续适航维修大纲；

（5）检验与质量控制；

（6）必检项目；

（7）工程管理（维修标准）；

（8）持续分析与监督方案；

（9）技术记录控制系统；

（10）维修可靠性方案；

（11）短时维修间隔项目延长方案；

（12）非预定维修方案；

（13）维修控制中心；

（14）重复缺陷控制系统；

（15）生产计划与控制；

（16）零部件跟踪系统；

（17）技术培训方案；

（18）安全大纲；

（19）动力装置管理；

（20）批准的维修协议；

（21）航材控制。

CCAR-121AA 所要求的工程管理体系，从其内涵来看与全面质量管理的质量体系是一致的，这是因为航空维修单位的管理模式必须是以质量为中心的管理模式；但是从其外延来看，工程管理体系所涉及的范围比质量体系更广。

工程管理体系的要素是指工程管理的基本职能，在民用航空运输的环境下，它是保证维修工程系统正常运转，保证航空器安全、准时、经济地运行必须具备的功能，也是对工程管理的具体业务活动所作的理论概括。其基本的关系可用图 8.1 来表示。

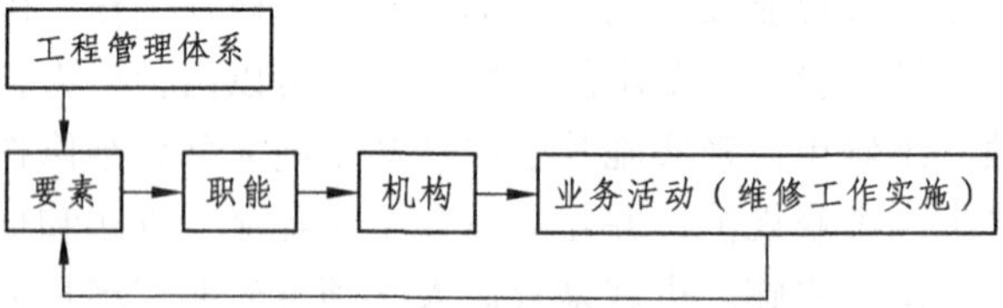

图 8.1　工程管理体系确定维修工作实施关联图

AC-121-08 推荐的工程体系的模式，强调了保证航空器持续适航性的要素，以保持和恢复航空器固有安全性和可靠性的控制过程为基本线索，以影响维修质量的产生、形成和实现的维修活动为基本内容，结合维修的专业分工和工作性质的划分，构成完整、有机的航空维修工程体系。

以职能要素为框架的工程体系是航空器营运人的维修与工程部门组织结构的基础。工程体系及其要素结构是由航空器运输和维修的技术特点决定的，它不随营运人的机队规模和航线结构的不同而变化。而维修工程部门的组织结构是将适航规章所要求的工程体系要素（基本职能）及其分解而成的管理的业务，根据营运人自身的机队、航线结构和维修能力的特点，加以科学、合理地归类，分别设置相应的部门来承担，并规定部门之间的纵向报告关系和横向联系的基本要求。这就是为什么不同的航空公司维修与工程方面的组织结构和管理程序是不同的，但是他们的工程管理体系基本上是相同的。

二、质量体系的要素分析

本章未对航空维修质量体系（即工程管理体系）的诸要素进行完整的阐述，只介绍其中最具行业特色的 11 个要素。

（一）管理职责

航空器营运人在维修与工程方面的管理责任主要体现在承担确保航空器持续适航性的法

律责任。最高管理者的管理职责可以用各种不同的形式来反映，如总经理声明、维修方针或质量方针、质量承诺等形式。

营运人的经营战略可以不同，但他们的维修方针和适航性方针在以下方面必须共同遵守。

1. 维修方针

（1）在履行维修方面，其主要责任是为定期或不定期的航班运输服务所提供的航空器是完全适航和安全的。

（2）航空器的维修可以由营运人的维修部门和各航线维修站或合同代理人来完成，所有这些维修组织要确保全部的例行和非例行的维修，无论是由航空公司本身承担的还是委托他人承担的，完成的维修工作必须符合航空公司的持续适航维修大纲、工程手册以及CCAR-121AA有关条款。

（3）营运人授权下列人员履行维修：

① 其他合格的航空器营运人；

② 具有适当修理等级的合格的修理单位；

③ 本公司持有飞机、发动机维修执照的员工。

（4）所有的维修、预防维修、必检项目的检查、修理、翻修和改装都必须遵循本公司的营运规范和批准的维修程序。

（5）所有的飞机、发动机以及装备必须保持持续适航状态，制订的预防维修方案和非预防维修程序应能使航空器获得最高的安全性、可靠性和使用能力。

（6）坚持质量否决权制度，任何质控部门的决定只能由质控部门的负责人否决。

2. 适航性方针

（1）适航责任的方针。航空器营运人对其航空器包括机体、发动机、装备和零件的适航性负责，对航空器包括机体、发动机、装备、应急设备和零件的维修、预防维修和改装应依照本公司的工程手册和 CCAR-121AA 有关条款进行。航空公司与其他维修单位签订的委托维修的协议绝不意味着适航责任的转移。

（2）安全第一的方针。安全是航空公司的头等大事，安全性是航空公司手册体系、程序所关注的主要方面。为航空公司执行任何类型维修工作的人员都应明白人身安全、设备和财产安全的重要性，安全意识应在每个员工的思想中牢固扎根。

（3）适航放行的方针。航空公司的任何飞机不得放行，除非：

① 航空公司可授权的放行人员能确保航空器的适航性；

② 适航放行是遵循工程手册规定的程序进行的，并能确证：

a. 对航空器所做的全部维修工作是根据有关手册进行的；

b. 由航空公司授权的人员对全部必检项目的工作进行了检查，并确定了这些工作已圆满地完成，航空器不存在任何已知的不适航状况，航空器处于能安全运行状态。

（4）适航放行授权的方针。只有航空公司授权的人员才能对航空器适航性放行签字。

上述维修方针和适航性方针是从适航管理角度对航空维修提出的最基本要求，这些要求可概括成一条航空维修管理的基本原则，那就是凡在航空器上实施的维修、预防维修和改装工作都必须按有关的技术标准和管理程序进行。

全面质量管理的质量方针是以质量为中心，实现企业全面管理目标的方针。因此，各航空公司在制订其质量方针时要体现公司对质量的追求、对适航性的承诺和质量行为的准则、质量工作的方向。同时质量方针要反映公司坚持走质量效益型路线的信念和要求，并注意与公司的经营方针、经营目标（包括财务利润目标）相协调。

实施质量方针时，应通过制订质量目标和有关政策措施（如人事、培训和考核等），以确保质量方针能为全体员工所理解、实施和坚持，排除不符合质量方针的现象和行为。

（二）工程手册

CCAR-121AA 规定：为确保适航性责任的落实，航空器营运人必须就其工程管理的结构、工作程序、方法和准则等编制《工程手册》，经民航局批准或认可后纳入维修规划，并按该维修规划实施维修与工程管理。因此，编制《工程手册》，依据《工程手册》实施维修管理是适航规章对航空维修的基本要求，营运人的《工程手册》必须经民航局批准或认可。《工程手册》在航空器整个服役期间必须得到连续完整的贯彻实施，无论是营运人的维修机构及委托维修机构，还是营运人的其他部门，均应不折不扣地执行。

《工程手册》的作用：

（1）贯彻营运人的维修方针、质量方针、标准和要求；

（2）使工程管理体系有效地运行；

（3）规定改进的控制方法以及促进质量保证活动；

（4）为质量审核提供基本依据；

（5）情况改变时，保证工程管理体系及其要求的连续性；

（6）按工程管理体系要求及相应的方法培训人员；

（7）证明营运人的质量体系符合 CCAAR-121AA 所要求的标准。

《工程手册》的基本特征有：

（1）整体性。《工程手册》应从营运人工程管理体系的总体出发来编制，不论是阐明一个体系或阐述某一体系要素，或描述某体系要素的某一独立组成活动，均应注意整体性。不能为了局部或某一部门的优化而破坏整体功能。

（2）系统性。《工程手册》应根据营运人实际工程管理体系的系统特征，体系要素之间互相作用、互相依赖关系来描述工程管理体系和规范各项活动。

系统性与整体性是《工程手册》两个最基本的属性，彼此密切相关。只有好的系统性才能保证整体功能实现；同样只有考虑了整体性才能使工程管理体系真正成为有机的系统。

《工程手册》要确定营运人维修与工程方面的体系结构，明确营运人应建立的并且能适应适航规章所要求的组织结构，各类人员的职责和职权、资源和人员、过程和程序，以及相互衔接与协调措施。

（3）法规性。《工程手册》是营运人实施工程管理、生产管理、质量管理，开展质量保证活动的法规或行为准则。在航空运输企业内部，《工程手册》不是指导文件，而是必须执行的法规性文件。因此，《工程手册》一般应包含或至少应涉及以下几方面：

① 质量方针；

② 管理、执行、验证或评审质量活动的人员的责任、权限和他们之间的关系；

③ 体系的程序和说明；

④ 手册的评审、修改和控制的规定。

《工程手册》应对影响维修质量的活动进行恰当而连续的控制，应重视并采取预防性措施以避免问题的发生。同时，也不能忽视发现问题，做出反应和加以纠正的能力。

（4）见证性。《工程手册》在开展质量保证活动中，可作为体系运行是否有效、质量要求是否满足的证明。《工程手册》向上是向适航当局提供航空器持续适航的管理证据，对内是营运人进行自我质量审核的依据。

（三）持续适航维修大纲

持续适航维修大纲这一要素综合了对航空器的检查和维修的基本功能，它阐述了维修质量产生、形成和实现的基本原理，是工程体系的总纲。持续适航维修大纲全面论述了保证航空器持续适航最重要的 10 个方面，它们是：

① 质量检验；

② 计划检修；

③ 非计划维修；

④ 系统、部件和发动机翻修和修理；

⑤ 机体结构检查；

⑥ 必检项目；

⑦ 维修可靠性；

⑧ 维修记录；

⑨ 持续分析和监督；

⑩ 管理原则和程序。

上述 10 个方面分为两类，前 5 项是维修生产的 5 个领域，后 5 项是维修管理的 5 个方面。这 10 项是 AC-121-08 推荐的工程管理体系 21 个要素中的 10 个要素，把这 10 个要素综合在一起构成持续适航维修大纲，显然是为了突出它们在工程管理体系中的地位。

（四）预定维修方案

预定维修方案，也称为计划检修大纲，这是航空公司为各型飞机制订的，在规定的间隔时间内要完成一套例行维修和检验工作来保持各型飞机的固有可靠性。计划性的维修工作包括时限性和定时翻修部件的更换、特殊无损检测视情件的检查或测试、润滑保养和飞机称重等。作为一种管理规范，预定维修方案是各型航空器的维修制度，它是从作为最基本的维修技术标准，即维修方案中抽出来，并上升到作为维修制度不仅维修与工程部门必须遵循，凡是与之有关的航空营运人的其他部门，航务、商务、航材等部门都必须遵循。预定维修方案是按美国民航的习惯说法翻译过来的，根据我国民航的实际情况，把这一要素称为维修制度更为确切。一般地说，航空维修部门长期执行的航前、过站、航后的检查以及字母组别的检修A检、C检、D检制度，就是预定维修方案，它通常包括以下内容：

（1）各级预定维修等级的定义，以及相应的维修工作由哪个部门负责；

（2）各种检查、视情检查、翻修工作时限和工作内容的规定。

预定维修方案这一要素体现了航空维修质量体系最基本的原则，即预防为主的原则，也是航空维修基本的指导方针，通过它来预防故障及其严重后果，保持航空器及其装备的可靠性。

维修方案的制订在航空维修中的地位与作用相当于制造业的“产品开发与设计”。维修方案在工程管理中的核心地位，是由航空维修的客观规律和基本矛盾所决定的。现代航空维修要求人们从航空维修的本质、特点和工作规律的高度来认识航空维修，要将航空维修从一般的操作技艺上升到科学、系统的理论。

民用航空器运行中的基本问题，或者说基本矛盾可表述为，随着航空器的使用，航空器及其装备的可靠性、技术状态会发生客观的不以人们的意志为转移的变化；而另一方面，航空器的运行，必须是有计划的，也就是说必须按事先主观计划好的航班飞行、维护、技术诊断、修理、待修、待飞等各种使用、维修状态，按可能的方式随时间连续更替。航空器技术状态的客观变化过程与航空器各种使用、维修状态的主观使用过程构成了航空维修最基本的矛盾形式。航空维修这个基本矛盾，从根本上影响了航空器的持续适航性、航班飞行的正常性以及运行的经济性。简单地说，航空器及其系统、部件故障的偶然性与航空器使用的计划性这对矛盾，由于航空器空中使用的特点而变得十分尖锐。它对维修的基本要求是维修工作应该是适时、适用和有效的，能有效地预防一切具有严重后果的故障。

航空器维修的有效性从根本上取决于航空维修基本矛盾的控制是否有效，也就是说，任何一种维修方式是否完善，取决于它能在多大程度上保持航空器的使用过程与航空器客观存在的技术状态变化过程的协调一致。

维修方案是控制航空维修基本矛盾的最根本手段。科学的维修方案的目标是对航空器的可靠性实现最优控制。维修方案的科学性实质是维修方案的有效性和适用性。维修方案的有效性和适用性又决定了航空维修的质量特性、质量水平和维修的经济性。探索航空器及其装备的故障规律和维修规律，在以可靠性为中心的维修理论指导下，制订确保航空器持续适航、运行安全和经济有效的维修方案是航空维修的一项根本任务。

从质量管理的角度来认识维修方案这个要素，则制订维修方案相当于维修的质量策划这个职能。但是，质量策划的范畴要比制订维修方案广泛得多，质量策划包括质量设计和规范制订，在航空维修领域，质量策划这个职能主要包括：

（1）维修标准的制订，包括：维修方案、航空器运行规范、最低设备清单、必检项目大纲的制订。

（2）维修规划，包括：维修资源、维修体制、维修制度、修理等级的规划；评估和处理服务通告、执行适航指令、制订改装计划；外委维修要求的制订。

（3）性能工程，包括：监视和评估飞机、发动机性能，跟踪并控制飞机的载重与平衡；监控和跟踪每一台发动机的性能。

（4）维修作业标准的制订，包括：维修手册、工作单、工程指令，还包括改装、检查、机队普查、修理和偏离的控制、维修翻修的工作单和工程指令。

（五）可靠性方案

可靠性方案是维修方案的管理程序。维修方案和可靠性方案是航空维修最具行业特色的管理要素。从质量管理的观点来看，可靠性方案是属于质量控制范畴的要素。维修的质量控制最重要的是控制航空器的使用可靠性。之所以说维修方案确定了航空维修的质量特性，是从确定了航空器使用可靠性的意义上而言的。航空维修的质量特性包括两个大的方面，一是航空器、发动机、系统、部件的性能，航空器的物理完整性和操纵的稳定性；另一方面则是航空器的机体、发动机、系统、部件的可靠性。对于前者而言，维修质量是航空器质量的延续，可看作航空器的二次质量。有关性能、物理完整性、操纵稳定性的质量特性（质量标准），维修单位是直接根据制造厂的有关技术标准。

然而，对于可靠性这类质量特性则不然，可靠性是不能靠检验、测试等手段直接测量得到的。在当今的科学技术水平条件下绝大多数系统和部件的可靠性主要是依靠收集、分析使用过程中的故障数据（包括机件故障前的工作时间、故障的频度等）进行评估的。因此，机体、发动机、系统和部件的可靠性特性不能像性能这类质量特性那样可以依靠制造厂给定，作为使用部门的维修单位必须自己不断地收集和分析有关的故障数据。由于维修方案的主要目标是保持和恢复航空器及其装备的固有可靠性，因此维修方案的有效性也只能通过使用中收集到的可靠性数据来评估。

曾经有一个阶段，航空器维修界试图依靠工龄探索和大量的抽样检查，通过对系统和部件详细的分解检查，寻找机件磨损和使用时间的函数关系，来确定这样一种磨损点（使用时间），每当机件的使用时间超过了该磨损点，控制了机件的使用时间，便能控制机件的可靠性。用质量管理的术语，也就是将机件的使用时间作为机件可靠性的代用质量特性。这就是传统的以定时翻修来控制机件可靠性的维修方式。从 20 世纪 60 年代到 70 年代长达 10 多年的时间，美国民航对这个问题做了大量深入的研究，发现传统的定期翻修的控制方式对大量的航空器各系统、部件 80%以上的项目是不适用的，而且在适用定时方式的 20%的项目中只有少数（5%左右）是有效的，在这 20%的项目中绝大多数有更好的维修方式，即视情方式。最后美国民航提出了以可靠性方式来管理维修，现在已被国际上普遍接受，可靠性管理已成为国际民航共同采用的维修管理模式。

可靠性方案，包括以下 7 个方面：

（1）可靠性管理组织机构；

（2）数据收集；

（3）可靠性统计和分析；

（4）数据报告；

（5）纠正措施；

（6）维修方案修订程序；

（7）可靠性方案修订程序。

可靠性方案本身构成了一个完整的质量控制 PDCA 循环。

（六）维修生产的计划与控制

航空维修从其工作性质来看可分为预防维修和非预防维修两种。

预防维修是为了预防故障的发生及其后果的严重性，保持航空器及装备的可靠性而采取的各种维修措施的统称，预防维修是通过有计划的、定期的检查、检测和诊断判明航空器及其装备的技术状态。非预防维修是为了恢复航空器及其装备的可靠性和使用能力，对有故障或损坏的部件和系统所实施的各种维修措施。非预防维修包括对故障的分析判断、随后的排除或更换以及恢复后的验证、试验、试飞等内容。

预防维修由于其维修工作的内容、时间在一般情况下都是事先加以规定并按预定计划进行的。生产计划与控制这个要素的质量职能主要有：

（1）计划维修工作的生产受控状态的策划，根据有关维修标准、手册，明确规定各级定期维护、检修工作的方法、程序，使影响维修质量的各项因素处于受控状态。

（2）对影响维修质量的因素，包括人、材、机、手段、方法、环境和文件进行预防性控制，保证维修工序质量。

（3）进行工序能力的研究和分析以确定工序能否满足规定要求。

（七）非预防维修方案

航空维修生产受控状态的策划与控制的困难在于非预定的维修工作，由于故障的随机性使该类维修工作的内容和时机带有随时的性质。非计划维修方案这个要素不可能做出详细具体的方案，只能进行原则上的规定，不能形成一套技术标准，它主要包括：

（1）航空器运行过程中出现偏差的控制；

（2）延期维修项目的控制；

（3）重复故障的控制；

（4）适航放行标准，即最低设备清单的控制。

非预定维修方案的质量职能主要是控制航线维护的工程能力，它规定了对航空器运行中出现的一切偏离、故障、不正常事件进行监控和控制，其手段就是要建立和完善维修记录和报告制度。维修记录系统包括：飞行记录、维修记录、客舱记录、保留维修项目的记录以及在机库定检中发现的故障和缺陷记录。

为保证飞行计划的正常完成，有时有必要将一些小故障的排除推迟到适当的时间和地点进行。推迟维修的项目应是最低设备清单中规定的项目，并满足规定的控制条件。推迟维修项目的控制和批准权限，应有一套严格的管理程序。

最低设备清单是航空器使用和维修中三个最重要的技术标准之一（另两个分别是维修大纲和飞行手册）。最低设备清单是航空器适航放行的标准，规定了允许保留故障的项目、保留条件、保留故障时应采取的措施和保留故障的时间限制。

（八）重复故障控制系统

航空维修中保留故障的策略毕竟是一种权宜之计。虽然保留故障的管理制度中规定了严格的申请和批准制度，但是保留故障终究是飞行安全的隐患。特别是保留故障产生的原因中除了航空器固有可靠性水平的原因之外，还包含了维修质量的原因，而后者是维修质量控制的对象，控制的手段之一是建立完善的重复故障控制系统。

当一架航空器出现重复故障时，就意味着维修质量存在一定的问题。通常，任何一架飞机连续 5 天之内重复出现 3 次或 3 次以上的同一故障将被定义为“重复故障”，需要寻求有效的纠正措施，以防止重复故障的再次发生。重复故障控制系统的质量职能是对重复故障进行鉴别、纠正、检查、跟踪和监督。

（九）零部件跟踪系统

在维修生产过程的物流控制中，最重要的是对零部件跟踪与控制。由于航空器在使用和维修过程有种类繁多、数目庞大的零部件处于使用—拆下—待修—修理—贮存—使用的循环中，为了防止不合格的零部件被误装、误用，航空维修采用了虽然笨拙但是最可靠的控制方法，即挂签制度。每一个处于周转状态的零部件分别用三种不同的标签（可用标签/不可用标签、报废标签和串件标签）予以标识。零部件的标识和跟踪往往是质量控制的薄弱环节，是最容易出现人为差错的环节。开发计算机的零部件跟踪系统可以提高对零部件的跟踪和追溯能力，但决不能替代挂签制度。

（十）检验与质量控制

航空维修的工作质量是由从事维修、预防性维修、修理和改装工作的航线或车间的维修人员和管理人员共同承担的。这是全面质量管理的质量责任人人有责的原则，要做到人人有明确的责任，事事有人管。每个人的维修工作质量必须由授权质量检验员来检查，由他们来确定所完成的工作质量是否满足有关的技术标准，这也是一条质量管理的原则，叫做质量职权集中原则。

检验和质量控制在维修生产过程控制的诸要素中起着核心作用。生产计划与控制、非预定维修方案、维修控制中心、重复故障控制系统、零部件跟踪系统、航材控制等要素是各职能部门和维修生产部门的职责，但是必须有一个独立的、集中的质量控制和保证部门对维修与工程方面的所有环节和全部功能进行控制。检验和质量控制这一要素主要包括：质量控制和保证部门的组织机构和职责，质量检验的基本原则。

质量控制和保证部门的基本职责包括：

（1）内外场的质量检验功能；

（2）质量检验机构的设置；

（3）检验制度；

（4）必检项目；

（5）航空器使用与维修中的持续监督与分析；

（6）维修与工程活动中的质量审核；

（7）委托维修机构、维修合同的评审；

（8）计量方针和程序；

（9）人员培训和资格控制；

（10）适航指令。

质量检验的基本原则又叫做检验制度，主要包括：

（1）检验员的资格和委任；

（2）检验员印章和名册管理；

（3）复查原则；

（4）检验员决定只能被质控部门直接领导撤销的原则；

（5）严禁检验员检查自己工作的原则；

（6）保证检验连贯性原则。

（十一）必检项目

航空器维修生产活动中，某些项目的维修工作若没有及时实施，或使用了不适当的零件和材料，便会造成失效、机械故障以及危及飞机、运营安全的缺陷，这些项目称为必检项目。必检项目必须经授权的检验员检查，要求有两个签字，即该项工作的实施人员的签字和授权检验员对工作认可后的签字。

航空维修中的必检项目是维修生产过程中的关键工序。除了对必检项目进行检验把关外，更重要的是应对必检项目验证和改善其工序能力。工序能力是指工序处于控制状态下实际保证工序质量的能力。为确保必检项目的工作质量，必须对其工序能力进行调查和验证，并在此基础上进行必要的控制，以确保必检项目的工作符合规范要求。

验证工序能力，一般采用抽取样本计算工序能力指数的方法来进行。但是航空维修工作因工序变动频繁（如人员、器材变动），又是单件手工作业，往往不具备用统计方法计算工序能力指数的必要条件。因此，需要采用其他方法，如差错分析法、实际测定法、因素直接测定法、情况预测法，这些方法大多是现代工业工程或人为因素科学中的理论和方法。

我们从 AC-121-08 推荐的工程管理体系模式的 21 个要素中只讨论以上 11 个要素，是因为这 11 个要素最具有航空维修的行业特色，它们构成了航空维修质量过程的主要环节。

第二节　质量体系的运行

一、质量体系的运行原理

航空维修的质量是维修组织各项活动的结果。在维修质量形成过程中影响维修质量的因素很多，任何一个因素都会对维修质量产生或大或小的影响。航空运输企业为了实现在竞争中取胜的目标，都必须建立质量体系，对影响质量的各项因素进行控制，以减少、消除和预防质量问题，航空维修质量体系应达到以下四个要求：

（1）质量体系能够被人们理解、实施、保持，并行之有效；

（2）维修质量确实能满足“顾客”的需要和期望；

（3）考虑了社会与环境两方面的需要；

（4）质量体系的重点应放在问题的预防，而不仅仅依靠事后检查。

世界上的企业尽管千差万别，各不相同，但其质量体系运行原理是一致的。图 8.2 为质量体系运行原理框图，它是建立和运行质量体系必须遵循的准则。

质量体系的运行包括一系列有规则的活动。这些活动主要包括：

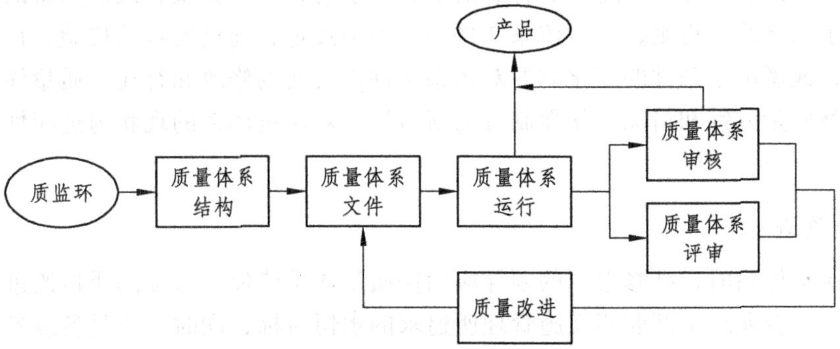

图 8.2　质量体系运行原理框图

1. 分析质量环

根据航空维修的特点，分析维修质量形成过程，从中找出影响维修质量的环节或阶段，并确定每个阶段的质量职能。

2. 研究确定质量体系的具体结构

根据对质量环的研究结果，再研究和确定航空维修质量体系的具体结构，确定质量体系的具体要素及对每项要素进行控制的要求和措施，为形成符合质量要求的维修提供必要的资源。

3. 形成质量体系文件

根据对质量体系结构研究的结果，以及适航法规要求，形成正式的文件，即质量体系文件（或工程管理手册），它是维修组织管理法规，有关部门和人员必须执行。

4. 贯彻质量体系文件

在建立质量体系文件后，维修组织内所有与质量有关的人员都要学习质量体系文件，使他们在各自的岗位上自觉地执行质量体系文件中的有关规定。通过质量体系文件的贯彻实施，使影响维修质量的各个因素始终处于正常的受控状态之下，因而能够保证维修质量持续稳定，减少、消除、预防质量问题的产生；一旦产生质量问题，能及时发现并采取纠正措施。

5. 进行质量体系审核（对执行过程）

质量体系文件即使规定得很好，如不认真执行，也是一纸空文，不能起到控制质量的作用。建立质量体系既要求“有法可依”，制订体系文件，又要求“执法必严”，即坚决执行。质量体系审核是指由与被审核领域无直接责任的人员检查各有关部门和人员对体系文件的贯彻执行情况。对不认真的情况要严肃处理。通过不断进行质量体系审核，加强全体员工对质量体系文件的法制观念。

6. 定期进行质量体系评审和评价（对体系本身）

从总体上讲，质量体系应具有相对稳定性，但是由于外部环境和内部情况的不断变化，当已经建立起来的质量体系不适应这种新的形势要求时，需要调整、改进原来的质量体系，以适应变化了的环境。再则，质量体系文件中的各项规定，通过实践的检验，往往会发现一些不当之处，或者由于条件的变化需要对体系文件作必要的修改和补充。质量体系评审是由最高管理者就质量方针和情况变化而制订的新目标，对质量体系的现状与适应性所作的正式评价。

7. 质量改进

在实施质量体系时，维修组织的领导应确保质量体系能促进持续的质量改进。实现持续的质量改进应是企业对全部职能实施管理所追求的永恒目标，同时也应是各级各类人员追求的永恒目标。

上述七项活动，相互连接、相互作用，形成质量体系的机制。就维修质量而言，能否满足规定要求，关键在于采取有效措施使影响维修质量的各种因素处于受控状态。根据 ISO9000 国际标准实施的质量管理是通过执行程序文件实现控制的，这就意味着质量体系原理的中心环节是质量体系文件的制订和贯彻执行，其他活动都是围绕这一中心而展开。分析质量环和研究质量体系结构是为制订质量体系文件而进行的调查研究和准备，质量体系审核和评审是为执行体系文件和保护体系文件的现行有效性所进行的必要活动。

在航空维修质量体系中要特别关注运行机制。开展全面质量管理的真正目的在于从以下几个方面完善维修组织的管理机制：

（1）建立能抓住问题的机制；

（2）建立重视计划的机制；

（3）建立重视过程的机制；

（4）建立全员系统化的机制。

上述四个方面运行机制改变的最终目的，就是建立一个包括管理人员在内的全体人员都能“认真思考”的体制。为此，我们认为通过以下三个方面的管理能使航空维修质量体系的运行更为有效，它们是：

（1）质量体系运行的 PDCA 循环；

（2）质量体系运行的方针目标管理；

（3）质量体系运行的以人为本的管理；

二、质量体系运行的 PDCA 循环

PDCA 循环是美国质量管理专家戴明提出的，又称戴明环。P、D、C、A 是英文单词“计划（Plan）”、“实施（Do）”、“检查（Check）”、“处置（Action）”的第一个字母。PDCA 循

环的含义是做一切质量管理工作必须经过这四个阶段。其具体可分为八个步骤：

第一步，找出问题。分析现状，找出存在的问题，包括产品（服务）质量问题及管理中存在的问题。尽可能用数据说明，并确定需要改进的主要问题。

第二步，分析原因。分析产生问题的各种影响因素，尽可能将这些因素都罗列出来。

第三步，确定主因。找出影响质量的主要因素。

第四步，制订措施。针对影响质量的主要因素制订措施，提出改进计划，并预计其效果。

以上四步是 P（计划阶段）的具体化。

第五步，执行计划。按既定的措施计划实施，也就是 D（执行阶段）。

第六步，检查效果。根据措施计划的要求，检查、验证实际执行的结果，看是否达到了预期的效果，也就是 C（检查阶段）。

第七步，纳入标准。根据检查的结果进行总结，把成功的经验和失败的教训都纳入有关标准、规程、制度之中，巩固已经取得的成绩。

第八步，遗留问题。根据检查的结果提出这一循环尚未解决的问题，分析因质量改进造成的新问题，把它们转到下一次 PDCA 循环的第一步去。

以上两步是 A（处置阶段）的具体化。

什么是管理，比较简单通俗的解释是：确定目标的决策，实施决策的目标，并留下记录。任何管理活动都是从决定目标开始的，确定目标就是要做出决策。决策贯彻于整个管理过程，是管理的核心。科学决策的水平直接影响管理的水平和效率。决策包括明确方针和确定目标两个方面。其关系为目标是根据方针决定的，决定方针要有根据，应在详尽地搜集资料，周密地分析情况基础上明确方针，决定目标。

现代管理达到管理目标的主要方法是标准化的技术和业务方法。航空维修就是要制定维修作业标准（工作单和工程指令等）、技术标准（维修方案、维修手册和修理手册等）以及岗位责任制等。制定这些标准，并且随着情况的变化不断予以修订，这就是维修的技术工作和管理工作。

标准，这里指的是广义的标准，也就是每一管理过程都要制定标准，特别是技术标准和作业标准应针对问题来制定和修订，以便进行预防性的管理。同时还应针对质量管理中的重要因素（如维修作业条件）来制定标准。在实际的维修工作中，有无数因素影响维修质量的波动，全部加以控制是不可能的，也是不经济的。只要将真正重要的因素加以标准化，然后控制住，就会产生良好效果。

标准化在维修质量管理中的意义表现在以下四个方面：

（1）能使应达到的维修质量水平与合格与否的基准明确化；

（2）排除维修工序、维修作业、器材、人员等离散因素使维修质量维持在管理界限内；

（3）通过基准化、标准化和熟练化减少维修的人为差错发生的可能性；

（4）使维修管理方法与程序稳定化和权限责任明确化。

标准化是维修工程管理的基础，是管理过程控制的重要方法。通过标准化将维修作业维持在管理界限以内，防止不合格现象的发生。在管理活动中总会遇到例外的事，在异常情况下的事，也应尽量予以标准化，即管理程序化。航空器出现异常，应该干什么（责任）、应该做到什么程度为宜（权限）、应当接受谁的指令等，这些都需要做出规定。例如：

- 航空器重着陆的报告和检查程序；
- 航空器被鸟击、雷击后的报告和检查程序；
- 载运特殊、危险物品的报告和装运程序、检查程序；
- 飞往特殊机场、特殊航线的设备要求及检查程序；
- 航空器损伤后的标识、挂牌和控制程序。

管理程序标准化是为了转让管理权限，做到有事就有人管，人人各司其职。

任何标准都会经常处于不完备状态，应不断修订。维修方案应根据可靠性方案进行修订；维修手册、修理手册不仅要根据制造厂的修订使之保持在现行有效状态，也应该根据使用情况经一定的标准程序予以修订。作业标准和技术标准的积累是一个企业最重要的技术积累，不断修订、不断积累，企业的技术水平就会不断提高。

PDCA 循环中 C 阶段（检查）是指检查维修生产活动是否按原定的方针、目标进行，是否符合已制定的标准。管理需要例外原则，管理工作就是检查、判断有无例外出现。检查的方法有：

（1）检查问题的原因。检查维修工作是否按既定的方针、标准实施，检查维修的作业方法、生产准备或测试设备，检查原材料设备、计量器具、自动控制、工模夹具及作业等是否符合标准，检查重要的生产因素（即问题的原因）是否控制住。此时必须注意，进行一种检查一定要给出方针、指标和标准，否则达不到检查的目的。

（2）利用工作结果进行检查。通过工作结果检查工作，是比通过检查问题原因的检查方法更普遍的方法。因为在维修过程中存在无数影响稳定的因素，能用作业标准之类的标准来控制的只是其中一部分因素，而且这部分因素也不是能百分之百地正确控制。因此更广泛的检查方法是利用工作结果进行检查。这种方法要考虑应取工作结果的哪种特性作为检查对象的问题，即所谓的管理特性或管理点。从维修组织的高层领导、中层领导到每一个基层管理人员，甚至每一个一线生产工人都应考虑检查什么特性才能完成自己的管理任务。要检查的对象，不限于质量，其他如成本、生产量、工时、原材料消耗等也可以进行检查。

检查之后，若发现异常，必须进一步寻找异常的原因，并采取措施，使维修工程和作业恢复正常。此时，主要目的应在于采取防止这种异常再发生的对策，从根本上消除导致异常的原因。纠正措施可分如下两类；

（1）采取纠正措施，是为了能立即消除偏差；

（2）采取纠正措施，是为了今后不再犯同样的错误。

防止差错再发生的纠正措施是最为重要的，若做不到防止同样的错误再发生，即表明没有形成真正的管理体制。

三、维修质量的方针目标管理

方针目标管理，欧美一般称为目标管理（Management by Object，MBO），是 20 世纪 50 年代美国管理学家德努克提出的，至今已成为广泛应用的一种现代管理方法。由于现代管理中，各种管理活动一般都是围绕目标进行的，所以有人称“目标管理是企业的导航”。

1. 方针目标管理在全面质量管理中的作用

日本科学技术联盟曾作过一项有意义的调查，向参加日本质量管理讨论会的代表调查在全面质量管理中其认为重要的共同重点项目。调查结果如表 8.1 所示。从方针目标计划的确立到质量控制方法的研究，共计列了 13 项，评分标准为 6 分、5 分、4 分、3 分、2 分和 1 分。

表 8.1 引进推广 QC 时的重点项目顺序表

顺序		1	2	3	4	5	6～10	频数小计	评分小计
1	确立方针、目标、计划	9	7	1	1		2	20	98
2	提高管理意识和质量意识	8	2	4		1		15	76
3	实行教育	3	1	6	4	2	3	19	66
4	实施质量和质量管理监督			3	6	6	7	22	49
5	明确管理计划和管理项目		1	5	3		2	11	36
6	明确领导指导思想	3	2				1	6	29
7	建立质量保证系统	1		2	2			5	20
8	标准化		1		1	2	4	8	16
9	明确评价尺度		1		1	1	3	6	13
10	明确责任权限		2				3	5	13
11	情报管理		1			1	4	6	11
12	全员参加		1		1	1		3	10
13	研究 QC 方法				1	1	4	6	9

从表 8.1 中可以看出，确立方针、目标与计划居第一位。日本的质量管理专家认为实施方针目标管理是开展全面质量管理最重要的事项，并把目标管理作为推动 PDCA 循环的载体。更重要的是方针目标管理是组织企业全体人员参与质量管理的好形式。目标管理为企业各级各类人员和部门规定目标，目标管理的对象由工人发展到管理人员，即各级管理人员（其中包括公司总经理）都要被“目标”所管理。因此，目标管理也被称为“管理的管理”或“管理管理者”。

目标管理的根本用意在于通过激发人的因素的作用，明确每个人在企业中的地位，发挥每个员工的责任感和创造精神。目标管理是一种分权制，它强调“参与管理”和“自我控制”。通过目标体系的建立，使企业的总目标层层细分，越分越具体，使达成目标的责任者得到充分明确。在目标管理中，目标与考核标准实现一体化，即主要依据工作目标达到的结果来考核每一个人的工作成就，并由此确定对职工的奖励与晋升，而不是根据某种关系而为之。因此目标达成的情况与个人的追求紧密联系在一起。目标管理强调从工作的结果抓起，因此可以推动人们为实现既定目标去寻求先进的管理技术和专业技术，改进经营管理和生产作业，激发了人的创造精神。

2. 质量方针、质量目标

航空维修的质量方针包括维修方针和适航性方针，其内容我们已在本章前述内容中进行了阐述，这里就不再重复。

航空公司的质量方针不仅仅是公司维修部门的质量方针，而是航空器营运人总的营运规范方针的一个组成部分。质量方针是从宏观出发实行宏观指导，是普遍适用的，它不是对职能、职责和作用的详细表述。质量方针又是一系列的重要说明，它渗透到每个人所采取的一切行动之中，不随章程的变化而变化。质量方针适用于所有情况，不受某个时期、工作水平或组织的约束。质量方针应得到各个部门每个人的理解和贯彻。

质量目标是指根据企业的质量方针所规定的，一定时期内企业的质量活动所应达到的具体成果。目标一般具有两个最基本的属性：一是它的未来性，即从时间观念来看，“目标”的内容，不是讲现在的事，更不是谈过去的事情，而是面向未来，研究未来将要实现的事情；二是它的自愿属性，也就是说，“目标”是人的自愿追求，是人们经过努力奋斗想要实现的结果。从管理的角度看，目标的未来属性要求企业的决策者必须善于谋划未来，具有抱负，所制订的目标，应当是瞄准先进水平，并能审时度势，根据内外环境及各种条件的不断变化，加强动态管理；目标的自愿性，要求企业的管理者在实施方针目标管理过程中必须重视培养群体目标意识，将指令性任务转化为广大职工自愿追求的目标，刻意提高广大职工对实现企业目标的主人翁责任感，不断增强推进方针目标管理的内涵动力。

按照目标的期限长短，质量目标可分为短期目标（如 1 年、1 季、1月）和中长期目标。按照达到预期成果的特点，质量目标可以划分为“突破性”目标和“控制性”目标。突破性目标是为打破和超过现有的质量水平而制订的目标。例如“空中停车率由每十万飞行小时 4 次减少为每十万飞行小时 2 次”“事故率减少一半”等。控制性目标指的是为把质量水平和有关的质量指标维持在一定水平而制订的目标。这样的目标通常就成为日常控制的标准。当然，质量目标和质量标准二者虽有密切关系，但各有不同含义。如果维修质量还达不到已经规定的质量标准，则标准所规定的指标应是质量目标（控制性目标）的主要内容，如果已经达到了质量标准，为进一步提高质量，打破现状，就要选定高于现行质量标准的目标（突破性的质量目标）。

现代的全面质量管理已经是以质量为中心的企业全面目标的管理。因此，在实施维修质量的方针目标管理时，质量目标已不再是狭义的质量目标。ISO9000 国际标准指出，企业的根本任务是在提供符合顾客和其他社会需求的产品或服务的基础上，谋求企业自身的发展。为了取得成功，企业提供的产品和服务必须实现以下六个相互关联的目标：

（1）满足恰当规定的需要、用途或目的；

（2）满足顾客的期望；

（3）符合适用的标准和规范；

（4）符合社会法规（和其他）要求；

（5）以有竞争力的价格及时提供；

（6）其成本能使公司赢利。

3. 质量方针目标管理

方针目标管理与一个单位的方针目标或方针目标制订并不是同一概念。此时，方针目标成为了管理的对象，方针目标管理则是围绕确定和实现方针目标而开展的一系列管理活动。方针目标制订是方针目标管理中的一个组成部分。

方针目标管理是企业运用“激励理论”和系统工程原理，充分调动和依靠全体职工的积极性和智慧，对确定并实现方针目标的计划、实施、检查和处理四个阶段的全部活动的管理。或者说，方针目标管理就是企业运用“激励理论”和系统工程原理，对实现本单位的方针目标所进行的一次 PDCA 循环。

推行方针目标管理大致有三种类型：

（1）单项型目标管理。这种类型主要为追求单项目标成果而实行的目标管理。例如，一个企业为实现某种产品创优，选定了目标项目，确定目标值，在详细分析了问题点之后，制订具体实施对象，规定了完成时间，明确了关联单位的责任等。这对于创优目标的实现起到了保证作用，所以单项型目标管理很容易被大家所接受，取得的效果也比较明显。在这里把方针目标管理仅仅是作为一种方法来应用，与企业管理体制不发生矛盾，就不存在运转系统“两张皮”的问题。

（2）重点型目标管理。这种类型是从企业的主要经济指标和要做的具体工作中选出重点指标和工作，作为重点目标来进行管理，以确保重点目标和重点工作的完成。其他各项经济指标、管理工作则通过正常的组织管理渠道去进行。例如，一个企业提出“安全生产超千天，利润突破一亿元，争创质量管理奖，三项指标要领先”四项目标，然后按“5W1H”进行展开管理。这样突出了重点目标，但是在运行过程中，原有的行政工作系统按原来的组织管理体制在运转，重点工作按目标管理体制在运转。这容易导致两套系统，使方针目标管理的有效性降低。

（3）完全型目标管理，也称企业目标管理。这种类型是将企业单位内的方方面面工作确立目标，纳入整体目标体系，实行全企业的目标管理。在展开过程中确定重点目标和一般目标的比重，使企业内的各个专业系统都有自己的重点和一般目标，这样就把企业方方面面的工作统一到总目标之下，一套系统投入运转。这就是所要推荐的质量体系的方针目标管理一体化运转模式，它不仅是一种管理技术，更是一种经营思想方法，一种崭新的质量管理制度。

进行质量方针目标管理过程大致可概括为一个中心、四个环节、八项主要工作。

（1）一个中心就是以全面的质量目标为中心，统筹安排和考虑质量体系的全部工作。必须通过质量教育和目标管理教育，加强目标意识和全局观念，使全体员工拧成一股绳，为达成目标通力协作，以保证目标的顺利完成。

（2）四个环节是指方针目标制订、方针目标展开、方针目标实施和方针目标考评。其中，对于方针实施结果的考评，主要是在企业的决策层进行。

（3）八项主要工作包括：

① 制订方针目标。

② 进行目标展开。

③ 制订目标实现的措施，或称保证措施。

④ 在实施过程中进行目标追踪，不断优化措施。

⑤ 对方针目标的实施结果进行定期的考核与评价。

⑥ 进行定期与不定期的目标管理诊断。

⑦ 制订并实行激励措施，对激励效果进行评价。

⑧ 总结提高。

方针目标管理的关键词不是“目标”，而是“管理”。推行方针目标管理，就是要转动方针目标的 PDCA 循环。它所包括的是这个 PDCA 循环中整个过程的工作；方针目标的制订只是方针目标管理的一个组成部分，只是 P 阶段的一部分工作，它绝不能等于方针目标管理。在制订了方针目标以后，必须抓紧其他各项管理工作，特别是实施过程中的动态管理，直至总结、处理，完成一次方针目标管理的完整的 PDCA 循环。

四、质量体系运行的以人为本的管理

今天，人类历史即将进入知识经济的新时代，正在进行一场新的思维革命，企业也面临跨世纪的观念转换和战略选择。新的时代正在呼唤着管理科学的创新，呼唤着管理的新思维、新观念、新谋略与新方法。企业的经营机制从过去单纯追求产值、增长速度，转变为越来越重视产值、利润的创造者——人的因素，实施以人为中心的管理。在知识经济时代，国与国的竞争、企业与企业的竞争实质是人力的竞争。知识和人才的升值成为社会经济发整的关键。同时，随着人类文明程度的提高，人的地位、价值也必然不断提高，以人为本的管理成为企业界和学术界关注的热点。

但是，以人为本的管理在我国还处于起步的阶段，理论与实践都处于探索之中，许多重大问题亟待深入研究。在航空维修的质量管理中以人为本的管理还只能是一颗思想火花，还远远没有形成如 ISO9000 标准为代表的质量管理博大精深的理论体系。我们只能提出某些设想，即在质量体系的运行中渗透以人为本的管理思想，它可从以下方面入手。

1. 将质量教育与人力资源的开发结合起来

质量教育是全面质量管理的一项基础性工作。自从全面质量管理思想提出以来，一直把质量教育作为“第一道工序”。质量教育工作大致包括两个方面的内容，一是指加强质量意识的教育和质量管理知识的教育，另一方面是专业技术教育与培训。这两方面都是保证和提高产品质量必不可少的基础。

我国民航的质量教育是与适航意识的教育即安全教育结合在一起的。适航教育，从要我适航向我要适航的转变，现已取得很好的效果。以往全面质量管理必须始于教育、终于教育的思想本身就是一种以人为本的管理思想。现在我们提出将质量教育与人力资源开发结合起来的设想则是从企业经营战略的高度，把质量教育提高为对人力资源的全面质量管理。

人力资源的质量包括思想素质、文化技术素质和生理心理素质三方面的内容。

思想素质包括政治觉悟、思想水平、道德品质等。但是作为人力资源质量内容的，主要是指劳动者工作的责任心、事业心、敬业精神、工作态度、思想状态或称为时代素质，例如，是积极进取还是安于现状，勇于改革创新还是保守恋旧等。

文化技术素质主要是智力、知识、技能方面，这是人力作为资源所具有质的规定性的主要方面。

生理心理素质为人的体能和心理精神状态。

以上三方面素质的完整统一构成人力资源的全部质量内容。其中，生理、心理素质是基础；文化技术素质是关键，乃是人力资源本质所在；而思想素质是人力资源要素发挥作用的必要前提和保障，而且在一定意义上讲，思想素质高低往往是人力资源总体质量高低的显示器。

所谓人力资源的全面质量管理就是要建立人力资源开发系统，包括人力资源开发的规划系统、投入-产出系统和人力资源开发的评估系统。

把质量教育发展为人力资源的全面质量管理是一项重大的变革，这中间涉及大量复杂的新课题有待我们探索。例如，以往的质量意识教育能否从我们习惯的一般性说教，改造成为当今西方国家十分重视的“企业精神”的灌输和培训。西方国家的“企业精神”灌输或者称为态度培训，主要培养员工对企业的感情和集体主义精神及团结协作风尚。自 20 世纪 80 年代以来，流行的“企业文化”等管理理论对员工的“态度培训”有着重要指导意义。所谓企业文化是指企业作为市场竞争的主体，其职工在组织企业物质生产和精神文明建设中逐渐形成的独特的企业行为方式的总和，是企业传播和使用自己独特价值观的成果。传播、灌输企业文化作为员工培训的一项内容或方式，不仅能增强企业内部的凝聚力，而且还能使员工感到自己是企业的一员，产生报效企业的献身精神。

从欧、美、日企业流行的做法来看，对职工的态度培训普遍重视的是下述一些观念：

（1）战略意识——也叫做“问题忧患意识”，即在做具体工作时始终不忘企业的战略目标，其中包括质量意识。

（2）彻底的“现场主义”——“现场”就是生产经营第一线，是直接创造附加值的地方，因而是经营利润的源泉。所以全体职工都必须重视来自现场的信息和需求，同时要使指挥中心尽量接近现场。

（3）“自主管理”意识——每个职工都既是劳动者，又是所在岗位的管理者，要时刻从管理者的角度设法改进工作，革新创造。

（4）“尊重人性”的管理意识——即要体现“以人为中心”的理念。这种培训不仅适用于一般职工，更适用于管理层。工作的目的，不是牺牲人性以追求物质利益，而是使员工通过工作达到物质和精神双方面的满足。

企业对员工进行的“态度培训”仅是人力资源开发的投入——产出系统对员工培训的一项内容，另外还有技能培训和知识培训，而员工培训又只是整个系统的一个层次，即基础层次。系统的其他层次有员工教育，即人力资源开发的扩展层次；以及员工发展，即人力资源开发的高级层次等。

2. 将质量小组的活动与团队精神结合起来

质量小组是传统的全面质量管理的四大支柱之一（另外三个是 PDCA 循环科学工作程序、标准化、质量教育培训），是全员参与质量管理的重要内容之一。通常，质量小组是自愿组合，利用业余时间进行活动，经常研究和提出改进生产技术、提高产品质量和降低生产成本的各项建议和措施。

质量小组活动的直接目的是动员和组织全体员工积极参与质量管理。但是质量小组在西方国家成功的企业中已经成为企业文化的重要组成部分，是培养和造就团队精神的极好形式，成为培育企业精神和群体意识的基地。由于质量小组是以自愿为基础，小组成员是平等的。质量小组活动的蓬勃开展将在企业内部创造一种充满热情、相互信任、和谐融洽、催人奋进的环境氛围，树立起现代的道德观念、价值取向和企业精神，激励与发挥全体员工的积极性、主动性、创造性和追求卓越的目标。

质量小组以企业文化的形式存在，使它更具有聚合功能、自主功能和传播功能。聚合功能表现在通过质量小组活动造成的企业内部环境氛围的潜移默化，将积极向上的团队精神渗透到员工的心里，聚合成员工的观念，成为员工共同的追求。自主功能是指质量小组的自主精神，质量小组的活动是以每个成员的积极性、创造性和成就感为基础，必然具有鲜明的个性和自主精神。企业员工个性和自主精神的发掘必然激发员工的生产潜力。传播功能是指质量小组创造的企业文化可以向企业内部全方位地辐射，它一旦形成，必然对企业内全体员工产生强烈的感染传播作用，并产生深远的难以逆转的影响。

3. 开展精益求精的“无缺陷运动”

最近在美国和日本流行“生活质量学说”和“无缺陷运动”。他们认为，由于经济的增长，职工的基本生活需要比较容易得到满足，职工的求知欲正在超过人们的物欲。所以，激励人的进取性和积极性，不仅是物质的，而且更重要的是在精神方面。给职工提供实现抱负的机会和条件，对他们的成绩及时做出评价和表扬，可能比单纯的加薪更重要。“无缺陷运动”是在职工中间提倡要对自己的工作目标做到完美无缺的实现，做到精益求精，在这种竞争中争取自己的荣誉。

“无缺陷运动”是一种崭新的管理哲学观念，它主要表现在以下几个方面：

（1）“无缺陷”的观念。一般认为“人总是要犯错误的”，所以对工作中的缺点、对不合格品存在容忍态度。无缺陷运动向这种传统观念挑战，抛弃“难免论”，换上“无缺陷”的观念。认为人有一种“求全”的基本欲望，希望不犯错误，把工作搞好。人非完人，然而可以向完善的方向努力，并接近完善的过程中，在正确无误工作之后感到满足。人在工作中发生错误的原因有三：一是疏忽，二是训练不够，三是环境条件欠佳。这三类原因都是人为的，是可以消除的。消除由于第一类原因造成的错误，就是要求每一个工作人员在思想上同旧的传统观念决裂，树立无缺陷的观念，随时用心注意、无误地进行工作。由于第二、三类原因造成的错误，单靠工作者本身的力量是无法消除的，但他们对这方面存在的问题了解最清楚，所以由他们向上级提出消除产生错误原因的建议，要求采取改进措施，这样可以一步一步地向无缺陷的目标不断前进。

（2）把每一个工作人员当主角的观念。在企业的经营管理中，一般是以管理者为主角。他们决定工作标准，工作人员只是照章办事。无缺陷运动向这种传统观念挑战，把每一个工作人员当成主角，认为只有全体工作人员都理解了无缺陷思想，人人想方设法消除工作缺点，才会有真正的无缺陷运动，而管理者则是帮助他们树立正确的工作动机。

（3）强调心理建设的观念。历来的经营管理方法侧重于技术的、具体的方面，赋予工作人员以正确的工作方法。无缺陷运动则不同，它不是具体的技术方法，而侧重于心理建设，赋予工作人员以无误地进行工作的动机。认为做工作的人具有复杂心理，如果没有无误地进行工作的愿望，工作方法再好，也不可能把工作做得完美无缺。

美、日采取无缺陷运动的企业很多，有的冠以不同的名称，做法也有差别，但实质均是无缺陷观念。当年提出无缺陷计划的美国马丁·马里塔公司的实施要点为：组织领导、确定目标、成绩评价、提案制度、表彰制度。

美国IBM公司的做法是把“尊重个人”“卓越绩效”“上等职务”作为公司的三大行为准则。并规定，要根据本人的能力、兴趣，考虑公司的利益，合理安排人才，对圆满完成任务者要表彰和加薪、提级等。强调管理者与被管理者的意见沟通，并经常了解员工的需要，为他们创造良好的工作环境。鼓励员工参加管理，在工作中发挥主动精神。

日本松下电器公司的无缺陷运动在“对人的尊重”方面也很成功。松下公司提出对职工“要少一些严密的监督”，要尊重员工，激发他们的创造力和主动性。松下幸之助认为：“宁可损失金钱，也不能使员工丧失信心”。据说松下电器公司对外作自我介绍时有这样一句惊世之语：“本公司是培养人才的公司，兼做电器制品。”

中国香港航空公司提出的全面质量优质管理，实质上也是一种无缺陷运动。他们对全面优质管理的定义是：“发挥全体员工的最高潜能，务求能以最低成本，不断迎合客户的特定需求。”并认为公司广大员工之所以欢迎全面优质管理是因为人们希望获得工作满足感，希望得到别人的尊重，希望工作愉快，希望工作称职，希望消除工作中的差错，希望能以在 HAECO 工作而自豪。全面优质管理有五大要点，它们是：

（1）群策群力，建立高效率工作队伍；

（2）客户与供应商与你息息相关；

（3）优质率在人为，即对优质持积极态度；

（4）良好沟通；

（5）防患于未然，及时解决问题。

第三节　航空维修质量评估及其指标体系

一、评估在管理中的作用

评估、评价或检查在管理活动中通常都是指同一个管理职能。当管理实施过程结束之后，就要对其所获得的管理成效和效果进行相应的评价，从中汲取经验和教训，为下一轮的管理循环提供依据，打好基础，以不断提高管理水平。评估活动既是管理活动的归宿，又是新一轮管理活动的起点，对提高科学管理的水平起着重要作用。

以质量体系运行的戴明环为例，循环分为四个阶段：计划—实施—检查—处理。其中检查就是评估，在检查阶段，要将实施结果与计划目标相比较，发现偏差，分析偏差，找出存在的问题和问题产生的原因，这样在处理阶段便可采取纠正措施，克服和防止缺陷，使质量管理水平呈螺旋式或阶梯式上升。

任何管理过程，无论是管理者做出决策还是制订计划，或者是对管理活动进行组织和指挥，都是一个主观作用于客观的过程。这种管理的主观是否符合管理的客观，是基本正确还是部分正确，都需要通过对管理实践的结果来进行检验。通过评估可知道自己对在何处，错在何处；对的，则予以肯定和发扬；错的，则予以纠正和完善。这样，通过评估活动，管理者对管理活动的客观规律认识得到深化，管理水平和质量螺旋式上升。因此，评估活动是提高管理水平，使管理进入良性循环的一个必不可少的途径，对提高管理水平起着重要影响。

调动企业员工的积极性是一切管理的中心问题，而评估活动则是影响员工积极性的重要因素。评估或者说评价，对全体员工一定时期内所付出的努力及其所获得的工作成绩和效益进行肯定和认可，使其充分认识自身的价值及其对组织的贡献，享受到事业的成就感和成功的喜悦，则能进一步激励员工干好工作及对事业的追求，使其保持旺盛的进取状态。

科学的评价是公平分配的前提。心理学认为，人的心理活动有一种趋向平等、反对歧视和不公正的活动特征，这种活动特征直接影响人的工作动机和行为，表现在工作积极性上，则员工只有在他的努力达成目标，获得公平报酬才会有满足感，才能激发出积极性。而科学的评价活动是公平分配的前提，评价不当，会严重挫伤人的积极性。因此，评估或者说评价是双刃剑。评价得当，则是调动员工积极性的有效手段；评价不当，则会严重挫伤员工的积极性。评价活动组织得是否合理，评价方法是否科学，已成为影响员工积极性的重要因素。

二、航空维修的（质量）指标体系（代用特性）

航空维修质量评估活动要取得成效，首先要建立质量评估的指标体系。评估指标是评估质量管理成果的尺度和标准，是保证评估工作客观、全面、科学的前提和基础。

评估指标，由指标名称和指标数值两部分构成。其中指标名称反映评估工作的含义和范围，指标数值则是应用规定的计算方法所得的计算结果，表明评价绩效的量的关系。评估指标种类很多，包括：定性指标和定量指标、绝对数指标和相对数指标、价值性指标和实物性指标等。一项评价指标只能说明一方面的情况，只能从某个侧面反映其管理绩效的某个特征。因此，要想全面、综合地考察和评估一个单位在一定时期内的管理绩效，就必须把一系列互为联系、互为因果的指标进行系统地组合，形成评价管理绩效的指标体系。

全面质量管理是一个组织以质量为中心，以全员参与为基础，为实现组织全面的管理目标的管理，质量必然与全部管理目标有关。一个企业的内部管理目标，主要是质量、产量和成本三大方向。因此，质量指标体系应反映质量、产量和成本三方面的绩效。

航空维修的质量指标体系应反映航空维修管理的内在要求，以具体的数量表达维修质量、维修效益、维修效率、维修能力、维修水平，为控制和检查维修工作提供尺度，以利于全面掌握维修活动的情况，进行定量、定性分析，正确指导维修按计划实施。

由于维修质量是航空器固有质量和维修质量的综合，因此，质量指标体系也是考核航空技术装备的可靠性、维修性、经济性的依据。所以，我们主张维修质量指标体系应是广义的维修指标体系，没有必要为狭义的维修质量设计相应的指标体系，应把维修质量指标与一般的维修指标等同起来。

维修指标的种类很多，它们可按不同方式分类：

（1）按范围，可分为总体指标和单项指标。

（2）按内容，可分为数量指标和质量指标。数量指标是反映维修规模、能力、水平的指标。质量指标是反映航空器的维修质量、维修管理与维修工作质量的指标。数量指标通常用绝对数表示；质量指标常用相对数或平均数表示。

（3）按使用的性质，可分为计划指标和统计指标。计划指标是预期达到的目标、标准。统计指标是记载实际达到和完成的程度。没有明确的计划指标，控制就没有根据；没有统计指标，就难以反映维修工作的面貌。计划指标按其重要性，又可分为考核指标和计算指标。

考核指标是指上级对下级进行考核所需的指标；计算指标是指除考核指标外，计划中包含的其他辅助性指标。

（4）按指标所体现的维修目标的性质，可分为维修任务指标、效率指标、效益指标等。

（5）从广义上维修指标也可分为定性指标和定量指标。

航空维修的环节很多，涉及面广，各个环节、各个方面相互联系又相互制约，形成一个有机的系统。所以反映维修活动的各项指标相互联系又相互制约，不是彼此孤立的。同时，每个指标既有它反映的特定内容又有相应的其他因素。例如，误飞千次率，从 1 000 离港架次误飞多少看，它是一项任务指标；从 1 000 次飞行发生误飞故障来看，又属于装备可靠性指标。

目前，我国民航尚未制订统一的航空维修指标体系。然而，建立健全指标体系是一项十分重要的基础性管理工作，我们可根据不同的需要建立不同的指标。制订维修指标一般应遵循下列原则：

（1）制订维修指标，必须紧紧围绕维修的目标、航空公司的经营目标进行。维修指标要反映维修的主要目标，要有代表性。

（2）制订维修指标，必须能反映工程与维修系统的输出功能。即要强调维修指标的使用价值，根据它能评定维修活动的主要方面和主要过程的效果。

（3）制订维修指标，必须充分体现维修思想、维修方针的要求，促进维修质量的提高和维修管理现代化。

（4）制订维修指标，必须反映维修活动各主要影响、控制因素。就是说，对影响、控制因素有较高的灵敏度，如航空器的可靠性、维修作业质量、组织管理、人员培训、器材保障等。

（5）制订维修指标，必须具有直接测量性质。必须明确考虑的基点，反映测量的范围、测量的标准、统计的时间、计算的方法。

（6）制订维修指标，必须依据维修规律考虑需要与可能两个方面。如考虑航空器的可靠性、维修技术条件、航材供应、修理水平等。制订的指标要切合实际。

（7）制订维修指标，必须考虑一个维修项目尽可能用单一的主要指标计量，以减少数据收集和处理的工作量。

（8）制订维修指标，必须要用系统的观点建立健全指标体系。维修指标体系要能反映维修活动的全部及其内在规律，即要反映维修质量、效率、效益，航空器的可靠性、维修性、经济性，安全与事故情况，机队规模和人员水平，维修设施和设备的情况等。

参照国内外航空维修管理的做法，维修总体指标，在飞机维修方面主要有：

① 机队飞机良好率；

② 飞机利用率；

③ 发动机空中停车率；

④ 误飞千次率；

⑤ 系统、部件平均故障率；

⑥ 每飞行小时维修工时；

⑦ 每飞行小时维修费用；

⑧ 航材消耗率；

⑨ 机务责任事故率。

在部件修理方面的总体指标有：

① 工时利用率；

② 返工率；

③ 报废率；

④ 部件修复率；

⑤ 仪器设备完好率；

⑥ 人员出勤率。

仅有总体指标是不够的，还要按不同的部门、管理层次建立相应的指标，特别要建立健全航线维护管理需要的若干指标，以加强维修一线的管理。

总之，通过健全维修指标体系，使航空维修的质量管理更加具体化、规范化、指标化，促使管理水平的提高。

第九章　航空维修质量管理的 PDCA 循环

第一节　航空维修的质量策划（P 阶段）

一、航空维修质量规划

质量规划，也称质量策划，是确定质量以及质量目标和要求的活动。质量规划包括：

（1）产品和服务的策划，对质量特性进行识别、分类和比较，并建立其目标、质量要求和约束条件（对结果，做什么，达到什么标准）。

（2）管理和作业的策划，为实施质量体系进行准备，包括组织和安排（对过程，怎么做）。

（3）编制质量计划和做出质量改进的规定。（对制度，书面形式进行保障）

在航空维修领域，质量规划就是维修规划。适航规章 CCAR-121AA 曾第一次提出“维修规划”这个概念。咨询通告 AC-121-08 对维修规划作了如下说明：“维修规划是营运人工程与维修方面的方针、政策和详细的维修安排、具体实施计划以及与之相应的程序、标准和方法。换言之，维修规划是民航局批准或认可的营运人在维修与工程方面的总体规范和要求”。维修规划通常包括：

（1）营运人工程手册；

（2）航空器的维修方案；

（3）航空器飞行记录本（FLB）和技术履历本（TLB）；

（4）营运人按 CCAR-145 获得批准的维修机构之间的维修协议（合同）的技术规定部分；

（5）以租赁方式运行航空器时，营运人与所有人之间所签署的有关适航性协调关系的协议。

质量规划最主要的工作是识别质量特性，建立质量目标。因此，航空维修规划的主要任务就是确定维修的质量特性。

在航空维修领域，制订维修方案的工作就相当于航空维修的“工程设计”。维修方案把航空器运行对维修的需要转化为对维修的具体要求，即关于维修质量特性定性或定量的规定要求，最后形成阐明维修质量要求的维修方案和工作单等技术文件，并以这些技术文件作为检查维修工作合格与否的方法与准则。

制订维修方案的过程是把航空科学技术的研究成果——新原理、新技术、新工艺和新材料等应用于航空维修的“工程设计”，特别是将现代维修理论、可靠性理论、工业工程技术、价值工程方法和人为因素科学应用于航空维修。

科学的维修方案的目的有三条：

（1）保持航空器及其装备的固有可靠性和安全性水平；

（2）一旦航空器及其装备的可靠性水平下降，将其恢复到原有的水平或可接受的水平；

（3）以最小的维修费用达到上述两项目的。

航空器及其装备的固有可靠性和安全性水平是航空产品的设计所赋予其内在的质量特性，是航空产品在使用和维修过程中所能达到的最高的可靠性和安全性水平。一般来说，维修工作不能提高固有的可靠性水平。航空器在运行过程中所实现的可靠性，称为使用可靠性。通常使用可靠性是小于或等于固有可靠性的。因此，航空器及其装备的固有可靠性和安全性水平，是航空器在其使用和维修过程中所能达到的最高可靠性和安全性水平，这是航空维修所追求的最高质量目标，并且只有通过有效的维修才能达到的目标。

根据 CCAR-121AA 工程管理的思想，应把航空维修的“工程设计”，即维修方案的制订作为航空维修质量产生、形成和实现过程的起点。但是，多年来我国的航空维修工程管理基本上停留在在执行欧美飞机、发动机制造厂提供的 MPD（Maintenance Plan Document，维修计划文件）及 MRBR（Maintenance Review Board Report，维修审查委员会报告）的水平，多数航空公司尚未真正展开科学意义上的维修方案的制订、评估和修订。

“抓不住质量特性就搞不了质量管理”。CCAR-121AA 提出维修规划的概念，强调维修方案，也就是强调要抓维修质量特性，这在维修管理理论上也是一个贡献。只有抓住了维修质量特性才能将我们以往的执行型管理方式转变为决策型管理方式。

过程控制是现代质量管理的理论基石。过程控制的策划就是质量策划。过程控制策划的基本方法为：

（1）确定过程每一步将实现的质量特性（输出特性）；

（2）确定所要求的过程输出的质量特性和过程能力之间的关系（过程能力）；

（3）确定过程的每一步要达到的质量特性的影响因素及其控制程度（影响因素、控制程度）；

（4）建立测量过程有效性和效率的方法（测量方法）。

此处，“过程”在航空维修领域可以是指航空器运行的全寿命过程，也可以是指维修作业的实施过程，甚至可以是指维修作业的某一工序或工步。若按质量环的原理将维修过程分解为几个阶段，那么每一个阶段就是一个过程，于是便有了营销质量、规范和设计质量、采购和航材控制质量、生产过程质量、外委维修控制质量等。如果我们运用上述过程控制策划的方法，将每一过程的输出特性、过程能力、影响因素、控制程度和测量方法确定下来，那么我们就建立了航空维修的质量体系；如果我们将每一过程的输出特性、过程能力、影响因素、控制程度和测量方法用文字的形式记录下来，形成技术文件，这就是我们的工程手册。

标准化是过程控制的基本方法，对航空维修来说有三种标准化的控制方法：

（1）工作过程标准化。对工作过程的内容、程序和要求做出详细规定，也就是制订和贯彻标准化的维修作业的规程和管理工作标准。

（2）工作成果标准化。如果工作过程不易分解，或无法规定标准化的工作内容和程序，则可改为控制产出的成果，即对工作过程的最后成果做出标准化的规定。

（3）工作条件和技能标准化。如果工作过程和产出的成果都无法满足规定标准，这时只能控制工作过程的投入这一项，即对工作所必需的设施、设备、工具、器材和环境条件以及对从事某一工作所必须具备的知识技能、经验、资质做出标准化的规定。

通常，我们应尽可能地实现工作过程、工作产出和工作投入三者都标准化，全面地对过程实现控制。

二、航空维修的质量特性

质量科学中，要控制质量就必须定量化，要用数学方法予以科学地处理。定量化的质量就是质量特性。由于质量特性的选择方法不同，很多质量特性依据现有的测量技术是不能直接测量其特性值的，在这种情况下可设法用可测量的代用特性来代替真正的质量特性，即代用质量特性。航空维修的质量特性就是这样的。

航空维修的质量特性可有狭义和广义的两种定义方法。狭义的定义就是前面所述的，在航空器运行全过程中，在航空器上所实施的预防维修、维修和修理要求的定性和定量规定的总和。需要指出的是，这里所定义的质量特性，即维修要求的定性和定量的规定，是航空维修真正的质量特性，即保持和恢复航空器固有可靠性能力的特性的代用特性。由于在一般的情况下，航空器的机体、发动机、系统和部件的可靠性是不能直接测量的，只有通过长期收集故障数据才能予以评定，为了更好地控制维修质量，必须寻求代用质量特性。为什么我们这里所作的维修质量特性的定义是正确的，为什么维修要求的定性和定量的规定这个代用质量特性能反映维修真正的质量特性，即保持和恢复航空器固有可靠性的期望水平，我们在下面会进行阐述。

狭义维修质量特性的定义有它的优点，也有它的不足。它的优点是由于维修质量最终是通过使用中的航空器的质量状况反映出来。使用中的航空器的质量状况，有其固有质量的因素，也有维修的因素，这个定义抓住了营运人真正可控制的那部分，把维修质量从航空器总的质量中剥离出来。而更主要的还在于这个质量特性的定义为如何提高维修的质量水平指明了方向，就是要抓住规定的维修要求的适用性和有效性，维修要求的适用性和有效性水平决定了保持和恢复航空部固有可靠性能力的水平。

狭义维修质量特性的定义的不足之处在于这个定义过于偏重预防维修的质量特性。因为只有预防维修才能率先策划予以规定相应的工作要求，即什么时候做、做怎样的维修工作，而非预防维修。比如排除某个部件的故障，工作是否合格的判断是根据制造厂提供的有关的性能标准。因此，狭义的维修质量特性并没有覆盖维修所有的质量特性。航空器、发动机和部件的性能特性、物理完整性特性和操纵稳定性特性均应是航空维修的质量特性，也就是说航空器及其装备的固有质量特性也应是维修的质量特性。如果把维修看作航空产品生产制造过程的延续，维修质量是航空产品的二次质量，那么可以认为只有一种质量特性，这就是航空产品的设计特性，而航空产品使用过程中有关维修要求定性和定量的规定则和航空产品在加工制造过程中的加工要求一样，均可看作是工艺参数，它们是产品的质量产生、形成和实现过程中某一阶段的管理特性，这就是广义维修质量特性的含义。

综上所述，维修的质量特性包括两大方面：一是航空产品的固有质量特性，即产品的设计特性，二是航空产品在使用过程中对维修要求所作的定性和定量的规定。前者对维修工作来说是一个符合性的问题，即维修工作要符合产品的设计要求。对此，美国 FAA 在其航空规章 FAR43《维修、预防性维修、翻修和改装》中对维修作业规定了如下两条基本原则：

（1）维修作业采用的方法必须是制造厂的维修手册中规定的方法；

（2）维修作用使用的材料必须是制造厂规定的材料。

航空产品的固有质量特性是维修质量特性的出发点。特别是产品的故障性质、故障后果的严重性、故障发展的速率决定了对维修的要求。调查、评估和研究航空产品的固有质量特性是维修工程管理的一项基础性工作。也正是航空产品的固有质量特性与维修质量特性之间的相互依赖和相互影响给维修质量的评估带来了困难，维修质量特性的定量化问题有待进一步研究。

对使用和维修来说，航空产品的设计特性最重要的是那些在航空器和发动机型号合格审定时要验证的设计参数。维修工作合格的标准就是要保证航空器和发动机的这些参数始终保持在设计状态。制造厂提供给用户的《飞行手册》《维修手册》和《修理手册》等技术文件中给出了航空维修所需的航空产品的全部质量特性。下面我们列举一些航空器试飞和发动机试车时要验证的技术参数。

（1）重量限制，包括：最大重量、最小重量、重心范围、空重和空重心、可卸配重。

（2）飞行性能，包括：

① 起飞：起飞条件、起飞速度、加速-停止距离、起飞航迹、起飞距离、起飞滑跑距离；

② 爬升：全发、单发停车爬升；

③ 航路飞行航迹，包括：飞行高度和速度；

④ 着陆：水平距离、速度、功率和刹车压力。

（3）操纵性和机动性，包括：

① 纵向操纵：配平速度、操纵力、最小操纵速度；

② 航向操纵：航向偏转量、方向舵角蹬力；

③ 横向操纵：滚转响应、侧滑操纵余量、操纵力、操纵行程、最小操纵速度；

④ 其他：配平能力、操纵稳定性、操纵感觉、失速特性。

（4）其他飞行要求，包括：滑行条件、振动和抖动、高速特性、失配平特性。

（5）发动机：各种工作状态，包括起飞、爬升、巡航、高慢车、低慢车下推力、燃油消耗率（主要是巡航状态）、排气余度（主要是起飞状态）、高度特性、节流特性、加速性、启动特性等。

总的来说，与使用和维修关系密切的航空产品的固有质量特性至少应包括以下方面：

（1）性能标准；

（2）故障判据；

（3）关键零部件的配合要求；
（4）安装要求、紧固方式；
（5）故障后果特性；
（6）故障过程特性。

三、维修质量特性策划的方法——MSG-3 分析

维修方案是航空维修的根。维修方案是为保持和恢复航空器及其装备的固有可靠性所需要的对维修工作的要求，即航空维修的主要质量特性。维修方案的完善程度是维修质量水平的标志，而制订维修方案的方法的完善又是航空维修科学技术进步的标志。MSG-3 就是一种维修质量特性策划的方法。

预防维修的质量特性，主要包括以下定性或定量的参数：
（1）重要维修项目和重要结构项目；
（2）维修方式：定时方式、视情方式和状态监控方式；
（3）定时方式项目的使用时限；
（4）视情方式项目的视情参数和潜在故障状态的判据；
（5）状态监控方式项目的监控参数；寿命分布类型、故障率、平均故障间隔时间；
（6）检查等级；
（7）检查周期，初次检查时间，重复检查间隔时间；
（8）抽样检查方案。

上述维修质量特性是通过 MSG-3 分析确定的。本小节简要介绍 MSG-3 分析方法。

（一）基本概念

在运用 MSG-3 进行维修工程分析时需要使用以下基本概念，也正是由这些基本概念构成了现代维修的基本思想。

1. 项　目

项目指维修对象，一个项目可以是指一架飞机、一个系统、一个子系统、一个部件或一个零件。

2. 故　障

故障指项目偏离规定条件、不符合使用要求的不合格状况。项目的合格与不合格的分界线，必须从项目的功能、结构层次、使用范围三个方面进行讨论。

项目的故障与其功能有着直接的联系。一个部件或系统往往是由多种功能组合而成，并且各种功能并不都具有同等重要性，分析机件和系统可靠性时，重要的是要把项目的功能全部列出。

在研究项目技术状况合格与不合格界限时，除了要明确项目的功能外，还与项目所处的层次有关。当我们说某机件（项目）出了故障时，必须弄清这个机件是哪一级的，是系统级

还是构成该系统的分级系统，或者是属于更低层次的。由于现代航空产品采用了可靠性设计的余度技术，零部件的故障不一定造成分系统或系统的故障。各局部功能与全体功能之间的关联情况不同，故障影响及其带来的后果也不相同。因此，要把所研究的维修对象与其上级层次和下级层次的功能关系以及各功能之间的横向联系弄清楚。

飞机及其部件的使用范围不同，对其技术状态合格与不合格的判断也会不同。不同的使用部门在装备的不同使用环境下，都有各自的判断故障的标准。比如发动机滑油消耗量大，对短程航线也许不成为问题，而对远程特别是跨洋飞行就会把滑油耗尽，产生严重后果。

3. 功能故障和潜在故障

一个机件不能完成规定功能的状况，称为功能故障。规定的功能是根据机件功能与装备的使用范围确定的。

潜在故障是一种指示功能故障即将发生的鉴别的实际状况。例如，刹车装置的刹车片磨损到一定程度，便将丧失刹车功能而形成功能故障。有的飞机为此安装了磨耗指示杆。如果指示杆伸出长度小于 0.5 厘米，表示刹车片即将发生功能故障，可将此极限值定义为刹车片的潜在故障，并据此采取刹车片更换措施。可见，通过对这种实际状况的识别，就可以在功能故障发生之前，将机件拆下更换或修理，以保障装备的正常运转。有了识别潜在故障的办法，不仅能避免功能故障带来的后果，充分利用机件的有用寿命。对潜在故障的鉴别是视情检查和视情维修的根据，也是现代航空维修理论研究的重要内容之一。

4. 故障特性

故障特性包括故障过程特性和故障后果特性。故障过程特性又包括故障过程的可见性特性和故障发展速率的特性。

故障过程的可见性分为：

（1）机组人员可见性故障。机组人员在履行正常职责过程中通过座舱仪表和机载监控设备的显示，或通过自己的感官能够觉察出来的故障，又称明显功能故障。

（2）隐蔽性故障。机组人员不能觉察出来的故障，又称隐蔽功能故障。对于具有隐蔽功能的机件，必须进行预防性维修工作，以防止发生多重故障。

（3）维修人员可见性故障。维修人员在工作过程中通过检查窗口，测试接口实行原位检查或拆下机件进行离位检查（包括分解检查）时，以及通过维修人员的感官能够发现的故障。

从发现故障的角度看，机组人员处于十分有利的位置，因而机组报告的故障（包括可疑情况）是首要的故障信息来源。维修人员和飞行人员在故障发现上是互为补充的，维修人员除了检查潜在故障外，还要检查大部分隐蔽性故障。

按故障发展速率可分为；

（1）突发故障。故障突然发生，事前没有什么先兆。对于这种故障，由于没有检查裕量，预防检查作用不大。若该故障后果严重的话，只有在设计上采取故障保护措施。

（2）快速故障。这是一种快速耗损造成的故障，通过检查可以起到一定的预防故障的作用，特别是机载自动连续监控装置对预防这类故障效果更为明显。

（3）渐变故障。这是一种发展速率较慢的故障，通过适当间隔的检查，可以及时发现且不失时机地采取措施，既可起到预防作用，又能充分利用机件的有用寿命。

现代维修理论对故障后果十分重视，在确定重要维修项目和确定预防维修工作优先顺序时，都把故障后果作为重要因素加以考虑。故障按其后果可以分为以下五种：

（1）明显安全性故障，指可能直接危及飞行安全的故障，这种故障发生在具有明显功能的机件上。

（2）明显使用性故障，指对使用能力或完成飞行任务有直接影响的故障。这种影响不是安全性的，而且也是发生在具有明显功能的机件上。发生这种故障时，除了修理费用外，还要承担由于故障造成返航、延误或航班取消等经济损失。往往这些间接经济损失比直接维修费用高出许多。

（3）明显非使用性故障，指对使用能力或完成飞行任务没有不利的直接影响。发生这类故障后，可安排在适当时候和地点将它排除。在经济上，只承担更换和修理故障件的直接费用。

（4）隐蔽安全性故障，指同另一故障（明显功能故障）结合后会危及飞行安全的隐蔽功能故障。

（5）隐藏经济性故障，指同另一故障（明显功能故障）结合后不会产生安全性后果，只有经济性影响的故障。

5. 维修方式

对于维修对象可靠性的控制是通过一系列具体维修措施来实现的，就是在管理上是通过控制维修措施来实现的。在所有的维修措施中，机件（系统、部件）翻修的控制是最重要的控制。这不仅是由于翻修费用昂贵，而且也只有通过翻修才能将机件退化了的可靠性恢复到原有水平。翻修控制中关键的问题是做什么（维修内容）和什么时候做。维修方式是控制翻修的方式。现代维修有三种基本的维修方式：定时方式、视情方式、状态监控方式。

（1）定时方式，一般是按照某一型号装备统一规定一个使用时限，并把这个规定的时限作为控制翻修的唯一依据，只要到了这个时限，不管装备本身实际技术状况如何都要作全面的翻修。

定时方式曾经是控制翻修的唯一方式，现在仍然是一种基本的维修方式。定时方式的目的是预防功能故障，运用于具有耗损特性，即故障率随时间递增，但又不具备视情检查条件的机件。定时方式还有工作明确、管理简单、风险小的优点；但是与其他方式相比，它有使机件的可用时间不能充分利用，工作量大、效率低、耗费多的缺点。

（2）视情方式是按照机件的实际技术状况来控制维修。视情方式不是事先确定一个适宜的翻修时限，而是维修的内容和翻修的时机都取决于对技术状况的判断。

视情方式适用于一些简单的暴露在外部易于观察的机件（如结构件）。对于多数部件来说，情况要复杂得多。实行视情方式的关键在于有没有不分解机件就能判断其技术状况的途径和可能。实行视情方式必须具备的一些条件是：① 要有代表机件技术状况的检测参数；② 要有客观的参数标准；③ 要有一定的检测手段；④ 装备本身要作视情设计，可达性和适检性要好。具备这些条件才能发现潜在故障，在机件即将发生功能故障之前进性更换和修理，避免功能故障带来的危害。

视情方式可以预防故障的发生，并能充分利用机件寿命，具有维修针对性强、检查工作量小、效率高等优点。视情方式受到航空界的普遍重视。但是，实行视情方式需要一定的条件，需要购置检查测试手段，在管理上比定时方式复杂得多。特别是视情维修的风险问题，很多人对它缺少理性的认识，很可能成为维修质量管理中的重大隐患。

（3）状态监控方式。对于采用余度技术设计的系统中，一个部件故障并不一定影响整个系统功能，对于飞行安全也不一定会带来不利影响，而且有些故障的排除可以推迟到方便的时机进行。这类机件在航空器的系统和部件中占 80%以上。上述无严重后果故障的机件不做预防工作，既不规定使用时限也不做视情检查的方式称为状态监控方式。之所以称为状态监控方式是因为这种方式不是对占航空器 80%以上的项目放任不管，仍需对它们进行监控。不过，监控的形式与定时方式、视情方式有所不同。这在发生的故障采取事后处理的同时，积累故障发生的信息，进行故障趋势分析，制订控制标准，从总体上监控这些机件的可靠性水平。为了实现这种监控，需要建立可靠性分析系统。

从对航空器的维修控制，状态监控方式不应当被理解成一种被动和消极的办法，而应当看成是一种主动、积极、具有预防性的维修方式。它的预防性与定时、视情方式的预防性不同。现代航空器设计和维修发展的趋势，已经从预防故障的发生向预防故障的后果，而且预防故障后果正在上升为指导预防工作原则。

（二）基本原理

现代航空维修制订维修方案，进行工程设计的基本原理，或者说基本思想可以概括为：在可靠性理论指导下，对重要维修项目的可靠性进行具体分析。特别是以故障模式影响分析为基础，以维修工作的适用性、有效性和经济性为决策准则，决定是否进行预防性维修工作；优化维修方式，确定维修工作的内容、维修级别和维修时机，以最小的费用来保持或恢复航空器及其装备的固有可靠性和安全性水平。

现代以可靠性为中心的维修原理包含了一系列新的维修概念和原理。其中最重要的有：维修方式原理、预防故障后果原理和维修有效性原理。

1. 维修方式原理

维修方式这个概念在以可靠性为中心的维修思想形成过程中起过重要的作用。使用中的航空器的系统、部件和发动机的性能，可靠性水平的恢复，最根本的手段是进行翻修，而翻修又是维修工作中工作量最大、费用也最大的环节。维修方式是控制系统、部件和发动机维修时机、工作内容的方式。有三种基本维修方式：定时方式、视情方式和状态监控方式。每种维修方式都有其适用性和有效性条件，必须根据系统、部件的故障特性，包括故障的后果、过程、可检性、经济性来确定适用并有效的维修方式。

三种基本维修方式之间既没有明确的分界线，也没有一个绝对的方法来确定哪种方式适用哪种项目。这三种方式既没有等级上下之分，也没有任何隐含的重要性排序。正确的维修方式首先取决于航空技术装备硬性的设计，其次由航空公司的经济性考虑来决定。由于各航空公司的机队规模、机型混合程度、工作环境、航线、航程以及维修经验、数据分析能力的不同，强制规定某个维修项目统一归于某种方式是不可能的。

对于一些重要项目，如发动机，世界上大多数航空公司实际上采用了所有三种维修方式。对其有寿命时限部件，如轮盘和轮轴，进行定时更换；用状态监控数据来调整寿命时限和评估整个机队发动机可靠性水平；用视情数据和视情检查来评估单个发动机技术状态。

2. 预防故障后果原理

现代维修思想抓住了对维修工作最本质的问题，即故障后果、故障特性。预防维修工作要预防的是那些有严重后果（安全性或使用性）的故障。这一思想，使以预防为主的维修方针更加明确。现代航空技术装备是由几万个部件组成的复杂系统，对所有部件的故障都予以预防的话，根本做不到，也是没有必要的。它将传统的预防故障、保障安全的朴素思想发展为预防故障后果，并进一步提出对于故障过程发展比较缓慢、其故障后果又较为严重的项目，通过检查发现潜在故障来预防功能故障，即视情维修的思想。又提出对隐蔽功能项目，由于其故障不会产生直接有害影响，但它会增加多重故障的风险，用使用检查的方法来发现隐蔽功能故障，预防多重故障的后果。所有这些观点，使维修工作变得更有针对性，更为有效。使预防维修工作能保持在人力、物力所允许、能控制的水平。

3. 维修有效性原理

维修有效性原理是指预防维修工作包括的仅仅是那些适用有效的工作。一种维修方式或维修工作类型的适用性取决于故障的过程特性，工作的有效性则取决于故障的后果特性。多做工作并不总是有益的，甚至可能是有害的，如会增加早期故障、人为差错。因此对预防维修工作总量应有适当控制。从某种意义上，以可靠性为中心的现代维修思想产生于人们对维修有效性的思考和重新认识。航空维修有三个基本问题，它们是：

（1）故障是如何发生的；

（2）故障后果是什么；

（3）预防维修有什么作用。

这三个问题恰恰又被传统维修思想所忽视，而正是对这三个目的重新思考，导致了维修方式的变革和新的维修思想的产生，维修的有效性是推动航空维修进步的动力。

航空维修的适用性和有效性原理是现代维修质量观的集中体现。现代质量观中的适用性质量就是维修工作的适用性和有效性，只有抓住这个问题才能算作抓住了维修质量管理的根本。

（三）基本步骤

航空维修工程设计的 MSG-3 分析是应用一个连续的逻辑决断，根据现有的技术数据来评定每个重要项目（系统、分系统、单元体、部件、组件、零件等）的维修要求。下面针对系统/动力装置进行分析，其步骤为：

1. 鉴定重要维修项目

重要维修项目的初步选择是从最高的可管理层次（指系统和发动机）自上而下展开的。用简便又保守的方法（剪枝法）确定会有以下问题之一的项目，其故障：

① 会影响地面或空中的安全；
② 在使用中是觉察不到的；
③ 会有使用性影响的；
④ 会有非使用性重大的经济影响。

初选后重要维修项目需经过以下的分析才能最终确定是否是重要维修项目。

2. 鉴定每个项目的故障模式和影响后果

包括：

① 功能，项目的正常的特性和功能；
② 功能故障，项目不能履行其功能；
③ 故障模式，项目故障的表现形式；
④ 故障影响，功能故障的后果；
⑤ 故障原因，发生功能故障的原因。

要对项目的每一种功能，每一种功能的故障模式和原因进行分析，研究预防的对策，确定的维修要求必须具体到针对每一种功能故障的每一种故障模式。

对每个重要维修项目的故障模式和影响后果的分析作为整个 MSG-3 分析的核心，只有在对项目的设计思想和设计特点以及项目的故障机理有较深入的掌握，才能很好地完成这项分析工作。

3. 鉴定维修大纲（方案）中需要的工作类型和内容

MSG-3 将基本的维修工作分为七类：润滑与保养（勤务）、空勤组监控、隐患（使用性）检查、检查与功能检查、恢复、报废以及上述工作的组合。

在把 MSG-3 逻辑决断图（图 9.1）用于每一项目之前，要先把数据表登记全，详细说明维修项目的名称、功能、功能故障、故障影响、故障原因和其他数据，以及用于什么飞机、制造公司的件号、项目设计思想和设计特点的简要说明、预期故障率、隐蔽功能等。

4. 确定工作的频度/周期

工作周期或频度的确定主要取决于有无实际和适用的数据。下列资料之一或二也许是适用的。

（1）来自有实际的证据或其他飞机系统、发动机先前的经验，表明预定维修工作是有效的并在经济上是合算的；

（2）表明预定维修工作对所分析的项目会是有效的制造厂家的试验数据。

如果没有来自上述两方面的数据，则只能由有经验的工程师应用其良好的判断力和使用经验，结合准确的数据来确定工作周期和频度。

图 9.1 表示的 MSG-3 逻辑决断图有两层。上层用于评定每个功能故障的基本类别，即明显安全性、明显使用性、明显非使用经济性、隐蔽安全性或隐蔽非安全性。下层用于按每个功能故障的原因来选择具体的维修工作类型。MSG-3 给出了每种维修工作类型的适用性和有效性准则，MSG-3 分析要求确定的每项维修工作必须是适用并有效的，以确保整个维修方案的有效性。

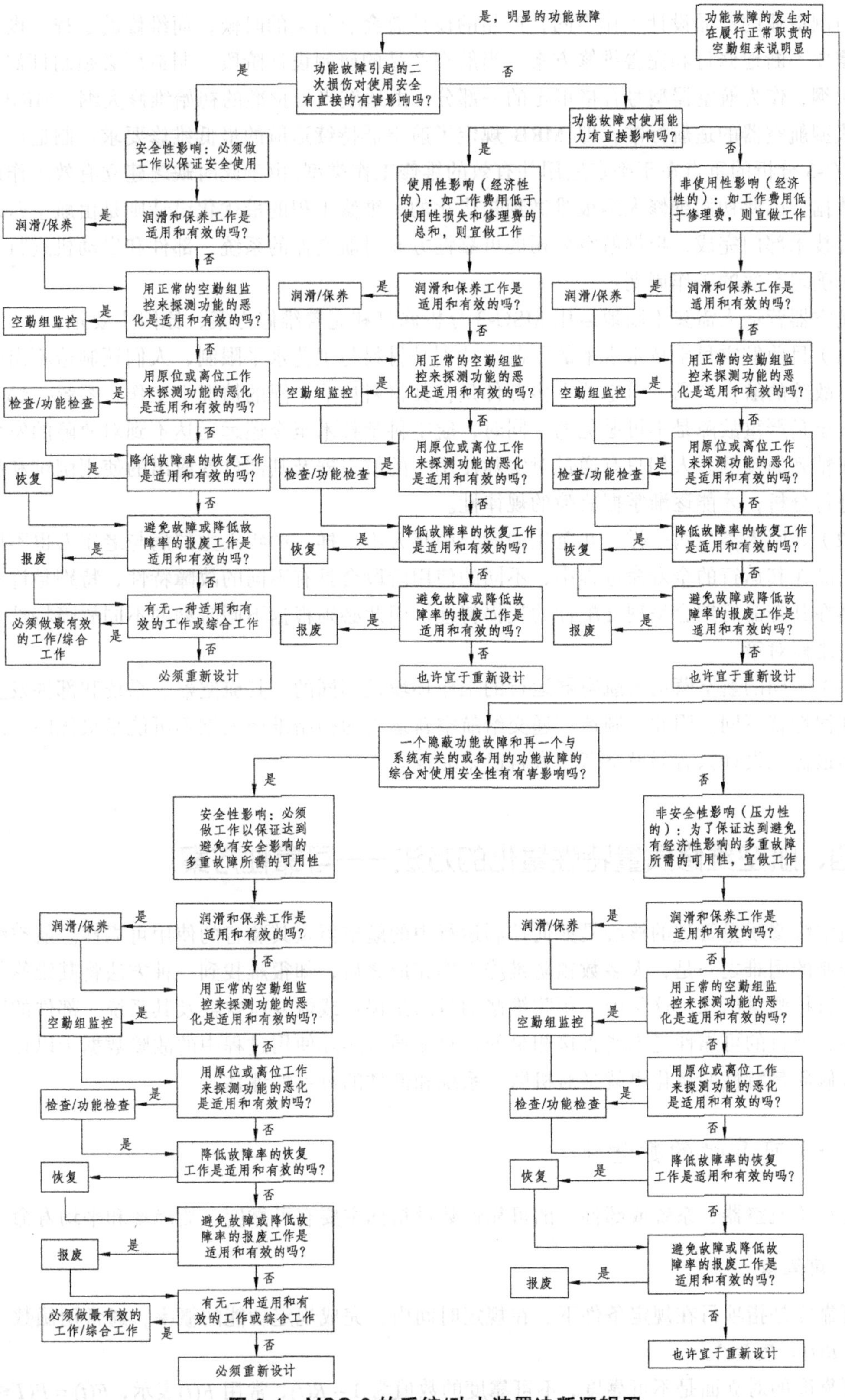

图 9.1　MSG-3 的系统/动力装置决断逻辑图

与制造业的产品设计工作不同，产品的设计总会有结束的时候，而维修的工程“设计”总是需要不断地修订和完善维修方案。当航空产品的研制设计阶段，制造厂必须制订初始的维修大纲，作为航空器型号合格审定的一部分。由适航当局批准的初始维修大纲（MRB）将作为该型航空器的适航标准，即 MRB 规定了航空器持续适航的最低维修要求。制造厂所作的 MSG-3 分析的重点在于确定适用并有效的维修工作类型。由于此时缺乏建立有效工作周期所需数据，因此初始维修大纲很难做到是优化的。维修工程的最优化设计则是由航空营运人的工程技术部门完成，根据航空公司的可靠性方案对航空器的系统、部件和发动机进行工龄探索，确定有效的工作周期。

航空器营运人需要不断地运用 MSG-3 分析修订和完善维修方案，原因主要是：

（1）目前航空科学技术水平的限制，特别是材料与工艺水平限制，人们还制造不出永远不会出故障的航空产品，航空器上多部件是在其材料性能上限的情况下工作，系统、部件的故障甚至是严重故障是不可避免的。同时，航空科学技术至今还远远达不到对故障的发生和发展作精确的预测。人们只有通过对实际使用中的航空器及其部件暴露出的使用困难和故障数据进行分析，才能逐渐掌握故障的规律性。

（2）如同人类生病一样，儿童生的病与中年人不一样，中年人生的病与老年人也不同，航空产品在其运行的全寿命过程中，不同的使用阶段会具有不同的故障特性，特别是许多机械产品在其寿命后期会呈现支配性的耗损特性。因此必须根据不同时期的不同故障特性采取不同的维修对策。

（3）不同的航空营运人航空器运行的工作环境是不同的，其航空器、系统和部件发生故障的规律性就不同。因此，制造厂递交给航空营运人的初始维修大纲不可能是最优的。航空维修的最优化设计只有靠航空营运人自己来完成。

四、航空维修质量特性量化的方法——可靠性方案

航空维修质量管理的核心是如何控制运行中的航空器及其装备的使用可靠性。航空维修质量控制的困难之一是，大多数预防维修工作完成之后，却很难找到一种方法将其维修的质量特性直接测量出来。这是因为预防维修的目的是保持或恢复航空器及其系统、部件的固有可靠性，项目的可靠性是不能直接测量的，只能通过实际使用过程中的故障数据予以评估。航空维修质量特性的量化也就是对机队、系统和部件的可靠性评估。

（一）可靠性的数量化

项目（航空器、系统或部件）的可靠性数量指标主要有可靠度、故障率和平均寿命。

1. 可靠度

可靠度是指项目在规定条件下、在规定时间内，完成规定功能的概率，通常用函数 $R(t)$ 表示，$R(t) = P(T>t)$。

可靠度的对立面是不可靠度，不可靠度的数值为 $1 - R(t)$，常用 $F(t)$表示，$F(t) = P(T \leqslant t)$。

$F(t)$又称累积失效概率，或寿命分布函数［当用一个分布函数来拟合 $F(t)$时］，$F(t)$的导数称为故障密度，$f(t)=dF(t)$。

寿命分布函数 $F(t)$是用来描述项目发生故障的宏观统计规律。描述寿命分布的分布函数种类有很多，通常有 3 种分布函数用途最大。它们是：

（1）指数分布 $F(t)=1-\mathrm{e}^{-\lambda t}$

（2）威布尔分布 $F(t)=1-\exp\left[-\left(\frac{t}{\eta}\right)^{\alpha}\right]$

（3）对数正态分布 $F(t)=\int_{0}^{\infty}\frac{1}{\sqrt{2\pi}\sigma t}\exp\left[-\frac{(\ln t-\mu)^2}{2\sigma^2}\right]\mathrm{d}t$

其中指数分布、威布尔分布适用于系统、部件或动力装置，威布尔分布和对数正态分布适用于动力装置或结构项目。

对一个具体的项目来说，如果确定了它的寿命分布函数，就可认为掌握了它发生故障的统计规律。确定一个项目的寿命分布首先要确定它服从哪一类分布函数，还要确定分布函数中所含的参数。例如，某型发动机的涡轮叶片，它服从威布尔分布，分布函数中的参数 $\alpha=4.0$, $\eta=6\ 000$。则我们可以计算任何工作小时发生故障的概率，比如 $t=100$ 小时发生故障的概率为

$$F(100)=1-\exp\left[-\left(\frac{100}{6\ 000}\right)^{\alpha}\right]$$

2. 故障率

故障率是最重要的可靠性指标，它的定义是已知在时刻 t 机件状态良好的条件下工作，单位时间发生故障的概率。通常用 $\lambda(t)$ 表示，可通过可靠度函数来计算故障率函数。公式如下：

$$\lambda(t)=\frac{f(t)}{R(t)}$$

在可靠性管理中，故障率之所以比可靠度更重要，其原因是：

（1）故障率 $\lambda(t)$ 能反映机件可靠性的物理特性，即机件的可靠性水平随时间的变化规律。机件的可靠性特性随时间的变化大致有三种情况：$\lambda(t)$ 随 t 递增；$\lambda(t)$ 不随 t 变化；$\lambda(t)$ 随 t 递减。第一种情况表明机件的可靠性水平随工作时间增加而不断下降；第二种情况表明机件的可靠性水平不随时间变化；第三种情况则表明机件的可靠性水平随工作时间增加而增加。而可靠度函数不能直接反映上述可靠性特性的不同变化规律，因为可靠度函数是随 t 严格单调下降的函数。

（2）只要知道了故障率函数，通过数值变换同样能求得可靠度函数，其公式如下：

$$R(t)=\exp\left[-\int_{0}^{t}\lambda(t)\mathrm{d}t\right]$$

（3）由于绝大多数复杂的系统和部件都服从指数分布，服从指数分布机件的故障率统计方法特别简单，方法如下：

$$\lambda=\frac{\text{该型机件在该时间段的故障总数}}{\text{同型机件在某时间段的总工作时间}}$$

上述的时间段可以是 1 个月或 1 年。由于指数分布故障率不随时间变化，是常数，只要故障样本数足够多，则不同月份统计得到的故障率 λ 大致相同。航空维修可靠性方案中有关故障率的统计方法的理论依据就是建立在故障率是常数的假设上。

3. 平均寿命和可靠寿命

可靠度是用概率来表明机件的可靠性，从管理的角度，可靠度这个指标不太直观，人们更愿意用平均寿命 MTTF，作为管理指标的第一尺度。通常 MTTF 的定义式为

$$\mathrm{MTTF}=\int_0^{\infty} tf(t)\mathrm{d}t$$

如果已知寿命分布，求 MTTF，则用可靠度函数 $R(t)$求更简单，即

$$\mathrm{MTTF}=\int_0^{\infty} R(t)\mathrm{d}t$$

对于可修复机件，机件发生故障的期望值通常称为平均故障间隔 MTBF 或平均修理时间（MTTR）。

可靠寿命也是一个在维修中需要的重要可靠性指标。可靠寿命这个指标给出了机件在可靠寿命期内工作不会出故障的概率保证。如果给定要求的可靠度为 R，则机件的可靠寿命 t_R 由下式确定

$$P(T>t_R)=R$$

已知可靠度函数求可靠寿命并不是一件困难的事。有的重要维修项目是用安全寿命来控制其使用可靠性，安全寿命就是一种可靠寿命。例如，发动机涡轮盘的安全寿命要求不出现故障的概率为 99.9%。它是通过可靠性试验来确定轮盘的安全寿命。直观地解释：如果有 1000 个涡轮盘进行寿命试验，试验到第 1 000 个轮盘时首次出现了长度为 0.78 mm 的裂纹时的试验时间规定为该型涡轮盘的安全寿命。由于实际上人们不可能用 1 000 个轮盘做试验（费用太大），实际用于试验的样本数要少得多，需要用数理统计的方法进行推断。因此，发动机涡轮盘的安全寿命的完整定义为，能保证涡轮盘不出现危险裂纹（用长度 0.78 mm 作为判据）的生存概率为 99.9%，其置信度为 95%的最大工作时间。

（二）可靠性指标体系

建立一套全面完整的可靠性指标体系是开展可靠性管理的基础。可靠性指标是全面反映维修质量的标志，从大量的表征维修质量特性的标志中选出有限数量的指标，使之能反映满足持续适航要求和营运人管理目标的程度。建立可靠性指标体系有两方面的含义，一是确定指标的种类；二是确定各项指标的目标值。

组成可靠性指标体系的指标种类应具有以下特点：

（1）简单、精练和准确，有数据资料保证；

（2）灵敏，也就是对维修因素作用维修质量的反映有足够灵敏性；

（3）有根据，即对不同机队和不同营运人的维修质量有可比性（民航的国际性要求尽可能采用国际上通用的指标体系）；

（4）全面、完整，指标体系应涉及航空维修所有环节与阶段；

（5）实用和互不矛盾。

具体的可靠性指标（欧美称为性能参数）如下：

（1）机队遣派可靠性。包括：航空器日利用率；机队离港延误率、取消率和任务中断率；发动机空中停车率；机队航空器完好率；机组重复故障报告数；使用困难报告数（结构、系统）。

（2）结构、发动机和系统（部件）可靠性指标。结构可靠性指标包括：使用困难报告数（仅结构）；定期检修发现的重大故障数。发动机可靠性指标包括：发动机每 1 000 小时的空中停车次数；发动机每 1 000 小时的非计划拆换次数；发动机平均返修时间间隔。系统、部件可靠性指标包括（按 ATA 章节）：每 1 000 小时机组报告故障；每 1 000 次离港延误和取消次数；每 1 000 小时拆换部件次数；每 1 000 小时部件故障次数；定期检修发现重大故障次数。

（三）可靠性指标与质量特性的关系

从质量设计的角度来看，维修工程的 MSG-3 分析方法，是将对整个航空器的维修要求，按飞机结构、功能系统、动力装置三大系统分解，再分别对结构项目按结构区域；功能系统按不同专业（如空调、液压、电气、电子、自动驾驶、导航、飞机操纵等）；动力装置按风扇、高压压气机、燃烧室、高压涡轮、低压涡轮、反推装置、传动齿轮箱、滑油系统、燃油系统等分别细分，最后初步确定将近 800 个重要维修项目。然后对每个重要维修项目作 MSG-3 分析。工程分析的结果是确定每个重要维修项目的质量特性。

每个重要维修项目的质量特性由两部分组成，一是质量目标，另一个是质量要求。质量目标用该项目应达到的可靠性指标来衡量；质量要求也就是该项目的维修要求，包括：维修方式、维修工作类型、工作频度和工作内容等。这可用图 9.2 表示。

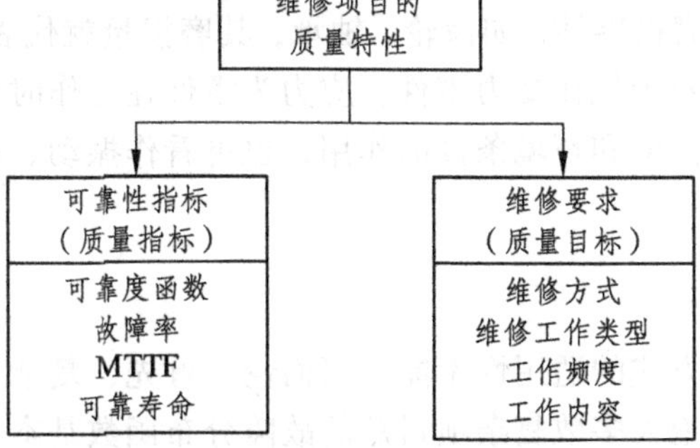

图 9.2　维修项目的质量特性

维修项目的质量特性中可靠性指标和维修要求二者之间的关系本是一种目的与手段的关系，也可看作是因果的关系。MSG-3 的逻辑决断图则提供了一种分析目的（可靠性指标）与手段（维修要求）之间的因果关系的工具。

下面我们进一步讨论维修项目的可靠性指标和维修要求之间的关系。MSG-3 分析的目的是确定每一重要维修项目适用并有效的维修方式及维修工作类型。决定维修方式和维修工作适用性和有效性的根据是维修项目的故障特性，工作的适用性取决于项目故障的过程特性，工作的有效性则更多地与项目故障后果有关。各类可靠性指标是从各个不同角度来描述项目的故障特性。特别是故障率 $\lambda(t)$ 这个指标与维修方式的关系特别紧密。

具体而言，如果项目故障率 $\lambda(t)$ 随时间基本保持不变，却用定时方式来控制项目的翻修，就是不适用的。因为项目的故障率 $\lambda(t)$ 不变，表明项目的抗故障能力在使用过程中保持不变，从总体上看，项目的可靠性水平也不变。而定时翻修的目的是当项目的抗故障能力下降并在出现故障之前将项目更新，恢复其固有的抗故障能力。既然项目的故障率是常数，也就表明项目没有翻修要求，对它进行定期翻修是多余的，是一种在人力、物力上的很大的浪费。即使使用数据表明项目的故障率太高影响了航空器正常运行，也不能通过定期翻修方式将项目的故障率降下来。这是由项目的固有可靠性特性所决定的。特别是对安全性后果的项目，有效的预防维修必须是能将安全风险降低到可接受的程度及其以下，即几乎能完全预防项目发生故障，显然定期翻修对它不是有效的。

如果使用数据表明项目的故障率 $\lambda(t)$ 是常数，那么视情方式又是否适用呢？这个问题比较复杂，不能一概而论，应对不同情况分别讨论。

1. 简单项目

简单项目是指功能单一、结构简单，只有一种或很少几种故障模式的项目，如飞机的结构件和某些电子元件。但是大多数简单项目的故障率不是常数，可能有些电子元件的故障率会是常数。如果简单项目的故障率是常数，则视情方式也是不适用的。其理由与定时方式不适用故障率为常数的项目相同。因为项目的抗故障能力保持不变，也就没有翻修要求，但是故障能力保持不变的简单项目并不意味着项目永远不会出故障。

从故障机理来看，故障的发生和发展过程，可以用应力-强度模型来解释。不同的故障模式都可将故障过程看作广义的应力和强度相互作用直到发生故障的过程。在这个作用过程中，当强度小于或等于应力时，故障就发生了。这里所指的强度表示项目抵抗故障发生的能力，不同项目、不同的故障模式，其强度的含义是不同的。对于飞机结构件，结构剩余强度代表了抗故障能力；对于机械磨损零件，如齿轮、轴承，其磨损量就代表抗故障能力。对于应力，不同项目其含义也不同。对于机械受力零件，应力为零件在工作时受到的作用力；对于非机械受力零件，应力可看作温度和环境条件的作用，也可看作振动、磨损、电的载荷等作用，或是这些因素的综合作用。

2. 复杂项目

对于复杂项目，视情方式的适用性不能一概而论。首先，复杂项目整机定时翻修肯定是不适用的，理论上已证明绝大多数复杂项目总的故障分布函数基本上服从指数分布，也就是说其总的故障率是常数，整机翻修后总的故障率并不会有明显的降低。通常复杂项目要完成多种功能，每种功能可能有多种故障模式，每种故障模式可能有多种故障原因，如果能针对复杂项目的重要功能，以及该功能有严重后果的故障模式，找到表征其抗故障能力可监视的参数，则对该故障模式的视情监控是适用的，MSG-3 分析就是这样做的。此时，对整个复杂项目不能称为是用视情方式控制其翻修周期，只能说对该复杂项目要做视情的工作。如果该被监视的视情参数所对应的硬件是在航线或基地维修时可更换，那么该硬件可独立成为重要维修项目，统计数据表明该硬件的寿命分布往往服从威布尔分布。

威布尔分析是航空维修中十分有用的可靠性统计工具，具有非常强的拟合能力。它能拟合各种故障模式的寿命分布，指数分布就是威布尔分布的一种特例（$a=1$）。特别是威布尔分布的形状参数 a 可提供非常重要的维修信息。

如果一个项目服从威布尔分布，其形状参数 a 取值不同时，有 3 种情况：

（1）当 $a>1$ 时，该项目的故障率 $\lambda(t)$ 随工作时间是递增的，表明机件有耗损的特性。

（2）当 $a=1$ 时，该项目的故障率 $\lambda(t)$ 是常数，不随工作时间而变化，表明机件没有耗损的特性，它的故障往往是由于偶然的外界原因所致。

（3）当 $a<1$ 时，该项目的故障率 $\lambda(t)$ 随工作时间是递减的，表明机件有早期失效的特性。

当根据使用数据，统计表明项目的形状参数 a 等于 1 或接近 1 时，则预防性的定时翻修对该项目是无效的。如果 $a>1$，特别是当 a 大于 5 ~ 6 时，表明该项目的失效往往会集中在某一时刻后的一个不太长的时间段内，对这类项目采用定时方式（定时维修或定时报废）最为有效，可能比用视情方式从经济上更合算。视情方式最适用于 a 在 2 ~ 4 之间缓慢耗损的机件，当然还取决于能否找到进行视情监控的参数。

当根据使用数据表明项目的形状参数 a 小于 1 时，更应引起重视。通常表明这类项目不是具有制造或材料上的缺陷，就是维修质量问题。在航空器运行全过程中应不断地进行威布尔分析，当发现某项目的威布尔参数（α,η）发生显著性变化时（当然，必须用假设检验的统计工具来确定其是否真的发生显著性变化），应该认真进行工程调查，寻找维修中存在的问题，提出纠正措施。

对航空维修工程的数据分析，内容应该包括以下项目：

（1）对各工程管理如翻修时限、检查周期、翻修内容或检查程序的影响；

（2）包括检查频次和内容、功能检查、翻修程序和时限在内，用各种维修方案修订内容；

（3）用以决定是否需要更改维修方案进行统计或工程上的研究；

（4）飞机、系统、部件的改装或修理；

（5）作业程序或工艺的更改；

（6）其他与当时状况有关的影响。

纠正措施主要是对维修标准和规范的修正，表 9.1 汇总了纠正措施和受影响的文件。

表 9.1　纠正措施和实施纠正的文件

纠正措施	实施纠正的文件
维修计划间隔或工作内容规范的更改	可靠性指令或工程指令
修订容差和/或规范	工程指令
机队状况的检查	工程指令
改装	工程指令
修改维修策略	方针和程序手册修订
改进排故技能	维修手册修订
培训	课程表

对于部件项目，纠正措施可以包括下列各种措施中的任一项或多项：附件改装、飞机改装、修订零部件维修方式、修订翻修手册、修订修理工艺、修订零部件翻修时限、修订某一特点项目的时限、增加或修订检查计划或范围。

对于结构项目，一架飞机上发生的结构故障本身就是对该机型机队的一个警告，要对全机队的结构检查方案采取相应的纠正措施，可能包括：更换失效结构件、经常检查直至拆换该构件或完成修理、采取临时性修理、采取永久性修理、修订结构检查方案。

结构检查方案的修订包括：

（1）按现行周期继续抽样检查；

（2）继续原抽样方案，但缩短周期；

（3）对全机队进行一次性的更大范围的抽样检查；

（4）对全机队进行一次性的全部检查；

（5）对全机队规定一项周期性的检查项目；

（6）变更检查等级，用更严格的检查方法。

航空维修中经常受到非可控因素的影响，非可控因素有以下两种：一是现有维修条件尚不能控制的因素；二是尽管从技术上能给予控制，但由于技术经验不足而未采取控制的因素。

航空维修中非可控因素的存在，反映了实际工程能力的不足。可靠性方案的重要任务之一，就是要不断地评估现有的维修工程。

第二节　航空维修的质量控制（D阶段）

航空维修的质量控制是指为了达到维修的质量要求所采取的作业技术和活动，其目的是在于监视维修过程并排除航空维修的质量环中所有阶段导致不满意的原因，保障飞行安全，并取得经济效益。

根据适航法规的要求，本节主要介绍我国的航空维修单位正在采用的、现行有效的质量控制方法和活动。

一、维修人员的资格控制和培训

（一）维修人员的资格控制

航空维修是专业技术要求十分高的工作，为确保航空器的适航性，加强对维修人员的管理，CCAR-66-R1《民用航空器维修人员执照管理规则》对各类维修人员的执照和资格证书进行了规范，适用于从事在中国登记的民用航空器的维修、部件修理和维修管理工作的中国公民与非中国公司的执照和资格证书的颁发。CCAR-66-R1 规范的执照和资格证书包括三类：民用航空器维修人员执照、民用航空器部件修理人员执照、民用航空器维修管理人员资格证书。

CCAR-66-R1 第 66.6 条规定，民用航空器维修人员执照、民用航空器部件修理人员执照和民用航空器维修管理人员资格证书持有人应当将证件保存在最接近其通常行使证件权利的区域内，便于接受民航局或者其授权人员的检查。

1. 民用航空器维修人员执照

民用航空器维修人员执照（以下简称维修人员执照）包括基础部分和机型部分。维修人员执照申请人经考试合格获得维修人员执照基础部分。维修人员执照基础部分可以在没有机型签署的情况下颁发。申请维修人员执照机型部分的申请人应当首先取得维修人员执照基础部分。维修人员执照基础部分包括航空机械和航空电子两个专业，航空机械专业，其英文代码为 ME；航空电子专业，其英文代码为 AV。

对于维修人员执照的基础部分，CCAR-66-R1 的第 66.8 至 66.12 条款对以下内容进行了规范和约束，包括基础部分的申请条件、基础部分的申请程序、考试、执照的颁发程序、证明材料的提供及执照签署的规定等。

对于维修人员执照的机型部分，CCAR-66-R1 的第 66.13 至 66.16 条款对以下内容进行了规范和约束，包括机型部分的申请管理、申请条件、申请人经历要求及执照的签署等。

另外，CCAR-66-R1 的第 66.17 至 66.21 条款分别对执照持有人的权利、执照的有效期及续签、执照的吊销、执照持有人的义务以及等效安全性进行了规定和说明。

2. 民用航空器部件修理人员执照

CCAR-66-R1 第 66.22 条对民用航空器部件修理人员执照的专业和类别进行了说明和划分。民用航空器部件修理人员执照包括基础部分和项目部分。部件修理人员应当经考试获得部件修理人员执照基础部分。部件修理人员执照基础部分可以在没有项目签署的情况下颁发。申请部件修理人员执照项目部分的申请人应当首先取得部件修理人员执照基础部分。

部件修理人员执照基础部分按专业划分为航空器结构、航空器动力装置、航空器起落架、航空器机械附件、航空器电子附件、航空器电气附件五类。航空器部件修理人员执照项目部分按 CCAR-66-R1 附件八《航空器部件项目通用代码表》（F66-8）进行划分。

对于基础部分和项目部分的规定，其内容结构与维修人员执照基本相似。

3. 民用航空器维修管理人员资格证书

CCAR-66-R1 第 66.33 至 66.40 条款对民用航空器维修管理人员资格证书的申请条件、资格证书的培训和考试、资格证书的申请和颁发、资格证书的签署、资格证书的有效期及续签、资格证书的注销、资格证书持有人的义务以及等效安全性进行了规范和说明。

另外，CCAR-66-R1 第 66.41 条对伪造申请材料的处理进行了说明，第 66.42 条对警告、暂扣和吊销执照进行了说明。

（二）飞机维修的培训

航空维修的专业特点决定了航空维修的从业人员不论原来的学历多高，都必须接受飞机维修的职业培训，这是国际民航普遍遵守的原则。航空维修的职业培训既要注重理论学习，更要强调实践研究，做到理论与实践相结合。维修培训一般以缺什么补什么为原则，既要重视培训的数量，更要重视培训的质量和效果。

美国航空运输协会（ATA）104规范《飞机维修培训准则》是目前国际上飞机制造商、国家适航管理部门、国家标准化机构、航空公司等共同遵守和认可的航空机务维修的技术标准。

ATA104规范要求飞机维修分等级进行培训，把维修工作岗位和所需技能的培训对应成五个等级，使不同的培训计划做到“学以致用”，它又强调以维修工作任务为中心来设置培训课程。在深入分析工作任务需要的基础上，把教材编写成标准化的培训单元，并规定了教材按培训单元编制的方法。由于教材各自编成标准化的培训单元，使用者可根据维修工作的具体要求，选择不同深度内容的培训单元，组合成各门课程以适用于不同岗位、不同知识背景人员的需要，使培训工作能够有的放矢，收到事半功倍的效果。

ATA104规范规定了五个培训等级，并规定了每一等级培训对象，对学员的入学要求及培训所要达到的目标进行了规定。

1. 一级：一般熟悉

参加一级培训的学员必须熟悉现用设备，并对涡轮喷气飞机有一般知识。一级培训的内容是《飞机维修手册》中系统描述部分所给出的有关机身、系统和发动机的概括了解。经过培训后学员将具有飞机、发动机、专门安全防护措施、工具、测试设备和飞机维护所特有的操作规程的一般知识，参加培训的人员为各级经理及其他辅助人员。

2. 二级：机坪和过站

参加的学员必须了解发动机、飞机及数字电子设备，并有机坪、过站和围绕飞机检查的工作。二级的内容是基本系统的控制概要、指示器、部件的位置及用途、维护及小故障的检修。学员在达到一级培训的基础上，经二级培训后能够：

（1）知道在飞机及其系统附近工作时应遵守的安全防护措施；

（2）了解过站维护的工作项目；

（3）了解系统和飞机的操作，特别是检查口、动力接口和动力源；

（4）了解主要部件的位置；

（5）了解每个主要系统的正常功能、技术术语和符号；

（6）掌握与飞机及其系统例行维护保养相关的重要工作作业程序；

（7）理解机组成员写出的报告；

（8）使用最低设备清单和构形缺损清单解释机组或机载报告系统绘出的报告。

3. 三级：航线和基地维修

学员除了要具有一、二级的水平外，还要具有维护喷气发动机、飞机的经验和知识。三级培训的内容是各部件的详细构造、操作、位置和拆装，机载的检测设备，以及《维修手册》要求的故障检修的程序。完成三级培训后，学员应能够：

（1）按照《维修手册》的规定，进行系统、发动机、部件的功能检查；

（2）理解由机载自检系统和其他信息系统绘出的指示和读数；

（3）综合信息、分析故障、作出决断，并按《维修手册》的规定排除故障；

（4）了解和掌握 ATA100 系列的《参考手册》;

（5）掌握具体机型的部件更换程序。

4. 四级：专项培训

由专项培训的内容决定入学要求，参加培训的学员在接受培训的专项上必须具有相当的经验。四级的内容是详尽的结构操作、部件位置、深入的故障检修、调整、测试程序、系统调整及线路图、图表和工程技术数据的深入使用。

5. 五级：部件大修

入学的学员水平取决于专项要求，学员必须达到部件制造厂提出的入学要求。专项大修培训要以部件《修理手册》为标准，由飞机／发动机的制造厂商或部件的供货厂商执行培训。培训后的学员能够大修和测试特定部件。

ATA104 规范为我们研究国际上飞机维修人员培训要求提供了借鉴资料，有助于我们的培训工作与国际标准接轨。

二、航空器材的控制

（一）概　述

航空器材的管理，从广义来看，是整个维修活动中的一环，它处在三项基本工作程序的中间位置，如图 9.3 所示。

图 9.3　工程、航材、维修的关系

如果单纯地作为维修生产前的一项工作来看，航材供应只是具有准备及辅助性的职能，航材仓库作为保管物品的场所，仅具有一种财产管理的职能。用这种“静态”的观点来看待航材的管理是远远落后于现代航空维修实践的。

必须用“动态”的观点来认识航材管理。航材管理的动态观点的核心是抓住航空器的成千上万种部件在使用、维修过程中处于不断地运动中。这些部件装机、拆下、寄存、送修、修理、返回、待用、再装机，不断地循环，在循环过程中部件所处的时空位置不断地变化，部件本身的技术状态也相应地在变化。同时，还有相当多的部件损坏后要报废，要不断地补充新的备件进来。民航把这些处于不断运动中的部件称为周转件是十分确切的。航材管理的核心问题是周转件的标识、跟踪和控制。在 20 世纪 80 年代，美国民航提出部件跟踪系统的管理概念，并装备了强大的计算机航材信息管理系统，成为航空维修管理现代化的一个重要标志。

当然，航空器材的质量控制还包括 ISO9000 系列标准中有关采购、验收、监督隔离区、货架寿命控制、航材储备定期评估等要求。

（二）部件跟踪系统

部件跟踪系统是对每个部件的合格性进行跟踪，以确保对航空器正确地适航放行。部件跟踪系统由部件标识系统和部件跟踪系统两部分组成。

部件标识系统由三类标签组成：可用标签/不可用标签；报废标签；串件标签。

（1）可用标签/不可用标签用于区分可用和不可用的部件。标签由两部分组成，分别标示为“可用”和“不可用”。标签有两联，上联（黄色）和复写联（绿色），绿色的复写联背后含有车间加工及其关于不可用组件的资料。

（2）报废标签用于标示报废的周转件，等待最终处置。

（3）串件标签用于把一个可用件从一架飞机转移到另一架飞机上去。标签由“串用”和“不可用”两部分组成。标签有两联：上联（白色）和复写联（绿色），绿色复写联背后含有车间加工及其他关于不可用组件的资料。

周转件在修理车间时的管理和控制用车间工艺卡来记录。

部件跟踪系统负责跟踪部件的传递，部件从飞机上拆下，经过航材部门和修理车间到再安装在飞机上，由部件跟踪系统接收标签、保存标签，并将有关信息输入计算机的数据库。

部件跟踪系统管理程序的流程如图 9.4 所示。

部件跟踪系统的基本功能如下：

1. 标　识

部件跟踪系统用三类标签——可用/不可用件标签、串件标签、报废标签来标识每一周转件的“身份”，可用还是不可用。它从制度上严格规定了任何一个处于非装机状态的周转件必须挂上标签。如果挂的标签是黄签（和绿签共存），则证明它是可用件，并且在标签上有检验员维修放行的签字证明。如果挂的标签是绿签，则证明它是不可用件。维修时只允许用挂黄签的可用件来更换飞机上的故障件，更换后将黄签撕下送交 PPC（维修计划与控制部门），留下绿签上填写有关更换的信息后挂在拆换下的部件上。这样就能有效地防止将不可用件误换到飞机上，有力地保证维修质量。

如果由于库房缺少备件，为了保障航班的运力，不得不从另一架飞机上串件，这时要用串件标签，在确认了串下的部件有足够的剩余可用寿命，至少够到下一次计划检修的时间，那么在串件标签填写有关串下件的信息后，用串下件来更换故障件。扣下故障件后，再在串件标签的不可用部件上填写不可用件信息，撕下标签上的白色签送交 PPC，将留下绿签挂在不可用件上，一起送交库房，并在被串用部件的飞机上系上红色飘带作为标记。

每一个不可用件，无论是在库房、车间、随机器材箱内或外站库房内都挂有绿色标签，表明其不可用。

如果由车间和检验人员确定不可用件的状态超出经济修理的范围，则挂上报废标签（红色）。

需要说明的是，以上所述的标签颜色是根据波音公司介绍的美国某航空公司规定的，各航空公司可自行规定可用、不可用标签的颜色。

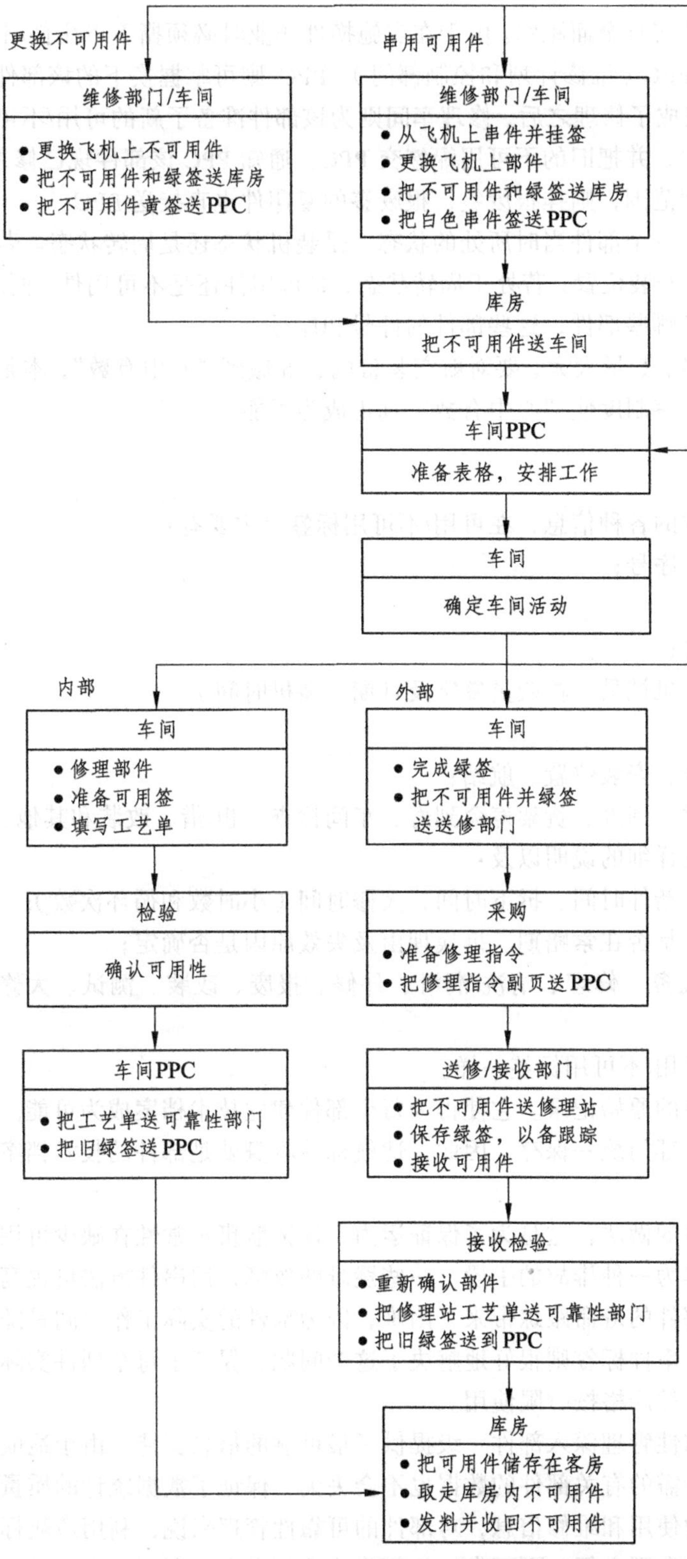

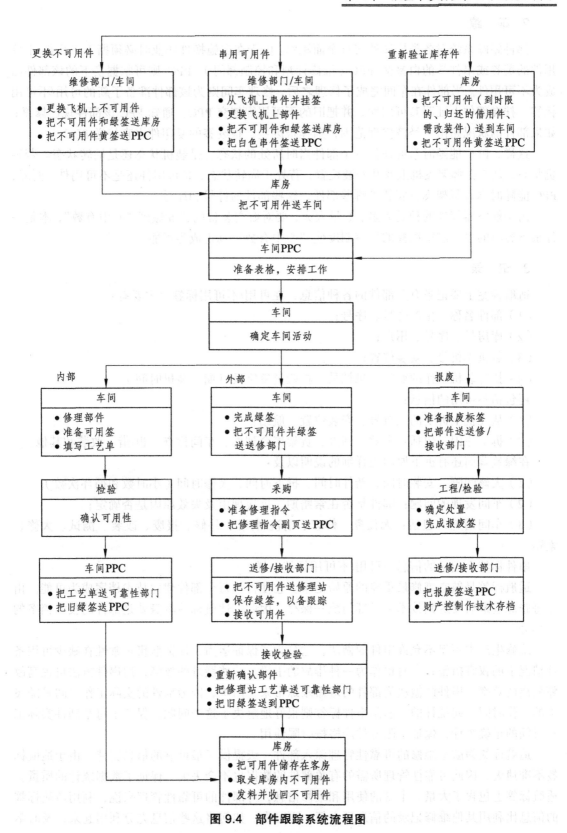

图 9.4 部件跟踪系统流程图

2. 跟 踪

部件跟踪系统对各类周转件实行全面跟踪。由于在实施换件作业时必须撕下可用件/不可用件的黄签或串件签的白签交 PPC（维修计划和控制部门）。PPC 则可掌握换下的该部件已成为不可用件。当部件在车间完成了修理之后，修理车间则为该部件准备了新的可用/不可用标签，挂在部件上证明其可用性，并把旧的不可用绿签交 PPC，通知 PPC 该部件现已修复；如果部件的状况超出了经济修理范围，则挂报废签，报废签的复印件也直接送 PPC。

这样，PPC 能随时掌握任何一个部件当时所处的状态，是装机状态还是周转状态。若装机状态，是装在哪架飞机上及其安装位置；若处于周转状态，是可用件还是不可用件。同时，PPC 能随时掌握每架飞机安装了哪些部件，这些部件的件号和序号。

由于航空器部件的种类太多、数量太大，要对航空装备的状况做到“心中有数”，本是一件很不容易的事，航空维修的挂签制度使“心中有数”真正成为可能。

3. 记 录

适航标签上要记录有关部件的各种信息，在可用/不可用标签上主要有：

（1）部件名称、生产件号、序号；

（2）库房号、序号、用户；

（3）装机飞机号、安装位置；

（4）执行装机工作的航站、机械员、检验员签字及日期（装机时间）。

还包括不可用的信息：

（1）从飞机上拆下的飞机号、安装位置、航站；

（2）拆下原因，包括：失效、到寿、货架寿命到寿、车间检查、租/借、改装和其他。

在绿签背面还有拆下原因更详细的说明以及：

（1）大修间隔、安装时间、新件时间、拆下时间、大修时间（小时数和循环次数）；

（2）车间发现的问题：部件是否在索赔期、拆换理由及失效原因是否确定；

（3）车间措施，包括：无任务、修理、清洗/润滑、外修、报废、改装、测试、大修、索赔。

串件标签上记录的信息与可用/不可用标签一样。

适航标签是航空维修最重要的原始记录。它使得为每个部件建立技术档案成为可能。由于每张绿签最后要送到技术记录部门统一保存，因此，适航标签本身就是部件的技术档案的一部分。

维修生产中不得不允许串件的做法，这是为了保证运力，保证航班正常性在缺少可用备件情况下的权宜措施；有时也作为一种排故的手段，一些疑难的故障，用串件方法可提高故障隔离的效率。串件的做法为部件的寿命跟踪带来了困难，因为部件的实际工作时间是随飞机的工作时间一起统计的。但是串件标签则很好地解决了这个问题，保证了每个部件实际工作时间的正确统计，保证了限寿件严格按时限使用。

适航标签为航空维修的可靠性管理深入部件一级提供了最可靠的信息支持。由于适航标签不准遗失，因此可靠性管理所需的有关部件的数据也不会丢失，保证了数据统计的质量。适航标签上包含了大量、丰富的使用和维修信息，对部件的可靠性管理来说，利用适航标签的信息比利用其他维修记录的信息更方便、更可靠。如何将这些信息充分利用起来，及时掌握各类部件的可靠性的变化规律并用于指导维修，是我国航空维修可靠性管理的一个重要研究方向。

由于适航标签是随着部件一起周转的，因此，适航标签上记载的使用、维修信息随着部件在维修单位各部门之间直接传递，使各类直接接触周转件的人员，航线维护、检修、车间修理、库房保管人员都能直接了解该部件的信息，有利于他们工作质量的提高。

适航标签制度是CCAR-145规定的一项重要的管理制度，这项制度的执行对改变过去航材管理混乱局面起了重要作用，建立在适航标签制度基础上、利用计算机技术的部件跟踪系统是航空维修现代化的重要标志。

（三）航材管理中的质量控制

航材控制是航材部门的一个重要职责，CCAR-145 规定：合格的维修单位必须具备为进行维修许可证规定范围内的维修工作所必需的器材，并保证其处于良好可用状态。由于其他教材对此部分内容有较为详细的说明，本书只讨论采购和库房管理部分。

1. 采　购

航空维修航材管理的采购活动包括购进新件和送修故障件两方面的业务。航材采购业务特点在于它具有两重性，一是要做好航材的准备工作，为维修生产服务；二是要进行商业交易，属于航空公司的经营活动。采购的侧重点究竟是放在航材准备方面还是放在经营活动方面，直接影响采购的方针和方法。另外，采购的侧重点要因航材的品种而异，也要因时期和场合的不同，即航空产品市场形势的变化而不同。有人估计，在我国航材积压占用的资金约占航空运输企业流动资金的20%。因此，我们讨论航材采购管理必须将质量方面的考虑与经营方面的考虑结合在一起。

（1）采购方针

① 采购什么——航材品种和质量：这主要是工程部门负责的事，特别是适航法规要求在维修中所用的材料必须是与原制造厂所用的材料同样或质量更好的材料。因此，在这方面可选择余地很小。

② 购进多少、何时购进——航材数量与购料时期：原则是由航材计划所决定的，并且按库存管理制度来进行。如果考虑那些市场行情随时间的推移而剧烈变动的航材，采购数量和时期则要作出修整。购进多少、何时购进是航材管理中最困难的问题，也是整个维修管理中最困难的问题之一。目前，我国航空维修可靠性管理普遍采用的可靠性统计的方法还不足以对航材的需求作出可靠的预测，这是造成航材库存积压过大的原因之一。

③ 按什么价格购入及其支付条件：应该运用合理的估价方法和签订合同方式，力求使之降低。此外，对航材价款的支付条件也会影响航材的价格，而价款的支付又受到资金周转的制约，必须对各方面进行考虑之后再做出决定。

④ 从何处购入：首先要考虑交易渠道是向航材经营商购买还是直接向制造商订购，要对供货方进行调查。由于航材采购有连续性，因此以尽可能地和信得过的单位进行交易为好，要对供货方的交货情况、服务情况、财务状况等定期进行调查。一种航材究竟只从一个单位购买还是同时向几个单位购买各有利弊。长期只从固定一家购进可以在质量上得到保证，也

可得到优惠服务，但可能发生价格偏高问题。

（2）航材外委维修的适航性协调关系

航空营运人的航材费用的主要部分并不是花在购进新的航材，而是用在故障部件的外委修理。虽然上述的采购方针一般也适用于外委修理，但是也要看到二者之间的不同。采购的含义是买进物资，而外委修理则是买进劳务，是把本来应该由本单位做的作业拿一部分出去交给别人做，所以应该把外委维修作为本单位内部作业的一个环节来进行生产管理，尤其是进度管理和质量管理。

外委维修不仅指部件的外委修理，还包括飞机的各级定检的外委维修，虽然后者不是由航材部门决定的，但是质量管理的要求上是一致的。

适航管理对航空营运人的外委维修提出一个所谓的“适航性协调”的要求，当营运人不具备从事某些维修项目的能力和资格时，必须以适航部门批准或认可的形式和方式，将部分或全部与适航性责任相关的维修作业项目委托给按 CCAR-145 批准的维修机构来完成。此时，营运人必须通过有效的控制程序与手段来保证自己承担的适航性责任确实由委托的维修机构完整充分地落实，这就是适航性协调。

适航性协调关系是否建立在完整、合法、高效基础上，将决定航空营运人能否充分地承担起适航性责任对航空器的适航性、安全性和经济性产生直接影响。

航空营运人与委托的维修机构之间签署的有关合同必须对双方的工作范围、深度、技术性支援与合作细节，包括技术文件、航材、维修记录的提供、核实与保存等，责任与权力的划分以及具体的监督审核程序等做出清楚、足够的说明，从而确保适航当局、营运人和外委维修单位三方任一方不会对协议产生误解，以至于航空器适航性、营运安全性有关联的维修作业的完整性、连续性和正确性受到有害影响。

执行委托维修的单位必须是按 CCAR-145 批准的维修机构。它们执行维修作业必须按民航局批准或认可的工程与维修方面的技术规范进行，包括：

① 国家标准和行业标准，如热处理、无损检测、计量、焊接等国家或行业标准；

② 中国民用航空规章、程序以及其他适航规定，包括 AD 指令、咨询通告等；

③ 航空器持续适航文件，主要包括维修方案、工作单等；

④ 制造厂提供的技术文件，包括各类《维修手册》《服务通告》《作业方案》《指南》等。

委托维修的管理是航空维修质量保证和控制的重要方面。

（3）航材采购质量大纲

采购包括外委维修的质量控制活动，具体体现在采购质量大纲中。采购质量大纲是 ISO9000 系列标准所要求的。采购质量大纲是对采购质量控制活动的具体安排和部署，包括以下内容：

① 对规范、图纸和订货单的要求

对采购和外委维修所提出的质量要求，一般包括在向供方提出的规范、图纸、合同和订货单中，一般可分 3 种情况：

a. 按国家标准和行业标准生产的材料、航空技术标准项目，凡需采购时应在采购计划中写明型号、规格，以此进行采购；

b. 有其他质量要求的原材料、外购件则要通过提供充分的采购文件（包括图样、规范、标样、合同等）明确质量要求；

c. 重大委托维修应规定受委托方采用的质量保证模式，并向委托方提供质量保证文件。

② 选择合格的供方

要采用科学方法，通过调查研究和分析比较，选择合格供方。确认供方质量保证能力的方法有：

a. 对供方的能力或质量体系进行评估；

b. 对产品的样品进行评估；

c. 对比类似产品的历史情况；

d. 对比类似产品的试验结果；

e. 对比其他顾客的使用经验。

对委托维修可参照上述方法进行评估。

③ 质量保证协议

供需双方在质量上实际是一种质量保证关系，为此需签订质量保证协议，以明确供方应负的质量职责。

由供方提供质量保证有如下几种：

a. 需方信任供方的质量体系；

b. 随发运的货物提交规定的检验、试验资料或工序控制记录；

c. 由供方进行百分之百的检验或试验；

d. 由供方提供批次接受抽样检验或试验；

e. 实施需方规定的正式质量体系；

f. 没有质量保证协议时，需方依靠进货检验或生产现场检验。

④ 验证方法协议

供需双方应就供方提供的产品是否符合需方要求的验证方法达成协议，以尽量避免或减少双方因质量要求解释不同，以及试验和抽样方法不同而产生的质量争端。协议中还可包括双方交换检验和试验资料。

⑤ 处理质量争端的规定

在采购过程中供需双方产生质量争端是常见现象，为了更好地协调解决供需双方的质量争端，应规定有关处理常规和非常规问题的制度和程序。在质量争端的处理制度或程序中，应重点明确疏通供需双方之间在解决质量争端时联系渠道的措施。

⑥ 进货检验计划和进货控制

应根据外购品重要度、检验项目的经济费用和供货单位的质量保证能力大小，制订进货检验计划。原则上，关键物资均应检验。数量少时全检，数量多时抽检。重要零部件实行全检。一般零部件分为两种情况：对质量信誉好的供方实行免检，只确认质量证明文件；对质量信誉差的供方，既要确认合格证书，也要抽验。

对周转件的验收有以下特殊要求：

a. 有适航当局批准的修理站所使用的适航标签；

b. 有发运标签、发货单或发货单据，证明部件是按照翻修规范翻修的在进货检验时，应保证必要的条件，如合格的检测手段、设备和人员。

进货控制，主要是对进货的保管、搬运及发放的控制，以防止误用不合格供应品。

⑦ 进货质量记录

必须做好进货质量记录，以保证以后能利用这些资料来评价供方的质量状况和质量趋势，还应保存好进货物资的发放记录，以达到质量可追溯性的目的。

2. 库房管理

（1）库房管理的功能

在采购和维修生产之间，存在着一定的时间和数量之差。为了调节这一差距，就需要有库房作为两者之间的储存场所，由于故障发生的随机性、可用周转件需求的时间和数量的不确定性，使得用库房存放备件更为必要。但是要提高库房的功能，只重视库房与采购业务相结合的一面是不够的，还必须重视库房与维修作业相结合的一面。全面提高库房功能可从以下三个方面入手：

① 实物管理

这是库房的固有功能，即将实物安全而确实地保管好，在按一定方式进行整理的同时，经常地将库存量（器材名称、挂签、存放地点、现有数量）登记清楚。

② 库存控制

经常保持一定的库存量，以做到既能防止库存量过多，又能避免由于器材缺陷而给维修生产带来有害影响。为此，除经常提供有关实物库存量的及时而准确的信息外，作为库房本身，也要协助做好可存量的控制工作。此外，还应促进呆滞器材酌情使用。

③ 作业准备

按照维修作业计划，为各种级别的维护、检修、修理准备好材料、器材，保数量保时间地准备齐全，对不足的器材要督促交货，使器材配套。与此同时，还要实现账簿的备份管理。根据情况还应办理实物的搬运工作。

（2）航空器材储存和保管的一般要求

① 必须具有足够的库房，器材应是分类保管。账、卡、物相符，有器材领用和发放记录。在车间内库房要与工作区域严格分开。

② 库房内要有必要的温度、湿度控制，并且要有防火措施、通风措施及防汛措施等。

③ 库存寿命件应无超期、超寿现象。在限寿期内零部件、器材的发放中，应遵循早入库先发用的原则。

④ 对静电敏感的电子件要有防静电存放措施并严格按说明进行搬运。对金属及非金属材料制品、不同金属材料制品要采取分开存放方式。

⑤ 所有易燃材料，如油类物质、稀释剂、油漆等的保存必须与主库房隔离，并要求有防火和防泄漏等的警告标牌和设施。

⑥ 易燃液体不允许用开口的容器存放，警告标牌必须醒目，并且温度保持在 7 ~ 25 °C。

⑦ 飞机电瓶要存储在常温、干燥、良好通风、无直接阳光照射和热辐射的环境内。

⑧ 放射性物质必须隔离存放并有警告标志，必要时要用铅盒存放。

⑨ 火花塞要经防腐处理，并存储在干净、干燥的地方。

⑩ 导线存放在干燥、通风良好和温度控制良好的环境内。为防止腐蚀，导线不能存储在可能有酸气、蒸汽或其他腐蚀性溶剂存在的地方，不能放在石板或水泥板上。

⑪ 刚性管子要适当支撑存储，以防止磨损；柔性管子要完全非张力状态存储。管子两端要有堵头。

⑫ 飞机轮胎垂直储存在架子上，由两个支点支撑，每 2～3 月要更换一次轮胎位置。搬运时要防止磨损，内胎在搬运和存储时要用棉物包装，不能折放。

⑬ 库存的油封发动机、电机、零件等在到达油封期时，要重新油封并给出新的油封期。

（3）隔离区的管理

对下述器材要存放在专门的隔离区，并由航材检验人员监督：

① 未鉴定的航材等待鉴定的；

② 不合格航材等待处置指示的；

③ 通过评估可用接收程序控制的部件。

三、维修生产控制

维修生产控制包括维修生产计划与维修生产管理两大部分。维修生产管理的目的是向航空营运人的航务部门按规定的时期和规定的数量以及按计划的维修成本提供安全、可靠的航空器。

（一）维修生产计划与控制

从质量管理的角度讨论维修生产计划称为受控生产的策划，策划的结果则形成质量计划。通常一个企业的质量计划大多数具体反映在企业的生产计划中，除了有的合同环境下的质量保证要求单独的质量计划，一般都可以把生产计划看作质量计划。

维修生产计划是航空营运人经营计划的一部分，应根据公司的运输计划、维修大纲和维修方案对维修质量的要求，确定维修方式、作业方法和程序，使影响维修质量的各种因素和条件，包括人员、设备、设施、工具、器材和备件处于受控状态。通过对各项维修任务按照正确的顺序排列并安排适当的时间，使维修和车间工作得到有效控制。维修计划控制的重点有以下方面：

（1）防止超出维修方案所规定各级定期检修时间间隔的限制；

（2）防止不执行适航指令，或未按期执行；

（3）防止机队未能按合理的梯次使用，造成维修工作积压，可能导致减少飞机的利用率；

（4）防止由于无计划或计划不周造成匆忙工作、赶进度而引起维修差错；

（5）防止人力的不平衡、短缺或过剩；

（6）防止备材和材料缺乏；

（7）防止维修设备超负荷运转。

维修计划主要包括以下五个方面：

1. 飞机排班计划

飞机排班计划是把营运人机队的每架飞机分配到一个特定的航班，以完成计划的运输任务。由于航行的航班计划的变更、飞机替换、非计划的维修，飞机排班计划经常需要调整以适应变化的情况。飞机排班计划包括飞机维修的停场时间。飞机排班调度的目的是提高飞机和各种资源（人力、材料、设施、设备等）的有效利用，增加飞机利用率和减少飞机维修停场时间，并保证有足够的停场时间进行必要的维修。制订飞机排班计划应考虑以下因素：

（1）飞机型号和构形（座位、商载/航班能力、使用限制、厨房配置等）；

（2）航线时间表和航班次数；

（3）飞行小时数，维修要求和到达后可用于检修的剩余时间；

（4）替换用的备份飞机的可提供性；

（5）基地和航站能力；

（6）与其他航空公司的合同安排协议；

（7）特殊飞行（试飞、调机、包机、额外服务飞行、训练等）。

2. 生产预测和计划

维修生产计划是建立在维修生产预测基础上的。通常以过去的经验和历史数据为基础，根据机队的规模和配置、航线结构、计划的飞行小时和起落次数，对每个维修部门预测其工作负荷。生产预测的目的是确定以下问题：

（1）是否能得到完成计划的工作量所需的资源（人力、材料、设施和设备）；

（2）有关的预算是否能以最低费用有效地利用资源；

（3）扩展维修能力（厂房、设备、人力等）的理由是否充分。

在进行生产预测时，通常要具体列出某一阶段内每种飞机和每种主要部件需进行计划维修的次数和种类。飞机检修包括结构检查和D检，A、B、C检，过站和目检，工程指令，普查及非计划维修。部件检修包括翻修，单元体维修，修理，工程指令和普查。

做长期计划，预测可以粗略些，如按季度以检修次数或发动机返修次数以及ATA章节部件的工作量等进行。

做短期计划，预测要足够精细，使生产计划得以可靠地制订和执行。预测要按各种检修的开始日期，按返修类型（热部件检修、更换单元体、大修、小修等）划分的发动机返修次数和按部件类别划分的部件个数来确定工作量。

3. 人力计划

制订人力计划的目的是使生产预测与企业的人员配置水平之间达到平衡。人力计划是预测每天机库和工作的工作量。长期的人力计划以诸如每飞行小时的工时数等生产率指数为基础，再加上其他直接和间接工时，还要加上损失工时（离岗、病休、待料、培训）。短期人力计划则要更细，把工作量分解为具体的维修项目，如检查、部件大修以至特种技术。

为了做好人力计划，需要建立“劳动量统计”的数据库。一般典型地分解为直接劳动和间接劳动，直接劳动包括花在飞机上的工作工时、合同维修工时、改装工时；间接工时包括休假、培训，监督、检验和其他支持工作的工时。

4. 材料计划

材料计划包括支持维修和飞机运行所需的周转部件和其他可修备件的计划、消耗件计划以及支持车间修理的备件计划。

材料计划中的材料分为四类：

（1）部件，包括有序号周转件和可修件（有详细图解零件目录的组件）；

（2）可修复件（没有详细图解零件目录的组件）；

（3）消耗件；

（4）保险项目。

部件和可修复件的计划应根据机队规模和利用率、每架飞机的数量、部件维修方案、平均非计划拆换时间、不可用时间、航站保存数量等制订。

消耗件计划的根据为：订货至交货时间、过去的耗用率、短缺的可能性以及与处理订货、储存和物品装载运输有关的费用。

5. 设施计划

设施计划是预测维修生产所需的工具、机库和车间设备与各种设施。长期的地面设施计划可能涉及购置新的或扩建的设施和设备，还应考虑多种因素，如工作条件（人员、安全、噪声、办公室设备）、公用要求和当地建筑物法规。短期计划则是为机库机位和设备、停机坪设备、工具、车间测试设备等规定详细要求。

（二）适航放行和保留故障控制

1. 适航放行

适航放行是航空维修生产管理中的一项重要管理制度。航空器的适航放行分技术放行和遣派放行两种。技术放行是指航空器经过维修后，技术状态完好，达到适航标准，能够安全地完成飞行任务的签署证明；遣派放行指航空器在技术改进基础上，其设备和有关状况合乎预定飞行任务特点及要求的放行。

技术放行必须满足以下条件：

（1）规定的维修工作已经完成；

（2）所有需要检查的项目已由检验人员作了检查，证明良好，并由检查人员签署；

（3）飞机上不存在任何已知的不适航情况，在外站应符合最低设备清单的要求；

（4）按照规定签署了有关文件；

（5）飞机零部件及附属装备完整齐全，客舱内清洁卫生，飞机外部标志清晰完整。

航空器的技术放行是关于航空器经维修后符合适航标准的证明。当飞机经过定期检修以上级别的维修，每张工作卡上有相应作业人员及有关的检验人员的签署，最后由该项维修工作负责人进行总签署。总签署人员应有飞机放行的维修执照。飞机经航后、短停维修后，应由有放行权且持维修执照的机械员签署。

遣派放行由维修单位的计划调度部门负责，它是在技术放行的基础上，直接将执行飞行任务的飞机号通知航行部门，不必在飞行记录本上签署。遣派放行的条件是：

（1）飞机及其部件的可用时限或寿命足够完成预定的飞行任务；

（2）飞机上有关设备符合预定要求。

2. 最低设备清单

最低设备清单是在确保飞行的前提下，为了争取飞行正常，根据航空器的性能和设计余度，允许在特定条件下，某项设备不工作可以继续飞行而制订的。它是花了大量时间和精力对安全进行详尽分析的结果，只要符合最低设备清早的条款，并按其规定的要求进行操作，飞行安全性是可以得到保证的。但是，它不是航空器的维修标准，更不是可以长期带故障飞行的依据。

最低设备清单上所包括的项目是认为它可以允许不工作也能保持飞机处于一个可接受的安全水平。因此，最低设备清单不包括影响飞行安全的必不可少的项目，如机翼、襟翼、方向舵、发动机、起落架等。也就是说，未列入最低设备清单的项目，要求必须是能正常工作的。但是，航空器在型号合格审定时，对一些与安全性无关的机载设备，如旅客服务设备，显然也不包括在最低设备清单中。

最低设备清单是航空器放行的技术标准，它规定了航空器运行时，对失效设备的限制条件：

（1）航空器必须符合最低设备清单和构形缺损清单的适用条件和限制，并按清单要求制订操作和维修程序。

（2）最低设备清单适用于航空器所在机场在短时间内不具备相应修理和更换能力的放行。

（3）要确认失效的系统、设备之间不产生相互作用而降低飞行品质或加重机组操纵负担。

（4）按照航空器适航审定和适航指令的要求，不允许失效的系统和设备必须能正常工作。

通常航空器在基地不应该带有未处理的最低设备清单中的故障放飞。也就是说，在基地应该尽量将故障排除。只有一个正当理由可以从基地放飞一架带有最低设备清单中未处理故障的飞机，就是缺少所需的备件。只有从航材部门得到证实，库房内没有所需的零件或部件，而且是既没有高一级的组件，也没有低一级的可以用来排除故障的组件。

最低设备清单中保留故障的级别可分为：

（1）不影响适航性的项目，这些项目不影响一架飞机飞行安全性，可以推迟到下一次有维修机会时予以解决；

（2）最低设备清单中不需要维修人员和机组人员采取措施的项目；

（3）列在最低设备清单中需要贴标牌的项目（在最低设备清单中标以 * 符号的项目），需要在受影响的操纵或指示器的附近贴标牌；

（4）列在最低设备清单中需要采取维修措施的项目（在最低设备清单中标以字母 M 的项目），这些故障在保留之前需要特定的维修措施；

（5）列在最低设备清单中需要机组采取措施的项目（在最低设备清单中标以字母 O 的项目），这些故障在保留之前需要特定措施。

保留故障的修复期限，一般分为三类：

A 类：要求在 1 日历天（24 小时）内修复；

B 类：要求在 3 日历天（72 小时）内修复；

C 类：要求在 10 日历天（240 小时）内修复。

保留故障的控制包括：批准、记录、跟踪和安排纠正。

（1）批准

保留故障都必须经批准后才予以保留。批准的权力有的公司属于生产调度部门，有的公司属于质量控制部门。有的将最低设备清单内的保留故障批准由生产调度（或维修控制中心）负责，超出最低设备清单的故障保留，由质量保证部门批准。但是凡是超出最低设备清单规定的保留期限，需要延期的项目必须由质量保证和控制部门负责人批准。

批准保留故障的延期前必须先对项目予以确认：

① 没有可以替换的飞机；

② 飞机上先前没有保留最低设备清单上的故障项目,这些保留故障项目会影响对另加的失效部件或系统的保留；

③ 不会降低安全水平；

④ 不会造成增加机组不适当的工作负荷。

（2）推迟维修项目（DMI）记录单

推迟维修项目记录单是维修控制中心用来记录、跟踪和保留故障的。其记录包括：

① 由机长写在维修记录本上的保留故障；

② 由维修人员写在维修记录本上的保留故障；

③ 在机库和航线定检中保留的故障。

它可用于跟踪提出保留故障的申请人及原始的维修记录，保留故障批准人、批准依据、保留故障期限、批准保留的措施；是否提供标牌指令、是否通知派遣以及维修人员对实施批准措施所采取的行动。

推迟维修项目单一式三份，一份交质控部门，一份交维修生产部门并作为纠正保留故障的通知，生产部门完成了纠正工作后，将纠正措施记入推迟维修项目单，并返回给维修控制中心，以便保留故障项目被解除。

维修控制中心每周作一次推迟维修（即保留故障）项目的汇总，报告保留故障状况、数量、种类和期限。

另外，飞机上也有一本保留故障记录本，并作为飞机记录系统的一部分，可用来：

① 使机组能很快了解一架飞机上保留故障的状况；

② 使机组不再重复报告故障（经批准的保留故障）；

③ 提醒维修部门注意这架飞机推迟维修的情况。

飞机上的保留故障记录本由维修人员填写。

（三）质量管理

质量检验是航空维修质量控制的基础。航空维修的质量检验可分为三个方面：飞机维修的质量检验，飞机、部件修理和改装的质量检验，航材验收的检验。

1. 飞机维修的质量检验

飞机维修，包括例行各级定期检查和非例行维修的质量检验，主要的任务是对必检项目的技术状况和维修工作质量实施检验。飞机维修中的必检项目相当于制造业的关键工序和特殊工序，每项必检项目则成为维修生产过程的一个控制点。任何影响飞行安全的维修工作，都要进行必要的检验，必检项目确定原则如下：

（1）飞行操纵面和操纵系统的安装、校装及调节；

（2）起落架重要部件的安装和调节；

（3）飞机重要结构（受力）部件的安装和修理；

（4）燃油系统重要附件的安装和调节；

（5）发动机、齿轮箱等重要部件的安装和调节、测试工作；

（6）舱门机构的安装和调节；

（7）系统或整机的功能检查。

必检项目检查的内容，一般如下：

（1）零部件的外表形态，外形完整性；

（2）密封性能；

（3）安装尺寸、安装方法、安装间隙；

（4）调节的正确性；

（5）测试及系统试验数据等。

2. 修理和改装的质量检验

部件修理的质量检验包括：初步检验、工序检验和最终检验。

（1）初步检验是为了初步确定存在的故障及缺陷。若发现重大缺陷和不适航情况，报告质量控制部门，使之引起注意。初检工作的实施由相关的工作人员和工序检验人员完成，完成初检后发现的缺陷填入检验记录表格，并随零部件周转至修理合格。

初步检验的内容如下：

① 检查部件的履历本记录、文件是否齐全；

② 检查送修单内有关故障、缺陷的说明是否清楚；

③ 对零部件可见部分进行一般目视检查；

④ 根据需要对零部件进行功能试验或无损检测，以确定状况和使之恢复到可用状态所需做的工作。

（2）工序检验是根据工艺规程、技术标准、修理手册等文件，对维修产品本身所进行的检查。工序检验人员要对所接收的全部零部件在分解、修理、翻修或改装过程中各种级别的工作实施工序检验。

对严重影响飞机安全的部件或某一项修理明显改变其强度或性能的关键工序，必须实行双重检验。双重检验是指首先由一名班组长检验并签字后，再由相应工种的检验员检验并签字。

（3）最终检验是授权的放行人员对所有维修工作及其记录进行检查后的签字放行。部件在批准放行之前，车间要将全部工艺单上的规定工作全部完成，各种记录完整、齐全，签署正确，交生产部门，生产部门检查无误后，通知质控部门。检验员要审查该次维修工作的所有工作记录，以确定所有按有关规章和程序规定的工作均已完成。当完成了以上审查后，授权的放行人员才可签字放行。

3. 航材验收的质量检验

航材验收包括外送修理的周转件返回的验收和新购器材的验收。航材验收的目的是确保不合格器材不进入维修生产。航材验收主要分为航材文件验收和航材状况验收。

（1）航材文件验收要求如下：

① 周转件，要求有修理单位的适航标签、发运标签或其他发货单位应能证明部件是由持

生产许可证或维修许可证的厂家按规范翻修的。

② 新生产部件，则应有适航当局 TSO（技术标准规定）号或 PMA（零部件制造人批准书）标记。

（2）航材状况检验，主要检查有无明显损伤、腐蚀和其他缺陷。检查应有足够深度，检查时可使用生产厂或修理厂提供的有关检验和修理方面的数据。

航材验收还要确保货单和物品一致，对于那些有货架寿命的项目要确保接收时有足够存储寿命。

对于有运输损伤、腐蚀、劣化迹象的部件，验收时可要求做功能测试，功能测试应按制造厂的出版物上的说明进行。若得不到合适的测试设备，可在飞机上对部件进行测试。

四、维修设施与工具的控制

航空维修所需的设施、设备、工具、量具和测试设备是从事维修工作不可缺少的物质手段，关于设施、设备、工具等的管理统称为设备管理。关于设备管理，以往多数只限于单纯地研究机械设备的管理与更新以及工卡量具的管理，而且多数是对个别设备进行研究。在当前情况下，个别、片断地研究设备的方法已难于真正解决设备管理中的有关问题，也不符合 CCAR-121AA 的要求。

CCAR-121 规章中关于维修规划的要求包括了设备管理的内容。现代设备管理包括以下五项内容；

（1）设备的布局与设计；

（2）建设与安装；

（3）保养、修理与更新；

（4）有效的运用；

（5）工厂防灾。

这五项内容总的意图在于从设备投资的计划开始，通过建立、开工，实现设备的运转，到最后设备报废为止。也就是说，以设备自始至终的全寿命过程作为研究课题。特别是设备的布局与设计，与航空维修的现场管理和物流管理关系十分密切，对维修作业的效率和作业质量有直接影响。此处不作详细阐述，仅指出，设备管理的总的要求是合理选购、正确使用、精心维护、科学检修，安全经济地运行，以达到设备寿命周期费用最经济、设备综合效能最高的目标。

（一）厂房和设施

1. 适航法规的要求

CCAR-145 对厂房和设施作了如下要求：

（1）合格的维修单位必须具备为进行维修许可证规定范围内的维修工作提供必需的设施和场所，特别是要能免受各种气象环境因素的影响。

（2）合格的维修单位必须保证不发生环境以及地点的污染。专业化车间或场所必须视情加以分隔并遵守特定的要求。

（3）合格的维修单位必须具备为完成维修工作所需的办公设施，特别是质量保证、工程技术和生产计划管理所需的办公设施。

（4）合格的维修单位必须具备存储零备件、设备、工具和器材的存储空间。储存条件必须满足所需的存储要求，并保证必要的隔离。

（5）合格的维修单位必须保证其存储空间及各作业区域具有必要的安全保护设施。

2. 维修单位的具体措施

以下分别介绍关于机库、发动机车间、机械附件车间、电子/电气修理车间的设施和设备要求。

（1）机库应具备以下条件：

① 机库结构能防雨、雹、冰、雪、风、沙等影响，工作空间足够；

② 机库内有必要的供水、供电、供气和温度控制及照明设备；

③ 工作场所内有必要的防尘和防噪声控制措施；

④ 机库内的工作梯、工作平台、千斤顶等设备要有专人负责保管，按区域摆放；

⑤ 所有需定期检验的设备和仪表内应有明确标记，并在有效期内。

（2）发动机车间的设备要求如下：

① 有足够的工夹具、量具设备和机械加工设备；

② 有工作时所需的吊挂等设备；

③ 有必要的无损探伤及特种工艺处理设备；

④ 有动静平衡试验设备；

⑤ 有经过标定的发动机试车台；

⑥ 上述需要定期检定和检验的设备、工具等应在有效期内。

（3）机械附件车间的设备要求如下：

① 有足够的工夹具、量具和机械加工设备；

② 有必要的无损探伤及特种工艺处理设备；

③ 有所需的试验（包括功能测试）设备；

④ 工作台架、工具设备、机械加工设备及测试、实验设备均有定期检修校验和保养记录。

（4）电气/电子车间的设备要求如下：

① 各类测试用仪表、仪器工具齐全；

② 电、气温设备完善；

③ 清洗、喷漆间与主修理车间隔离；

④ 有必要的超净工作间或工作台；

⑤ 温度、湿度控制记录完整；

⑥ 有防静电设备及设施；

⑦ 有防噪声干扰措施；

⑧ 有防辐射干扰措施；

⑨ 有足够的试验台设备；

⑩ 所有需定期核验的设备均应在有效期内。

（二）计量器具和测试设备

为了正确判定经维修、预防维修、修理、改装后的飞机和系统、部件的质量特性是否满足要求，获得可靠的质量信息，必须对测量和试验设备进行严格的控制。

1. 航空维修计量器具和测试设备分类

航空维修计量器具和测试设备大致可分为以下七类：

（1）长度计量类

长度计量类指各种游标类量具、各种测微类量具、各类表类量具、量尺、环规、塞尺、角尺、万能角尺、平尺、测量平板、粗糙度样板等。

（2）温度计量类

温度计量类指热电偶、温度计、高温毫伏计、温控仪、温度调节仪等。

（3）力学计量类

力学计量类指各种压力表（气压表、氧气表、乙炔表）、压力真空表、砝码、天平、秤、硬度计、转速表、里程表、扭矩扳手等。

（4）电学计量类

电学计量类包括交直流电压表、交直流电流表、三用表、三用表校验仪、兆欧表、电桥、稳压电源、电阻箱、电位差计、分压箱、电度表、频率表等。

（5）无线电计量类

无线电计量类指高中低及超高频信号发生器、各类示波器、各类频率计、雷达综合测试仪、电子管测试仪、晶体管测试仪、功率计、衰减器、频谱分析仪、微波无线、各类超声探伤仪等。

（6）时间频率计量类

时间频率计量类指秒表、电钟表、时钟检定器、计数器等。

（7）航空专用计量仪器类

航空专用计量仪器设备指各类航空电子、仪表、电子设备检测仪器、各类机身、发动机检测仪器设备。

各类计量器具、仪器、测试设备要规定实施统一分类和编号管理。

2. 标签管理

计量器具采用彩色标记管理办法，凡经检验合格的器具，均应贴有合格标签，标签内容有：

（1）检验人/代号；

（2）仪器的有效使用期；

（3）标签颜色：

① 绿色标签表示合格，又分A、B、C三类。A类为强检项目，B类为一般计量器具，C类为一次性检定的计量器具或随设备大修同步检修的计量器具。

② 蓝色标签表示限用，它的某些项目技术指标不符合检定规范要求，但在一定范围内可以使用。在贴限用标签的同时，发放检定结果通知书，注明限用范围。

③ 黄色标签表示准用，该计量器具国际无检定规范、国内无检定单位，但出厂说明书上有定期校验方法，本单位有检验所需设备，经已取得证书的检验人员检定合格的专用设备。

④ 红色标签表示报废。

3. 计量器具检定制度

根据国家《计量法》规定，维修单位的所有强检类计量器具必须组织强制检查。非强检类的其他计量器具按实际使用和民航局有关规定，由各专业组检定，由计量部门审核、质控部门批准，自行规定检定周期。

为保证计量器具正常使用和量值的准确传递，在执行验收检定时，必须按检定周期使用，不得超期使用。计量人员进行现场监督，凡发现使用无检定合格证的或超期使用计量器具，应停止使用。

每季抽检在用计量器具总数的10%，检定办法以检定规程中示值检定为主，抽检合格率必须达到95%以上。

应对检定的原始记录、技术档案、检定证章和证书实施有效的管理。检测数据、结论、检定记录必须填写准确、清楚。原始记录应妥善保管至少三年。各种计量标准及配套仪器设备的使用说明书合格证、检定合格证、历次检定、修理记录等各种技术档案，必须保存到该设备报废后一年。

检定人员用章、计量部门和其他单位所用计量用章由质控部门统一管理和发放。

第三节　航空维修质量检验（C阶段）

质量检验在航空维修的全面质量管理中占有重要地位。航空技术装备在空中使用，飞机在空中发生故障可能对飞行安全带来威胁。航空维修主要靠机务人员以手工方式进行单件作业，这些决定了质量检验是维修质量控制最重要的手段，是航空器投入空中使用前适航放行的最后关卡。

一、质量检验的基本概念

航空维修工作中的质量检验，是指按照有关技术文件，如《维修手册》《工程程序手册》、工作单卡、工程指令等规定的具体要求，利用一定的方法和手段，对维修工作实施情况和完成质量进行检测，并将检查结果同该项维修工作有关的标准或要求进行比较，判断该项维修工作质量是否满足规定要求。检验者在实施检验时，必须按照质量检测要点规定内容、时机、方法，使用规定的工具、量具或仪器，实际进行检查。质量检验是应用质量标准和质量检查手段对已形成的质量进行质量制订的过程，这一过程包括以下几个质量检验环节：

1. 标　准

根据航空产品的技术、工艺规程以及飞行使用过程对该航空产品的要求，制订维修该产品应注意的一些事项与具体操作要求，使相应项目的维修工作有可操作的质量要求。标准应具体化，不仅质量检验人员能按此要求进行检查，而且机务人员也能按质量要求进行操作并进行质量判断。标准的具体化，也就是质量标准规范化，不因人而异，能用来判定具体的维修工作质量合格与不合格。质量标准是质量检验的基础和前提。

2. 检 测

检测是对飞机机件状态和维修工作的实施情况及其质量进行检查与测量的工作。包括检查人员运用感官进行检查和使用仪器、仪表进行测量、测试、化验等方面的内容。每一位机务人员都在经常地对飞机的质量与机件状态进行预定的与非预定的检测工作，这不是一般意义上的飞机检查工作，而是指专职的质量检验制度。质量检验是在操作者做好第一手工作基础上进行的，首先操作者必须按照技术标准先进行自检，在确认质量合格后，再请检验者检验。检验者的质量检验工作，是本原意义下的质量检验。

3. 比 较

比较是把检测出的结果同该项维修工作的技术标准、质量要求等进行比较，看其是否满足规定要求。以问代检不能算作一种检验手段，这是因为只问不检，未能进行实地检测工作，就必然缺乏对质量状况的真实了解，问的质量不能代表实在质量，检验方法缺少科学严谨性。

4. 判 定

根据比较的结果，直接判断维修工作质量是否达到规定的质量要求，做出符合客观实际的定性结论。判定阶段在比较阶段之后进行，但两个阶段结合在同一个检验者身上进行时，两者可能有时用交替方式进行，即对复杂的质量问题反复地进行质量比较和判定。判定要坚持以事实和数据为依据，以标准和规定为准绳。

5. 处 理

根据判定的结果，对达到规定质量要求的项目予以通过放行，对检验判定结果为不合格的，不得转工序、出厂，飞机更不得放飞。对机组报告的或机务工作检查时发现的故障及其他质量问题要及时向有关部门和人员反馈质量检验信息，敦促及时查明原因并予以彻底排除或解决，其后还必须进行相应的复查工作。

6. 记 录

记录要贯穿于质量检验的全过程，把检测出的数据和情况以及判定和处理情况，完整、准确、及时地记录下来，并向有关机构和人员报告或反馈。

质量检验的目的主要是确认每一项维修工作质量是否符合要求；监督维修实施过程的状态是否保持质量稳定；提供质量信息，保障飞行安全。

尽管质量检验是一种传统的质量管理方法，但全面质量管理是在质量检验的基础上逐步发展起来的，质量检验是全面质量管理的“根”，质量检验这个“根”扎得不牢，全面质量管理这棵“大树”也就不可能枝繁叶茂。

质量检验是质量管理的一种有力手段，质量检验的管理职能有以下三个方面：

（1）把关职能，质量检验的目的，是对维修工作实施情况和已达到的质量水平实施检测，以鉴别其质量是否符合规定的要求，防止质量事故的发生，这就是质量检验的把关职能。必然强调，凡必检项目，必须经检验者检验，未经检验的，不得转工序，不得出厂，不得放飞。

（2）预防职能，采用先进的检查方法，可以最大限度地发现各种潜在的飞机质量问题和维修工作质量问题，把住飞机质量关和维修工作质量关，从而把各种质量问题发现和解决在质量事件出现之前，预防质量事件的发生。预防为主是全面质量管理的一个重要原则，它必须体现在质量管理的一切工作领域，质量检验是体现预防为主的一个重要方向，质量检验的重点是机械分解后内部状况、影响机件性能的关键安装工序、故障排除情况、装配和试验情况、关键性的维修工作、疑难故障的排除等进行检验。具体检验的内容、时机、方法和技术要求，要按质量检验大纲的规定执行。

（3）反馈职能，把质量检验中搜集与记录的数据、资料等汇集在一起，进行必要的综合分析、整理工作，然后反馈到有关部门，使有关部门更深入了解航空产品的质量情况，及时处理各类质量问题，为改进和提高产品质量与维修工作质量提供必要依据。

质量检验的方式，是根据质量检验的对象、采用的检验手段，以及检验的性质与要求不同来加以区分。不同的检验方式，既反映了维修工作不同的质量要求，又反映质量检验水平。质量检验按检验手段可分为：

（1）官能检查，通过检验人员的感觉器官（眼、耳、鼻、舌、手），依凭检验人员的知识和经验，对维修人员工作质量进行直接的检验。这是航空维修中质量检验普遍采用的方式。它要求检验者比操作者有更丰富的维修经验，对质量问题的认识更深刻。但是这种检验方式有很大局限性，因为它只触及受检对象的外表，对复杂项目的维修工作的内在质量就难以检测，难于发现深层的质量问题。凡是规定要用工具、器具、仪器进行实测的检验项目，或者需要进行分解检查的项目，不允许只进行官能检验。

（2）专用检查仪，对飞机的质量状况以及完成维修工作后的质量状况，用专用的地面检查设备与机载检测设备进行检查。这是一项很有意义与发展前途的质量检验工作，尽管目前不把这项工作纳入质量检验范围之内，而是把它归为机械师的工作，但是这项工作本质是质量检验问题。

（3）物理化学分析，对飞机、部件的物理化学性能、油液成分、化学性质进行各种分析检验工作，通过物化分析以查明各种异常现象，检验飞机及部件的质量状况。物理化学检验的工作有：部件、仪表的测试与校正；燃油、滑油质量化验分析等。

（4）无损检测，是对飞机结构件和部件检测其结构内部是否存在缺陷，诸如裂纹、腐蚀等，并且又不会对结构件和零部件产生损害性影响的检验方法，例如涡流检测、X 光检查、超声波检测磁粉检测、渗透检查等。无损检测是飞机结构检查的重要方法。

质量检验也可按维修工作阶段的划分进行分类，可分为：

（1）外购品检验，是指外购器材入库前的检验，以确保不合格外购品不进入维修生产过程。鉴于外购品种类多、数量大，对飞机质量有重大影响，必须根据重要程度及检验成本等，采取适合的验证方法，如全检、抽检或确认证件。

（2）工序检验，是指在工艺流程中适当的工序和工位设置的检验点，以验证工序是否符合规定要求。检验工位的设置和检验的次数，取决于生产阶段产品特性的重要性和检验项目的复杂程度。一般来说，应尽可能在靠近形成特征或特性的生产工位进行检验。

美国FAA根据航空维修的特点，在一般的质量管理原理的基础上，将工序检验这个概念演变成必检项目的检验。FAR121部首先给予必检项目的定义。必检项目是指那些若实施不当或者使用了不适当的零件或材料，可能导致危险及航空器使用安全的故障、失效或缺陷的维修和改装项目。FAR121还规定要明确规定必检项目的名称、检查的方法以及对必检项目复查的程序。

（3）成品验证，包括两种形式：成品检验和产品质量审核。成品检验是指最终产品的检验，一般是入成品库或出厂前的最终检验。对批量生产的产品通常采用全检、分批抽样和连续抽样等方法来保证产品或生产批满足性能要求以及其他质量要求。航空维修要求对修复件的每一件产品都进行核验，往往和修理后的测试结合进行。

二、质量检验基本原则

美国FAA的咨询通告，AC120-16C《持续适航维修大纲》，规定了持续适航对维修管理的基本要求，其中最重要的是质量检验大纲。

质量检验大纲综合了检查和维修的功能，规定了质量检验应遵循的原则和方针。

维修工作质量的基本责任是由从事维修、预防维修、修理和改装工作的航线、机库或车间维修人员，以及负责分配、指导、检验的监督人员共同承担的。但是，维修工作质量是由质量检验员来检查并确定完成的工作质量是否满足有关技术标准。由检验员来评审和检查维修工作质量以及维修工作所使用的方法和材料，这就是著名的质量责任分散原则和质量职权集中原则。

检验过程要对机械员完成工作进行连续的监控。监控包括抽样检查、统计分析，适当时要求进行详细的全数验收。详细验收程序通常在抽样检查和统计方式不能有效控制工作质量的情况下使用，或当引进新飞机、设备、维修方式，或人员经验不足时采用。

质量检验的基本原则包括以下方面：

（1）检验员印章批准；

（2）检验连贯性的责任；

（3）检验员决定的撤销；

（4）复查的原则；

（5）关于检查自己工作的原则；

（6）工作完成的放行。

1. 检验员印章批准

航空维修质量检验制度要求机械员将工作单交检验员做最终验收之前，要在自己所做的工作一栏填写名字。检验员在工作单边上一栏盖上检验员印章，表示完成验收。

检验员必须经正式的授权和委任，使用带号码的检验员印章，用印章对产品和加工过程予以批准和证明。质量控制部门负责人负责制订和发放检验员印章，并保留一份现行有效的授权和委任检验员印章的记录，该记录包括印章上的号码、颁发印章日期和签字式样。未发的印章应妥善保存，损坏的印章应立即销毁。

2. 检验连贯性的责任

维修工作特别是复杂的检修和修理工作，往往可能需要多次换班才能完成一项工作，质量检验要确保对那些可能多次换班的工作项目检查监督连贯性，要求建立必要的工作程序，确保由于工作中断，一个班组未完成的维修和检验工作能由下一个班组予以圆满完成，飞机、发动机、部件在放行投入使用之前不会有漏检、漏验的情况发生。

保证维修工作的连贯性是检验员的重要责任,是通过质检部门保持一份工作项目的清单，核查清单中工作项目完成的情况来保证维修工作的连贯性。

为了确保换班时工作能准确交接，那些一天内接班一次以上的工作区（机库、车间、航站），应使用“交接记录本”来说明上一班组工作情况，记录未完成的准备移交下一班的工作项目。工作人员应注意所有未完成的准备移交下一班组的项目的详细情况，包括：当前的状态、未完成工作的步骤或工序，特别是影响适航性、航班计划或影响工作进度准时完成的项目。

3. 检验员决定的撤销

航空维修的质量管理部门应拥有质量否决的权力，机械员应服从检验员的决定，检验员对某一个检查项目的决定，只能被质控部门的主管人员，包括质控科经理、质保和质控部的部长和主管维修的航空公司副总裁撤销。其他行政管理人员，包括工程技术、生产计划和生产车间的主管人员无权干涉检验人员的决定。当检验人员决定被撤销，应有书面记录，航空公司将对撤销决定负有全责。

4. 复查的原则

在飞机维修和营运中发现的故障应该进行恰当的重新检查和验收。在较高级别定检（C 检或更高级别），所有检查发现的问题应由一名授权的检验员对其重新检查；较低级别定检（B 检或更低级别），所有检查发现的问题应由一名授权的检验员（若有此人员）对其重新检查。对于那些没有授权或委任检验员的地方，维修主管人员可以放行检查项目。

任何双重检查的项目，必须在下一次飞行前进行。凡属双重检查的飞机工作系统，首次检查和签证后，必须保持原有状态不变，不得再进行调节，并且首次检查之后，应立即进行第二次检查。如果在经过双重检查以后，某工作系统又被做过维修工作，则在飞机放飞前必须对该系统被动过的部分重新做双重检查。

5. 关于检查自己工作的原则

维修一线的机务人员，既是具体维修项目的操作者，又是该维修项目的第一位检验者，应对自己完成的每一项工作按照技术标准进行自我检查。自检是一种最基本的质量检验形式，是其他各种质量检验形式的基础。这是因为有些项目操作程序较复杂，有的装配项目缺少外观检查手段，很难事后检查内部装配情况，离位检查在很多情况下是行不通的。例如，机轮安装情况的检查，由于该项目检查程序较为复杂，机轮安装以后其他检验人员一般是无法检查的。因此根据航空维修的特点，自检是必不可少的质量检验形式。

但是，对必检项目，必须由检验员实施检查，任何检验员不得进行维修、预防性维修、修理或改装并验收该工作项目，也就是检验员不允许检查自己的工作。

三、必检项目

必检项目是指若没有及时实施，或使用了不适当的零件和材料，或工作不当便会造成失效、机械故障以及危及飞机营运安全的维修和改装项目。

质量检查部门要根据制造厂的有关资料、国家标准、民航局标准和本公司标准以及本单位的实际情况和经验制订检验大纲。检验大纲一般应包括：必检项目和特别检查项目、检查周期、检验手段等。通常，飞机制造公司在其推荐的维修计划文件（MPD）中标注 R_{II}或 C 的项目，即为制造公司建议该项目为必检项目。这些项目可能包括：

（1）在飞机上对飞行操纵系统的下列部件进行安装、修理及校装：主操纵面（副翼、升降舵、方向舵）；各种补偿片；安定面；配平作动器；安定面螺杆；后缘襟翼、扰流板、前线增升装置及可调作动器和螺杆。

（2）燃油系统：油箱安装；对结构油箱内部作重要修理。

（3）起落架：主起落架轮轴架组件；主起落架支柱及枢轴组件；前起落架组件；起落架作动筒；选择活门；上锁及下锁；主起落架紧急释放机构组件。

（4）舱门：外开式舱门及锁栓系统。

（5）动力装置：发动机；风扇叶片的更换；发动机的安装；辅助动力装置的安装；附件传动机匣的安装；第一级盘的安装；第二级盘的安装。

（6）结构：主要结构件（大的修理、改装或飞机基本结构的安装是必检项目；小修，如修补蒙皮、压坑、更换紧固件、更换窗户和风挡不是必检项目）。

（7）系统或整机的功能检查。

（8）零部件翻修、修理过程中的关键工序和性能测试。

（9）原材料及其加工处理工序。

必检项目要求至少有两人签字检验此项工作。签字的人员，必须是专职检验员和合格的技术员。如果做了必检项目的工作，有合适执照的技术员须先签字，然后由检验员检查后签字，检验员本人不能直接参与施工。

在航线或机库维修前，查阅飞机维修记录、机组报告、工作卡和非例行维修记录单期间，定为必检项目的每一个记录或工作应标上字母 R_{II}。主管维修人员应不断监控维修活动，确定在增加的工作中是否有必检项目，若有也应标上字符 R_{II}。授权为飞机适航放行签字的人员应查阅所有文件并确认标有字符 R_{II}的项目是否已完成工作，以及被授权的检验员对该项工作是否已认可。

在航线维修期间，每一必检项目应在飞机维修记录本上有双重签字；机库维修期间，每一必检项目应在工作卡或非例行维修表格中有双重签字。

检验员对必检项目的检查包括完工后检验以及施工过程中按要求进行检查。主要的检查方法如下：

（1）检查方法 1

检查装上的部件是否正确，如果安装后看不到零件序号（C/N）或件号（P/N），则根据文件鉴定；检查安装固定保险和工艺情况是否正确；如适用，进行压力试验（燃油、滑油、液压、气动系统）；按照有关维修手册中的试验章节检查。

（2）检查方法 2

检查器材紧固件及工艺是否正确；检查现用的工程施工说明是否与《结构修理手册》一致；如适用，进行压力试验。

（3）检查方法 3

按适用的发动机更换单或《维修手册》检查。

（4）检查方法 4

按标准电路工艺检查（参阅相应的线路图册）。

必检项目清单中除按 ATA 章节对飞机各系统列出必检项目外，还包括特殊情况检查。使用中的特殊情况，如机体振动、鸟击、轮胎的胀大或被磨平、刹车卡阻、抖振、客舱释压、托尾、发动机和吊架损坏、超越设计速度、超越襟翼放下位的速度、超越前起落架最大牵引角、极度的尘土、重着陆、高阻力或侧载着陆、大惯性停机、热气管破裂、前减震支柱释压下着陆、雷击、水银泄漏、严重颠簸、发动机吊架过热灯亮等。对上述特殊情况要制订履行检查所需的方法、程序、限制和标准。

四、航空器的质量检查

航空维修的质量检验有双重任务，一是维修工作质量的检验，二是航空器质量的检查。这两者之间的关系可看成目的与手段的关系，航空器的质量是目的，维修工作质量是手段，是通过保证维修工作质量这个手段来达到保证航空器质量的目的，而预防维修工作中最主要的内容是对航空器的质量状况进行检查。

（一）飞机检查

航空维修通常使用各种检查方法，确保对飞机、发动机、部件进行适当的维修。其中大部分飞机检查工作是由机械员承担的，但是使用特殊方法进行特殊检查则是由检验员承担的。

在维修的工程文件中一般都给出维修中每一项目的检查方法和等级。但是，确保航空器不存在不安全状态或不适航状态对航空器运行是头等大事。因此，不限制检查人员使用各种检查方法或较高级别的检查，特别是当有证据说明可能存在不安全状态时，检查人员可以使用更多的方法，例如，使用工作台、工作梯，使用检查工具如镜子、放大镜，拆除检查口盖或部件以接近更多的区域。

1. 检查等级

现代航空维修在飞机上进行检查的方法和等级，采用了国际通用的定义，它们是：

（1）一般检查

① 检查，是指按规定的标准检查一个项目；

② 无损探伤，是指用于补充目视检查和探测隐蔽缺陷的一种检查方法，如 X 射线、超声波、涡流检查、放射性同位素检测等。

③ 寿命跟踪，是指根据使用中所收集的数据进行分析后对项目所做的全面评定，评定项目抗恶化能力随使用时间的变化关系。

（2）飞机系统检查

① 目视检查，指观察性工作，用来确定一个项目是否能完成其预期目的。它不需要定量或精确说明，是一种快速发现故障的检查工作。

② 功能检查，是一种定量的检查，以确定项目的一种或多种功能是否在规定的限度之内。

（3）区域检查

① 外部监视检查，是一种目视检查，用来探测外部可见结构或系统、动力装置是否有明显不满意的状况和缺陷；也包括通过快速打开检查口盖、舱门探测可见的内部结构。为了接近检查区域，可能需要准备工作台和工作梯。

② 内部监视检查，是一种目视检查，用于探测结构和系统、动力装置内部明显不满意状况和缺陷。这种检查适用于被遮挡的结构和装置，这时需要拆下整流包皮、整流罩、检查口盖、舱门等。

（4）结构检查

① 巡视检查，是一种对机翼下表面、下机身、舱门、舱门开口处、轮舱暴露区域的目视检查。

② 外部监视检查，是一种目视检查，即对外部结构限定区域在规定的距离范围内（约为正常人员伸开双臂的范围）进行目视观察，并确定是否需要进行进一步的检查。它还包括通过快速打开检查口盖、舱门对内部可见结构的检查。为了接近检查区域，需要准备工作台、工作梯等。

③ 内部监视，是一种目视检查。这种检查适用于被遮挡的结构和装置，这时需要拆下整流包皮、整流罩、检查口盖、舱门等。

④ 内部详细检查，是指对明确规定的结构细部或位置进行仔细的目视检查，以寻找结构异常迹象。可使用适当的照明，必要时使用镜子、放大镜等检查工具。为了接近检查区域，可能需要进行表面清洁工作和接近手段。

⑤ 特殊检查，是指使用特殊的无损检测（NDI）手段，对特定部位或隐蔽的细节进行检查。

（5）隐蔽损伤的检查

为了把对航空器实施的维修工作总量控制在可接受的范围内，不同检查等级所需的维修工作量、维修时间是不同的，高级别的检查所需的人力和时间要比低级别的多。因此，在维修方案中，低级别的检查频率较高。在低级别检查时发现的明显损伤说明可能存在隐蔽损伤。例如，对某一结构区域作外部监视检查，发现有明显损伤，虽然在预定的维修方案中并未规定此时要对此区域作内部监视检查，但此时检查人员应对损伤的邻近区域、内部结构进行详细检查，以确定隐蔽损伤。这就是说，对有明显恶化的区域，检查人员应对相应的系统和结构区域，或同一材料或设备进行彻底检查。检查范围应根据以前使用历史情况、故障或缺陷报告、服务通告和适航指令（AD）进行全面分析后按涉及的组件型号予以确定。

2. 飞机检查程序

飞机检查工作的程序按飞机例行维修的工作单进行。工作单规定了检查方法和步骤；工作单还是一种维修记录，记录工作完成的情况、工作人员的签字，必检项目必须有检验员签字。工作单是航空维修的法规性文件，用来证明工作完成的情况，是飞机历史记录的重要组成部分。

飞机检查发现损伤和缺陷后，必须对损伤和缺陷进行修理或改装。在机库检修的例行维修中发现问题，由检验员填在非例行项目表上，而在航线维护中发现的问题则填在飞机维修记录本上。重要的修理和改装则要制订工程指令。工程指令通常规定修理和改装过程中不同阶段所要进行的检查。

（二）车间检查

从航空器上拆换下来送到车间进行修理或翻修的部件又称为周转件。从维修质量保证的角度来说，必须要有一种可靠的方式来证明最终从车间放行的周转件是可用的、可信赖的。这种证明方式是通过：

（1）由车间检验员亲眼观察车间生产、加工过程，必要时检验员亲自参与中间的或最终的测试来确保产品最终的适航性；

（2）车间检验员通过观察确信车间工艺图纸和其他工作说明上所要求的步骤都已完成；

（3）车间检验员在车间报告上签字；

（4）车间检验员在可用标签上签字放行。

为了确保修理质量，车间检验人员还必须确保车间工作和测试设备均已作了校准并随时可用，车间使用的《修理手册》和工作文件完整、有效。

对于需要分步检查的部件，检验员要在部件分解、修理和翻修的各阶段进行检查，检查的频度在相应的修理工艺卡上应予规定。

对于需要功能测试的部件，应按照制造厂的出版物上的规定进行测试。若得不到相应的出版物，则由工程部门制订功能测试要求。所有要求都以工艺卡形式提出，在工艺卡上签字并记录部件测试性能。如果没有合适的测试设备，部件可以装在飞机上测试。在任何情况下，必须在车间检验员监督下进行功能测试和记录。

（三）航材检查

航材检查是航空维修质量检查的重要方面。航材部门的质量职责包括航材验收、隔离区监督、货架寿命控制、航材储备定期评估四大职能，每项职能均有相关质量检查的要求。这方面的内容我们在本章前一节中已有阐述，这里不再重复。

第四节　航空维修质量保证

航空维修的质量保证，指的是航空器营运人在工程与维修方面满足有关适航标准，向适航当局提供充分信任而开展的有计划、有系统的管理活动。为了使质量保证行之有效，我们应从三个层次来认识质量保证。

第一个层次是作为管理思想的质量保证，前述内容已进行了阐述。

第二个层次是作为管理体系的质量保证，前述内容也进行了阐述。

第三个层次是作为质量保证部门的质量管理职能，这是本节所讨论的内容。

一、质量保证实施步骤

航空维修的质量保证是适航法规要求的一种管理制度，航空营运人和维修单位必须首先取得航空器运行许可和维修许可，方可从事航空运输和维修。要取得维修许可证就必须向适航当局提供维修的质量保证，证明自己有能力达到并保持满足有关的适航标准，并取得适航部门的信任。为此航空器营运人和维修单位必须开展一系列的质量保证活动，这些活动主要涉及以下三个方面：

（1）如何进行质量管理以达到质量要求，进而满足民用航空规章中对航空维修的要求和标准（我们是这么做的）。

（2）向适航当局提供营运人在工程与维修方面满足适航要求的信任（我们要做到这样子）。

（3）向适航当局提供满足适航要求的证据（文文相符、文实相符）。

质量保证的实施，具体有以下步骤：

（1）确定质量方针和质量目标，同时确定如何运行质量体系实现这些目标；

（2）确定实施质量目标的关键过程；

（3）对每个过程实现质量目标的有效性确定测定方法；

（4）使用测量方法确定每个过程的现行有效性；

（5）寻找改进过程有效性、效率和将其简化的各种机会；

（6）确定预防缺陷，减少波动并将返工和浪费减少到最低限度的方法；

（7）确定风险；

（8）确定并优先实施那些既能提供最佳结果，又可接收其风险的改进；

（9）为实施已确定的改进，就对策、过程和资源制订计划；

（10）实施计划；

（11）检查、跟踪改进的效果；

（12）对照预期结果评价取得的实际结果；

（13）评审改进活动，确定适宜的后续措施。

显然，上述步骤包括了质量管理各个方面，或者说是实施航空维修质量管理的PDCA循环。如果将质量体系按其主要职能来划分，这些职能的概念应是前后连贯、合乎逻辑的。质量体系应由四大部分组成，它们是：质量策划、质量控制、质量保证和质量改进。而且这样的划分是与质量系统运行的方向一致的。按这种划分，质量保证是指企业专门设置的质量保证部门的管理职责，主要包括：质量监督、不合格控制和纠正措施、质量文件和记录、质量审核。

二、航空维修的持续分析和监督

（一）持续分析和监督的内容及目的

航空维修的持续分析是美国FAA在20世纪70年代提出的一个管理概念，其内容包括：

（1）维修活动的管理和监督；

（2）在飞机各系统（包括发动机、部件）上的维修工作的执行情况；

（3）运行控制（维修计划）、工作表格的控制（内容是否明确、与技术说明的符合性、与程序的一致性）；

（4）设备和设施的充分性；

（5）库存零件和器材的保护与适当处置；

（6）人员的资格；

（7）车间的整洁。

航空维修的持续分析和监督是对维修生产过程及其结果进行连续的监视和验证。监督的目的是及时发现偏差程序和标准的问题，以便采取纠正措施；监督的对象是质量活动过程及其结果；判定的依据是质量计划、程序、标准等。质量监督包括定期的质量检查和评定，也包括随时的观察与比较。质量监督没有固定的程序和方式，关键是培养每个员工的问题意识，明确信息传递渠道，并与质量考核紧密结合，促进全体员工认真执行各项规定。

持续分析和监督的目的是通过监督来确保：

（1）实施的可靠性方案能有效地监控并探测航空器及其装备的可靠性变化趋势；

（2）每个工作部门的设施，如机库、工作台和地面勤务设备是完好的，并与所要求的工作质量相匹配（如灯光、清洁和安全），并且设施、设备是充分够用的；

（3）由外委单位完成的维修工作，如维修检查、清洁、加油和地面勤务，是按本公司的准则和可接受的行业标准完成的；

（4）完成工作后的签字人员是经授权并持有维修执照的；

（5）必检项目被正确处置并被合格的检验员验收，另外要确定该工作部门的检验系统和程序是符合公司规章的；

（6）用于飞机和部件维修和修理的计量和测试设备的校验是在规定时间内完成的；

（7）从供应商和外部服务机构接收的器材质量被充分保证；

（8）工作部门的人员受过充分培训并持有相应的机型执照；

（9）所有记录应是完整的并按要求保存。

（二）质量监督、质量检查、质量检验、质量审核的区分

质量监督、质量检查、质量检验和质量审核，是一组关系密切的质量活动，其概念很容易混淆，下面我们分别予以阐述。

质量检查与质量检验的含义非常接近，在其他行业似乎没有必要作区分。然而，在航空

维修业中将二者进行区分是有现实意义的。在航空维修中的质量包含了航空器的质量和维修质量二重含义。“质量检查”一词应用于对航空器、发动机、系统和部件质量状况的“检查”，在维修方案和工作单中规定的对飞机、部件的检查工作就是质量检查，它是由机械员来完成的。“质量检验”一词则应用于对维修工作的质量状况的“检查”，其工作是由检验人员来完成的。

质量监督与质量审核在其活动的内容和目标上基本是一致的（方式不一样），但是质量监督是对维修生产过程进行连续的监视和验证，而质量审核则是定期的。另外质量监督没有固定的方式而质量审核有其严格的程式。

质量监督与质量检验的主要区别在于它们参与维修作业的深度不同。虽然航空维修的检验制度规定，任何检验员不得对他本人从事的维修、预防维修、修理或改装项目进行检验和验收。但是质量检验必然包括对航空器的质量检查，检验员必须亲自去验证航空器的质量状况，要做到实看、实听、实测和实量。例如，一项视情项目，要对某系统进行功能测试，由于测试步骤复杂、需要较长时间，实际作法往往是机械员与检验员一起作测量。因此，质量检验往往不得不半参与实际的维修作业。

维修作业手工操作比重大、作业分散、工作项目多，有些项目的操作程序很复杂，有的装配项目缺少外观检查手段，事后很难检查内部的质量状况。通常的检验方法即在作业完成时，或完成某些作业阶段时，对作业对象的一个或多个特性进行诸如测量、检查、试验或度量的检验方法，对相当一部分维修作业并不适用。例如，机轮安装情况的检查，由于该项目安装程序较为复杂，机轮装好后检验员是无法检查的，而质量问题可能在机轮安装过程中发生，装错、装反、漏装等时有发生。因此维修作业的质量检验必须通过对作业过程的监控来完成，察看、监视作业符合程序和标准的情况。

但是，所有项目均由实看、实听、实测、实量的检验员来把关是不可能的。所以 FAA 在 20 世纪 60 年代提出必检项目的概念，只有必检项目必须由检验员把关。然而，维修作业的特点决定了质量检验——不论是抽样检验，还是全数检验——只要是事后检验，都很难把严质量关。要保证维修质量，只有实行过程控制，这就是质量监督。

（三）质量可控性

维修生产一线的质量监督的重点在于保证维修作业的条件（人、机、料、法、环）满足规定的要求，通过对维修作业状况随时的观察和比较，收集和分析有关的质量信息，重点解决维修作业中长期存在的系统性的质量缺陷——用美国质量专家朱兰的说法，即管理者可控制的质量缺陷。

（1）研究并确定维修作业质量缺陷（包括维修差错）主要是操作人员可控制的，还是管理人员可控制的。

（2）研究管理人员可控的质量缺陷，以及研究问题的原因分布情况。

维修作业过程中的质量问题，是操作人员可控制的，还是管理人员可控制的，决定性的因素在于操作人员是否符合自我控制标准，即下列三条：

① 操作人员清楚了解他们应该做什么；

② 操作人员清楚了解他们实际上正在做什么。

③ 操作人员对于调整他们的工作具有实用有效的方法。

如果上述三项自我控制都被满足时，质量缺陷就是操作者可控制的。如果其中一项或多项自我控制标准没有被满足，质量缺陷就是管理者可控制的，凡是没有满足这些标准，都是管理上的失败。

朱兰对质量可控性作了深入广泛的研究。他认为，生产作业中质量缺陷是否是管理者可控制的或是操作者可控制的，这是一个头等重要的问题。减少前一种缺陷需要制订一项规划，在规划中，起主导作用的必须是管理人员、监督人员和技术专家，并必须作出相当大的努力。朱兰这里所指的规划就是质量监督大纲。有关资料表明，80%以上的质量缺陷是管理人员可控制的，只有20%是操作人员的。因此质量监督的重点在于管理者可控制的缺陷。

对航空维修来说，加强维修作业过程中的质量监督，逐步淡化检验把关是质量管理的必然方向。但是靠质量监督来保证维修质量需具备下列条件：

（1）完善维修作业标准，控制维修作业条件

维修是属于“过程的缺陷，不能通过其后产品本身的检验或测试来直接验证或全面验证，只有在产品使用后才变得明确，这些过程则要求事先鉴定（确认），以确保过程能力并对过程操作中有关参数进行控制”（ISO9000：2005标准）。

因此，控制维修作业质量的主要措施是确认或鉴别维修作业特性、确保过程能力和控制影响作业特性的因素（也称维修条件，即4M1E因素）来满足作业要求；通过对作业特性分析，明确作业要点，并对作业要点作监督和控制。

航空维修作业控制最大的缺陷在于没有一套完整的能突出作业特性、作业条件的技术文件。现行的作业标准是工作单（或工程指令）和《维修手册》，前者只规定了要做哪些工作，后者则内容过于庞杂，不便于作业控制使用。在工作单和《维修手册》中间需要一套技术文件用来规范作业方法标准、作业时间标准、作业条件标准、技术能力标准、作业手段标准。

（2）建立和完善一线操作人员的自检制度

首先要进一步明确维修作业的质量责任，不论有无最终的专职检验员的检验，具体操作人员应负主要责任，以此来防止操作人员对检验人员的依赖心理。同时要明确，自检是一种最基本的质量检验形式，所有的操作人员既是具体维修项目的操作者，又是该维修项目的第一检验者，对自己完成的每一具体项目按照技术标准进行自我检验，要制订自检工作的具体规定，切实保证一手操作工作质量和自检质量，把自检的要求真正落到实处。

通过自检制度的建立和落实，实现维修作业“三按”“三自”和“一控”的目标。

“三按”：按工作卡、工艺卡和《维修手册》作业。

“三自”：作业者对自己的工作进行检验，自己区分工作质量的合格与不合格，自己评估工作质量状况。

“一控”：自检正确率力求达到100%。

这里的自检制度并不是替代必检项目检验大纲，而是指要求维修人员在完成工作之后必须首先进行自检的要求。

将来是否将检验权交给维修作业人员，可按下列步骤进行：

培训作业人员如何做出作业符合性决定。

② 建立必要的作业可追溯制度，以便保证可以容易追查到哪项作业由谁完成，这项制度并不是代替现行的放行签字，而是再增加一项签字，每项工作由工作完成者签字。

③ 规定一段试行期，在此期间，由作业人员做出符合性的决定，同时保留检验人员重新进行决定。这双重验收的目的是为了通过数据来发现哪些作业人员始终能做出正确的符合性决定。

④ 只给那些被证明能够胜任的作业人员颁发自检许可证。

⑤ 对得到许可证的作业人员进行定期评审，没有许可证的作业人员仍保留正常检验制度。

⑥ 根据评审结果继续或暂停许可证。

⑦ 在努力争取合格的没有许可证的作业人员中，定期进行新的试用。

自从ISO9000标准颁发以来，推行自检还是强调专职检验，一直是国内外质量管理专家争论的焦点。多数人认为，应强化质量监督和质量审核的功能，逐步限制或缩小专职检验。其中一条重要理由是，操作人员是作业质量的主要承担者，他们必须知道产品特性，并按要求对产品进行测量，如果要求专职检验员进行测量并进行符合性判断，实际上是测量过程的重复，造成成本增加。而且分割开的检验职能有时被当成推诿责任的"拐杖"，不可避免地削弱了生产部门的质量责任感，把这种责任推卸给检验部门。

建立质量监督制度必须做到以下两条：

（1）制订持续分析和监督大纲。该大纲的核心是制订有关各项维修作业的监督要点。可参考FAA的持续分析和监督大纲及必检项目大纲，并在维修作业标准化、程序化的基础上制订。这里所说的持续分析和监督大纲不包括FAA大纲中有关质量审核的内容。我们的意图是将质量监督和质量审核区分开，质量监督的任务是日常的、经常性的关于维修现场生产活动的监视、分析和评估。

（2）建立持续分析和监督的数据收集和分析系统。该系统应该像可靠性数据收集和分析系统一样运行，成为维修单位内部最重要的两大数据系统之一。长期以来，我们对维修一线工作的重要性认识并不是不深刻，而是承认了它的重要性，并始终注意抓机务人员的培训和基本技能的训练，始终抓维护作风问题，但是一线工作质量失控情况仍然严重。其中一个重要原因是大量关于工作质量的信息，关于维修的技术数据、施工及工艺资料缺乏系统、长期地收集、积累，而不能有效地反馈、分析及再利用。

三、航空维修中的不合格控制

从维修管理的职能关系来看，质量管理是工程与维修之间的桥梁，而可靠性则是工程与质量之间的桥梁。可靠性管理既是工程管理即维修方案制订的重要部分，也是质量保证中的不合格控制的重要部分。我们从质量保证的角度来讨论可靠性管理。

可靠性管理是对航空维修实施全面监控的一种管理模式，它要完成以下四种类型的监督：

（1）事态监督，主要对每天的飞行使用、地面维护和车间修理工作等发生的各种事情实施监督。

（2）趋势监督，主要是通过对某些系统或分系统的部件进行长期的故障监控，以便作出定量的分析。根据分析结果，确定采取必要的措施，使得航空器的这些系统或分系统以及某些部件都能够满足并保持在适航状态。

（3）特殊监督，依照工作的重要性列出某些特殊项目，对它们的故障趋势和影响航空器可靠性等进行详细、专业的监控，通过监控结果的分析，采取有效的措施。

（4）航空器性能监督，它是对航空器和设备的全面质量监控，也是对上述事态监督和趋势监督的综合。

工程技术部门主要从事其中（2）与（3）两类监督，分析和评估系统、部件的故障特性和可靠性趋势，研究相应的维修策略、维修方式和方法。质量保证部门则主要从事其中（1）与（4）两类监控。这两类监控，特别是事态监控，主要目的是控制日常的、会不断出现的不合格现象，这项控制职能就是ISO9000标准中不合格品控制。工程技术部门在可靠性管理中进行可靠性的趋势监督和特殊监督的目的是确保航空器运行全过程、全寿命的安全性和经济性；而质量保证部门在可靠性管理中的事态监督和性能监督则要保证每天、每个航班放行的航空器的适航性。

航空维修中的不合格包括航空器及其装备的不合格和维修工作的不合格。ISO9004-1 国际标准规定了制造业中的不合格品的控制要求，航空维修还不能直接沿用这些要求。这是因为在制造业中不合格品出现是一类不正常事件，而使用中的航空器及其装备的性能下降、失常、缺陷、故障和损伤是不可避免的，大多数不合格项目发生，均属于正常事件。航空维修的基本任务是一旦航空器及其装备出现不合格项目应及时将其纠正，排除故障，恢复航空器的使用能力。ISO9004-1 国际标准中关于不合格控制的程序的目标是“防止顾客收到不合格品并避免进一步加工不合格品而发生不必要的费用”。这个目标在航空维修中转化为以下四条要求：

（1）对航空器所做的全部维修工作是根据有关手册进行的；

（2）放行的航空器不存在任何已知的不适航状况，航空器处于能安全运行状态；

（3）对航空器实施的全部必检项目工作已由授权的检验人员作了检验，并确定这些工作已满意地完成；

（4）放行的航空器已由授权的人员对航空器适航放行签字。

这四项要求是航空器维修中不合格控制要做到的最基本质量保证。应该看到航空维修关于不合格控制要比制造业复杂。对不合格项目，航空维修除了要求按 ISO9004-1 国际标准要求的六个步骤（标识、隔离、评审、处置、措施、防止再发生等）对不合格品加以控制外，更重要的是对含不合格项目的航空器的处置：

（1）根据适航放行标准，即最低设备清单和构型缺损清单，对含有不合格项目的航空器做出可以放行还是应停场排故的决策（适航放行制度）；

（2）要根据最低设备清单和航空公司的保留故障的方针和程序对含有保留故障项目的航空器做出应在什么时间、什么地点排除不合格项目的决策（保留故障）；

（3）为了防止同型航空器上发生类似的严重故障，还要对整个机队做出是否需要更严格地抽样检查或全数检查的决策（重复故障系统）。

对不合格项目本身的处置，重点在于评审不合格，以确定对产品和零部件的互换性、进一步加工性、性能、可信性、安全性及外观的影响。航空维修也有类似的评审，即对故障件做出是进行修理还是翻修或报废的抉择。但是航空维修对不合格项目本身的评审还要鉴别不合格项目的直接原因是否是维修工作的不合格。虽然这项工作在纠正措施阶段还要深入进行，但是在对不合格直接处置阶段应作重点控制。这是因为如果不在对不合格直接处置阶段注意收集有关数据，有关维修工作不合格的信息很容易散失。更重要的是，维修工作不合格很可能对飞行安全带来隐患。为此，航空维修要建立一套重复故障控制系统，作为直接控制不合格项目的重要手段。

重复故障控制系统的目的是识别和纠正那些在短时期（3～5 天）内重复出现的故障，任何一架飞机上连续 5 天之内重复出现 3 次或 3 次以上的同一故障将被确定为重复故障。重复故障的存在意味着维修工作的不合格或现行的维修手段难以纠正这种不合格。鉴别重复故障有助于制订纠正措施，防止重复故障的再出现。尽一切努力预防重复故障，对保障航班的正常性、消除不必要的飞机停场时间和不必要的部件检修和大修费用具有重要意义。

从上面的讨论我们可看到，航空维修在对不合格品控制方面，主要是建立三套重要的管理制度——适航放行制度、保留故障和延期维修控制制度、重复故障控制制度，来直接控制并确保每天、每个航班放行的航空器的适航性，实施对航空器日常运行事态的可靠性监控。

顺便指出，以上是讨论航线维护和机库检修中的不合格控制，至于车间修理的不合格控制则与制造业没有重大区别。

四、航空维修的质量文件和质量记录

1. 航空维修的质量文件

当前我国民航对维修质量文件的要求基本上是依据 CCAR-121-R4《大型飞机公共航空运输承运人运行合格审定规则》和 CCAR-145-R3《民用航空器维修单位合格审定规定》及其相关的咨询通告，并结合 ISO9000：2005 系列标准要求。

CCAR-121-R4 第 121.362 条规定了按照 CCAR-121 部规则运行的合格证持有人应当符合的要求：

（1）合格证持有人应当建立一个维修系统来保证其飞机持续符合型号设计要求及有关中国民用航空规章中的维修要求。

（2）按照本规则运行的合格证持有人的飞机及其部件的维修工作应当由 CCAR-145 部批准的维修单位承担。

（3）合格证持有人应当保证其飞机及其部件、维修系统接受局方为保证其对本章规定的符合性而进行的检查和监督。

其中，第 121.363 条“适航性责任”规定：

（1）合格证持有人应当对飞机的适航性负责，包括机体、发动机、螺旋桨、设备及其部件的适航性。

（2）合格证持有人应当按照本章的要求并依据局方批准或者认可的手册、程序实施下述工作，以确保飞机的适航性和运行设备、应急设备的可用性。

（3）合格证持有人可以通过协议将上述（2）款中的全部或者部分工作进行委托，但对其飞机负有同样的适航性责任。

编制《工程手册》的目的是要求营运人从维修工程的角度出发，建立一套维修与工程问题的处理原则、标准、程序和方法，以便对其全部维修工作实施系统、科学和有效的管理，保证营运人满足 CCAR-121-R4 的有关要求，履行其适航责任。《工程手册》是营运人自身的法规文件，属于营运人的营运规范的一部分。因此,《工程手册》在航空器整个服役期间必须得到连续完整的贯彻实施，无论是营运人的维修机构及委托维修机构，还是营运人其他部门均应不折不扣地执行。

现代企业管理把企业的管理规范分为两大类：技术规范（标准）和管理规范（标准）。《工程手册》是将航空运输企业中维修与工程方面的专业管理制度、部门与岗位责任制度、管理标准三方面的内容汇集在一起。

在《工程手册》中，维修与工程专业管理制度的内容一般包括：

（1）维修工程管理的基本指导思想和原则；

（2）进行维修工程管理工作的依据、资料和信息来源；

（3）维修工程管理业务活动的范围和工作内容；

（4）维修工程管理业务的工作步骤、工作方法和工作手段；

（5）维修工程管理业务涉及的岗位和部门；

（6）维修工程管理与航空公司其他专业管理的关系及联系方式；

（7）维修工程管理与适航部门的关系和联系方式。

在《工程手册》中所建立的每一项专业管理制度，即为航空维修质量体系的要素，全部各项专业管理制度即构成航空维修的质量体系，或者称为工程管理体系。作为专业管理制度，应清楚地回答：该项专业管理制度应当干什么，依据什么干，怎么干以至干到什么程度。

部门和岗位责任制度是具体规定维修和工程机构内部各部门、各类人员的工作范围和相应的权利制度。

管理标准，主要包括管理业务标准、管理方法标准、管理工作标准和岗位定员标准。《工程手册》作为维修与工程方面总的管理规范，一般只包括管理业务标准，而将管理工作标准、管理方法标准、岗位定员标准等细化的管理标准以《管理程序手册》的形式另外制订，或者以维修工程部门本身的《管理手册》的形式出现。

对航空维修来说，还有一类重要的管理规范即技术标准。航空维修的技术标准种类繁多、数量巨大。由于航空科学技术的复杂性，技术标准不可能完全由营运人自己制定。有的技术标准由政府部门主持制定，如航空器适航标准（包括维修大纲）；有的由维修行业集体制定，如安全防爆标准；更多的是由航空器、发动机和部件制造厂家提供。但是航空器营运人必须自己制定一些重要的技术标准，如维修方案、可靠性方案、最低设备维修清单等。我国民航的咨询通告《运输类飞机持续适航文件》将各种重要的技术标准称为持续适航技术文件，规定了 17 种技术标准作为持续适航的技术文件，它们是：

（1）维修大纲；

（2）飞行手册；

（3）最低设备清单；

（4）翻修手册；

（5）翻修和零部件维修手册；

（6）动力装置修理/检查手册；

（7）结构修理手册及补充结构检查文件；

（8）载重与平行手册；

（9）飞行使用手册；

（10）维修计划文件；

（11）标准材料、工艺、零件手册；

（12）无损检查手册；

（13）线路图册；

（14）图解零件目录；

（15）故障隔离手册；

（16）服务通告；

（17）动力装置安装手册。

上述17种技术文件是航空器制造厂应向航空公司提供的技术资料，这些技术资料是对航空器实施维修工作的技术依据，也就成为航空器营运人的技术标准。这些技术标准对航空维修的重要性集中体现在美国FAA曾总结出的两条实施维修工作的基本原则：

（1）所有的维修工作必须根据现行有效的制造厂的《维修手册》或说明规定的方法、技术和习惯实施，或根据适航部门批准的其他方法。

（2）所用的材料必须和制造厂原来所用的材料是同等质量或更好。

航空器营运人必须自己制定的持续适航技术文件包括：

（1）维修方案；

（2）可靠性方案；

（3）最低设备清单；

（4）载重平衡手册。

这四种技术文件与营运人的《工程手册》一起组成了营运人维修与工程方面管理规范的核心。

航空维修包含维修工程（管理职能）和维修生产运作（维修业务活动）两方面。维修工程或工程管理是指营运人对维修工程的管理职能，它必须满足CCAR-121-R4的要求，营运人的《工程手册》必须经适航部门审查批准后才能获得航空营运的许可。而维修生产或维修运作是指营运人的维修实施或独立的航空维修企业所实施的维修业务活动，其适航责任和业务管理与工程管理有重大不同，它所遵循的适航法规是CCAR-145-R3。CCAR-145-R3规定维修单位必须制定《维修管理手册》，作为维修生产活动的指导性文件和基本依据。《维修管理手册》中应具有完成预期维修活动的完整内部工作程序，这些程序中所确定的工作方针、政策和标准均应满足有关适航规章的要求。

CCAR-145-R3 规定《维修管理手册》包含下列管理要求：

（1）技术文件管理要求，包括适航性资料及维修单位制订的工作单卡、维修实施依据文件的管理要求；

（2）人员培训管理要求；

（3）工具设备管理要求；

（4）航材管理要求；

（5）生产控制要求；

（6）外委项目及外委单位管理要求；

（7）维修记录与报告要求；

（8）从维修项目接收至最终放行的整个维修过程的质量控制要求。

之前的 CCAR-121AA 中规定《维修管理手册》包含《质量保证手册》，而 CCAR-145-R3 则将其说明或主要内容放在 145.30. j 条款（自我质量审核）、AC-145-5《维修单位手册编写指南》，CCAR-121-R4 将其放在 121.366.7（质量管理）、咨询通告 AC-121-64《质量管理系统》中。

此外，航空维修中重要的质量文件还有适航指令、服务通告、工作单和工程指令、维修工艺等。

2. 适航指令

适航指令（AD）是航空器审定国或航空器注册国适航当局颁发的指令。适航指令要求强制执行，若不执行是非法的，并会导致受影响的飞机、装有受影响的发动机或部件的飞机处于不适航状态。

有以下三种情况之一，我国民航局适航司颁发适航指令：

（1）某一民用航空产品存在不安全的状态，并且这种状态很可能存在于或发生于同型号设计的其他民用航空产品之中；

（2）当发现民用航空产品没有按照产品型号合格证批准的设计标准生产时；

（3）外国适航当局颁发的适航指令涉及在中国登记注册的民用航空产品时。

航空产品的设计、制造单位若发现或从使用单位获悉其产品存在不安全状态，应立即制订改进措施，向使用单位发出服务通告，并抄报适航当局，该服务通告通常会由适航当局以适航指令形式下达。

航空器使用部门、维修单位若发现航空器产品中存在危及飞行安全的状态，在向有关单位报告的同时，应组织人员进行研究，提出预防和改进措施，并会同设计、制造部门根据情况编写适航指令建议报告。适航部门根据建议报告、制造厂的服务通告以及使用、维修中发生并经确认的问题，决定是否颁发适航指令。

适航指令包括的主要内容有：标题、编号、适用范围（涉及航空产品的型号、序号）、参考文件、原因、措施和规定、生效日期、联系人。适航指令一般不包括施工程序和要求，这些内容包含在适航指令的参考文件或附件中。

我国民航局所颁发的适航指令（CAD）是民航局依据中国民用航空规章《民用航空器适

航指令规定》(CCAR-39AA)，对运行中的航空器进行安全管理的一种手段。通常是针对民用航空产品在使用过程中出现的不安全状态所采取的一种强制性检查要求、改正措施或使用限制。颁发适航指令是中国民航局所承担的日常安全管理工作之一，从 1986 年开始，截止到 2009 年底，中国民航局已针对在中国注册的民用航空器共颁发了适航指令 6502 份。

3. 质量记录

CCAR-121-R4 与 CCAR-145-R3 及其咨询通告都对航空维修记录有所规定。CCAR-121-R4 第 121.380 条《维修记录》规定：(a) 合格证持有人应当保存所营运的飞机的下述记录。(b) 合格证持有人应当按照下述期限要求保存本条要求的维修记录。(c) 合格证持有人终止运行时，所有保存的维修记录应转交给新的合格证持有人。(d) 合格证持有人将飞机干租给另一合格证持有人超过 6 个月时，所有保存的维修记录应转交给新的合格证持有人；如果干租的租赁期小于 6 个月，所有必要的维修记录都应转交给承租方或者承租方可以获取这些记录的副本。(e) 合格证持有人应当保证所有的维修记录可以提供给局方或者国家授权的安全调查机构的检查。

AC-121-59《航空器的维修记录和档案》指出：维修记录是表明航空器适航性状态和营运人落实航空器的适航性责任的重要手段，但由于维修记录多且复杂，即使航空营运人保存了所有的维修记录，如不建立合理的维修记录管理系统，不但给局方的适航性检查带来困难，也不方便航空营运人自身对航空器单机的适航性控制的需要。从使用的角度，航空器维修记录应当划分为航空器放行记录、部件拆换记录、适航指令执行记录、服务通告和改装执行记录、目前维修状态记录；另外，对于发动机、APU 和螺旋桨应当建立单独的履历记录。

CCAR-145-R3 各条款对维修记录、质量记录、工具设备记录、培训及档案记录、重要修理及改装记录等分别进行了要求和规范。

AC-145-4《维修记录与报告表格填写指南》为维修单位如何填写 CCAR-145 部有关表格提供指导，适用于所有维修单位。

具体的维修相关的质量记录及维修记录等见相应的民用航空规章及咨询通告要求，本书不再另作具体说明。

4. 工程指令

工程指令是由工程技术部门编发，用于飞机、发动机和部件上实施专门检查、改装及修理。美国 FAR 43 部规定，工程指令是唯一的用文件形式和授权以完成重要修理和改装的方法。

工程指令向包括质控部门在内的各有关单位提供生产所必需的施工说明及工具、器材信息，其目的在于改进安全、可靠性、经济性或旅客舒适度。

工程指令以文件形式记录以下活动：

(1) 改装；

(2) 修理和偏离；

(3) 检查；

(4) 机队普查；

(5) 维修方案更改。

确定编发任何工程指令的依据来自以下资料：

（1）制造厂的信息，如服务通告、服务信函或与之相当的信息；

（2）维修、翻修、修理或使用中积累的经验；

（3）适航规章和适航指令。

责任工程师必须分析机群中全部有关飞机所有性能资料，并确定具体飞机的技术适用范围。研究采纳改装要求的重要性，决定在相应机群中完成这项改装要求的日历时限及飞行循环次数或飞行小时时限，对不影响安全性的所有改装项目，要从经济性方面加以评估，进行成本与效益分析。影响适航性的改装、重要修理的工程指令要经分析或作试验予以证实，要得到适航部门批准。

完整的工程指令的执行程序包括：批准、计划时间表、完成签署、受影响手册的修改、记录保存。工程指令必须经批准后付诸实施，一经批准，工程指令得到授权去购置成套工具和备件、租借设备和向承包商支付服务费用。由于执行工程指令所需费用不同，应根据所需费用划分工程指令批准的等级、每个等级的批准权限。

要制订工程指令的实施计划和工作时间表。有些工程指令需要停场时间长的工作计划，可以包括在长期、中期或短期的生产计划中，如下一次定检、下一次发动机或部件翻修等，但是不能晚于下次的重大检修或重大的进厂修理或这个工程指令发布之日后 5 年。这种情况下，工程指令要与检修工作单配套，并跟踪它们的完成情况。对于安排在航线维护时完成的工程指令，应由生产计划部门和维修控制中心协调完成时间。

工程指令实施后,应由机械员在工程指令单上的完成说明栏中的每一步骤上都进行签字。需要检验员检查的步骤，还需检验员签字。一项工程指令完成后，负责的机械员和检验员还应在工程指令的首页上签字。

当在一个受影响的飞机、发动机或部件上完成一项工程指令之后，由生产计划部门发布一个“完成通知”给相关维修和工程部门。收到“完成通知”后，相关部门还需要做恰当的工作，包括有关手册的修订，组织有关培训，修改工作单，修订适航指令、工程指令、服务通告、状态记录，通知飞行机组改装情况。

所有受已完成的工程指令影响的手册都应在受影响的飞机、发动机或部件完成工程指令之后立即进行修订。作为工程指令准备过程的一部分，工程技术部门负责准备和发布、协调受影响手册的修改。修改可能是自己制订的临时性修改或由飞机、发动机或部件制造厂所发布的永久性修改。在接到“完成通知”后，工程部门将对受影响的手册进行修改。

执行工程指令的记录应保存在质控部门。当工程指令执行过程中，质控部门保持所有未完成的工程指令的连续记录，这些记录应显示每项工程指令目前在受影响的每架飞机、每台发动机、每个部件上的状况。对已经完成并签署好的工程指令，保存在有关的飞机、发动机和部件的永久性档案中。

覆盖适航指令要求的工程指令应保持另外未完成的 AD 的记录，这些记录要能显示每项适航指令目前在受影响的每架飞机、每台发动机和每个部件上的状况。

对于那些来源于服务通告的工程指令，应保持另外的所有未完成服务通告连续记录。这些记录要显示每项服务通告目前在受影响的每架飞机、每台发动机和每个部件上的状况。

第五节　航空维修质量改进（A 阶段）

一、质量改进

ISO9000：2005 系列国际标准对质量改进的定义是"为向本组织及其顾客提供增值效益，在整个组织范围内所采取的提高活动和过程的效果和效益的措施"。从管理职能来看，质量改进通常分别与质量（工程）设计、质量控制密切结合在一起。但是从质量管理的理论体系来看，质量改进与质量设计、质量控制、质量保证一起构成质量体系中四个最基本的概念，也是质量管理最重要的四个基本环节，对应于质量管理的 PDCA 循环。

（一）质量改进与质量维持

航空维修的质量管理是要在最低的消耗和最大限度地满足航空器持续适航要求的前提下，把维修与工程部门的工程设计质量、维修质量和提高质量的活动组成一个有效体系。其活动的本质可以分为两类，一类是通过质量控制，保证已经达到的质量水平，称为"质量维持"；另一类是将质量提高到一个新的水平，这个实现提高的过程，称为"质量改进"或"质量突破"。

质量维持和质量突破是相互联系的。改进质量的活动涉及面广，关系到企业各个部门的质量职能。它既包括提高维修的工程设计质量、可靠性管理水平，又包括提高维修的作业质量和器材供应水平。质量维持的重点是充分发挥现有的质量保证能力，维持已经达到的符合性质量水平；而质量改进的重点则是提高质量保证能力，使适用性质量达到一个新的水平。航空维修应该在质量维持、质量改进活动中不断提高维修质量，降低成本，增加效益。

质量维持和质量改进的过程可用美国质量管理专家戴明提出的 PDCA 循环（图 9.5）以及朱兰提出的质量三部曲来形象说明。质量在维持、控制与改进循环过程中不断提高。

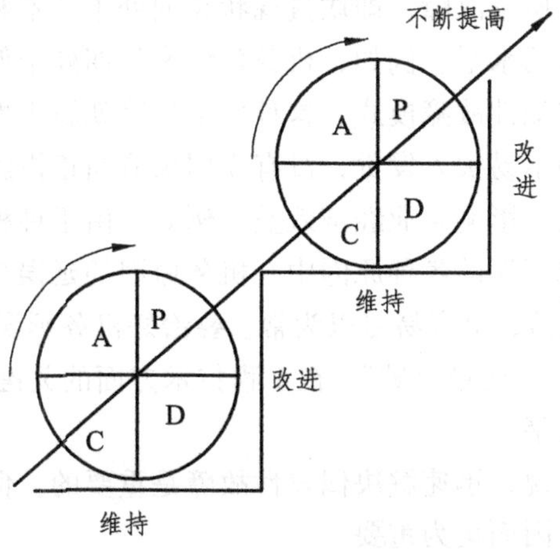

图 9.5　质量在维持改进中的不断提高

在质量管理中，分清偶发性故障与经常性故障这两个概念（表 9.2）对于改进、提高质量十分重要。这里的“故障”是广义的，包括硬件故障、软件故障在内的所有质量问题。

表 9.2 两种质量故障的对比

比较项目	偶发性故障	经常性故障
1. 有形的经济损失	较小	较大
2. 引起重视程度	相当大，能引起上层管理部门和领导的重视	很小，易被忽视，有关方面可能认为“不可避免”“无可奈何”
3. 解决后的质量状况	恢复原状	改变原状，达到新水平
4. 所需的信息资料	较少，一般仅需显示质量趋向的简单资料	需要多而复杂的影响关系资料
5. 资料来源	现场记录的日常报表	特殊试验或搜集
6. 谁来分析	生产现场人员	生产现场人员、QC 小组、工程技术人员
7. 分解频次	很频繁，可能每天、每星期	不频繁，可能要积累几个月的资料
8. 分析的方式	通常是简单的	可能是错综复杂的，也许需要相关研究，差异分析
9. 实施人员	生产现场人员	生产现场人员、专题攻关、QC 小组、工程技术人员

偶发性故障，亦称急性的质量故障。偶发性故障是指由于系统性原因造成的质量突然恶化，因而需要通过“治疗”使其恢复原状。例如，发动机空中使用时，叶片断裂造成空中停车、发动机损坏的故障；飞机加燃油忘记盖油箱盖的维修差错等质量故障。这种质量故障的特点是：原因明显，对维修质量、飞行安全影响很大，要求有关部门立即采取强有力的纠正措施消除这种故障，使维修过程恢复到原来的状态，保证达到规定的符合性质量水平。国外把消除这种偶发性质量故障的措施称为“救火式”的应急措施。现场人员或管理人员发现偶发性故障后，应立即查明造成突然恶化的原因，立即采取措施纠正。这种发现质量故障和排除质量故障的过程就是质量控制，就是维持质量的活动。

经常性故障，又称慢性质量故障，即质量现状长期处于“不利”的状态，需要采用一些措施来改变现状使之达到新的水平。例如，机务延误率长期处于偏高的水平，经过可靠性分析发现某系统的部件存在支配性故障模式，这种质量故障就属于慢性故障。慢性质量故障的特点是：原因不明，其影响不易被人发觉，没有立即采取纠正措施也觉得过得去，但天长日久，会严重影响企业的素质，影响企业经济效益。例如，由于种种原因，飞机航班延误、中断或返航时有发生，在造成延误的各种原因中，机务原因的延误与气象条件等其他原因相比占的比例不算大，容易被掩盖，也容易习以为常。要治好机务延误这种“慢性病”，就需要有一个“过程”，这个过程称为“质量突破”。在工程技术方面的关键问题有了“突破”，就可使维修质量达到前所未有的水平。

对于质量管理的职能来说，迅速解决偶发性故障是重要的。但是解决经常性故障，将使企业获得更大的长期效益，因而更为重要。

航空维修的可靠性管理就包含了维持航空器质量和改进航空器质量的双重任务。从当前我国各航空公司的可靠性管理的水平而言，人们的主要精力还是放在质量维持方面，而在质量改进方面的力度很不够。可靠性管理中的质量改进，往往涉及维修方案的修订，飞机、部件的改装决策，这方面的难度较大，需要认真地计划并采取组织措施。

（二）质量改进的管理

1. 质量改进的指导原则

质量改进是一种追求更高的维修质量目标、维修效益的持续活动，这就需要对质量改进工作进行组织、策划和测量，并对所有质量改进活动进行评审。企业的最高管理者要创造持续的质量改进的环境，并通过以身作则、持之以恒和配置资源，为创造质量改进环境履行领导职责。要在企业内培育一种广泛交流、相互合作和尊重个人的环境，使企业中每个人都能够并有权改进自己的工作过程。

质量改进的环境通常要求有一套新的共同的价值观、态度和行为，要强调适航意识、质量意识，锐意进取，不断追求更高目标。质量改进意味着我们去做用原有的方法所做不到的事，这就要求我们坚定不移地改变旧思想、旧经验、旧习惯、旧技术、旧方法，而思想的改变是第一位的。质量改进意味着企业的科学技术进步，要强调科学技术是第一生产力，要尊重科学，尊重人才，尊重创新精神。

质量改进的前提是意识到存在问题和对现状的不满足。如果认为现状一切都好，不存在问题，也就无需改进。事实证明，任何企业、任何领域、任何工作岗位都存在可以改进、需要改进的机会。所以质量改进首先要敏锐地发现问题，找出可以改进的方向，应该不断地寻求改进机会，而不等待出现问题再去抓机会。

除了质量改进的指导思想和环境条件外，质量改进的指导原则还包括以下方面：

（1）质量改进目标

应该在整个企业内确立质量改进目标，它们应和企业的总经营目标紧密结合。规定质量改进目标以便测量质量的改进和提高。这些目标应明确，富有挑战性又切合实际。为达到这些目标，需要共同工作的所有人员理解实现目标的策略并取得共识。应定期评审质量改进目标，使其反映不断变化的市场环境和顾客的期望。

（2）交流与合作

成功的质量改进需要广泛的交流与合作。通过交流与合作可以消除质量改进活动中在组织与人员方面的障碍，取得彼此的信任是交流与合作的基础。

（3）成果的认可

对质量改进成果的正式认可是对参与质量改进的集体和个人工作业绩的肯定，是对质量改进所需的价值观、态度和行为的肯定。成果的认可与适当的奖励制度相结合将创造良好的质量改进环境。

（4）教育和培训

教育与培训将在创造和保持质量改进环境方面起重要作用。企业的全体成员包括最高管理层，均应在质量原理和实践以及质量改进方法应用方面得到教育与培训。

2. 质量改进的管理

质量改进的管理包括组织、策划、测量、评审四个方面。

（1）质量改进的组织

组织质量改进时，应明确以下几点：

① 提出质量改进的方针、策略、主要目标、总的指导思想，支持和广泛组织企业内的质量改进活动的方法；

② 确定跨职能部门的质量改进的需要和目标，以及为满足需要和实现目标而配置资源的方法；

③ 通过在负有直接职责和职权范围内的质量小组的活动，实现质量改进的目标；

④ 鼓励企业内每一成员开展与其工作有关的质量改进活动和协调这些活动；

⑤ 对质量改进活动的进展情况进行评审和评估。

（2）质量改进的策划

质量改进的目标和计划是企业经营计划的一部分。管理者应在广义上制订质量改进目标，包括减少质量损失。质量改进计划应注明最主要的质量损失，并在本企业所有职能部门和各个层次中展开。企业的每个成员都应参与质量改进计划的制订，这样可以大大增加改进的机会。质量改进计划一般通过一系列具体的质量改进项目或活动来实施，应注意监视和控制这些实施活动，确保它们都纳入企业的总目标和总经营计划。质量改进计划的重点是新发现的质量改进机会和改进后未取得充分进展的领域。

（3）质量改进的测量

企业应开发一个与其运作性质相适应的测量系统。建立一个客观的测量系统是为了识别和诊断改进机会，同时也为了测量质量改进活动的结果。测量对象涉及与顾客满意度、过程效率和社会损失有关的质量损失。

① 测量与顾客满意度相联系的质量损失可以依据的信息来源包括：对现有和潜在顾客的调查、对竞争产品和服务的调查、产品与服务性能记录、经营收入变化、来自销售和服务部门的信息以及顾客抱怨和索赔等。

② 测量有关过程效率的质量损失可依据：劳动力、资金和物资的利用，产生、分类、纠正和报废不满意的过程输出，过程协调，等待时间，周期，所提供的性质，不必要的冗余设计，库存规模以及过程能力和过程稳定性的统计测量等。

③ 测量社会质量损失可依据：未能发挥人的潜能（如职员满意度调查所示）、污染和废物处置造成的危害以及稀有资源的减少等。

所有的测量普遍存在变异现象，只有通过统计分析才能体现测量结果所反映的趋势。除了建立并满足定量化的目标外，进行测量并与过去的性能"基线"进行比较分析也是很重要的。通过测量增强了识别问题的客观性。

对测量结果进行报告和评审应作为企业管理核算和控制活动的一部分。

（4）质量改进活动的评审

应在各级管理层定期评审质量改进活动，以确保：

① 质量改进的组织能有效地发挥作用；

② 质量改进的计划是适宜的并正在落实；

③ 质量改进的测量是适宜且充分的，并显示出令人满意的进展；

④ 将评审结果反映到下一轮策划中去；

⑤ 当评审发现不符合要求的情况时，应采取适当的措施。

（三）质量改进的方法

企业在数据收集和分析的基础上，按照一致而严格的步骤开展质量改进项目和活动时，质量改进就会逐步取得效益。

1. 全企业参与

当企业在质量改进上进行了很好的发动和管理时，企业的全体员工和各级管理人员就会持续地承担并实施各种复杂程度不同的质量改进项目或活动。质量改进项目或活动会成为每个员工工作的一项正式内容，这些项目和活动的规模有大有小，有些需要企业跨部门的质量小组，甚至要由管理者参与实施，有些则由个人或小组承担。

质量改进项目或活动通常始于改进机会的识别，而改进机会的识别则基于对质量损失的测量或与同领域占领先地位的企业进行比较分析。一经确定，质量改进项目或活动就可以通过一系列步骤向前推进，并通过采取预防或纠正措施得以完成，最终使该过程达到和保持新的、更高的水平。质量改进项目或活动完成后，应立即选择和实施新的质量改进项目或活动。

2. 质量改进项目或活动的准备

企业的全体成员都应参与质量改进项目或活动的准备。对质量改进项目或活动的需要、范围和重要性应加以明确规定和论证。规定应包括有关的背景和历史情况，相关的质量损失以及目前的状况。如可能，用具体的、定量的形式来表述。应将项目或活动分到人或小组（包括组长）；应制订日程表并配置充足的资源；对质量改进项目或活动的范围、计划、资源配置和进展情况的定期评审也应作出规定。

3. 调查可能的原因

这一步骤的目的是通过数据的收集、确认和分析以提高对有待改进的过程性质的认识。应按照认真制订的计划采集数据。要尽可能客观地对原因进行调查，而不能去假设可能是什么原因并采取预防或纠正措施。决策应以事实为依据。

4. 确定因果关系

通过对数据进行分析，掌握待改进过程的性质，并确定可能的因果关系。区分巧合与因果关系是很重要的，对那些所确定的似乎与数据保持高度一致的因果关系，需要根据认真制订的计划所采集的新数据加以验证和确认。

5. 采取预防或纠正措施

在确定因果关系后，应针对相应的原因制订不同的预防或纠正措施的方案并加以评价。企业中参与该措施实施的成员应研究各方面的优缺点。能否成功地实施预防或纠正措施，取决于全体有关人员的合作。

6. 确认改进

采取预防或纠正措施后，必须收集适当的数据加以分析，以确认改进取得的结果。收集数据的环境应与以前为调查和确定因果关系而收集数据的环境相同。对伴随产生的其他结果，不管是希望的还是不希望的，也需要进行调查。如果在采取预防措施或纠正措施之后，那些不希望的结果仍继续发生，且发生的频次与以前几乎相同，则需要重新确立质量改进项目或活动。

7. 保持成果

质量改进结果经确认后，需保持下来。通常包括对规范或作业或管理程序及方法进行改进，以及进行必要的教育和培训，并确保这些更改成为所有有关人员工作内容的一个组成部分。对改进后的过程则需要在新的水平上加以控制。

8. 持续改进

如果所期望的改进已经实现，则应再选择和实施新的质量改进项目或活动。进一步改进质量的可能性总是存在的，可以根据新的目标再实施质量改进项目或活动。要安排好优先次序，为每一质量改进项目或活动分配好时间期限，但时间期限不应限制有效的质量改进活动。

二、质量改进的工具和技术

在质量改进项目和活动中，以实际情况和数据的分析为基础进行决策是很重要的，正确地运用为此目的而开发的工具和技术有助于质量改进项目和活动的成功。

质量改进的工具和技术可分为两大类，一是适用于数字数据的工具，基本的工具有控制图、直方图、排列图、散布图等；更进一步的统计工具有方差分析、回归分析、协方差分析、正交实验设计、响应曲面探索法、优选法、主成分分析等。二是适用于非数数据的工具，ISO9000 系列标准推荐了调查表、分层图、水平对比法、头脑风暴法、因果图、流程图、树图等。

下面，我们要推荐日本质量管理学者总结出来的“新 QC 七工具”。新 QC 七工具大多数是非数字信息的分析工具。统计质量管理技术，确实在质量管理各个方面的应用取得了很好效果，但是对管理者来说，似乎更需要的是能将复杂的技术内容以及各部门之间的复杂关系分析好，并给以系统化和组织化的分析工具，这些工具（方法）能将各要素间的复杂关系理出头绪，抓住问题，找到解决问题的对策，这就是新 QC 七工具（图 9.6）。

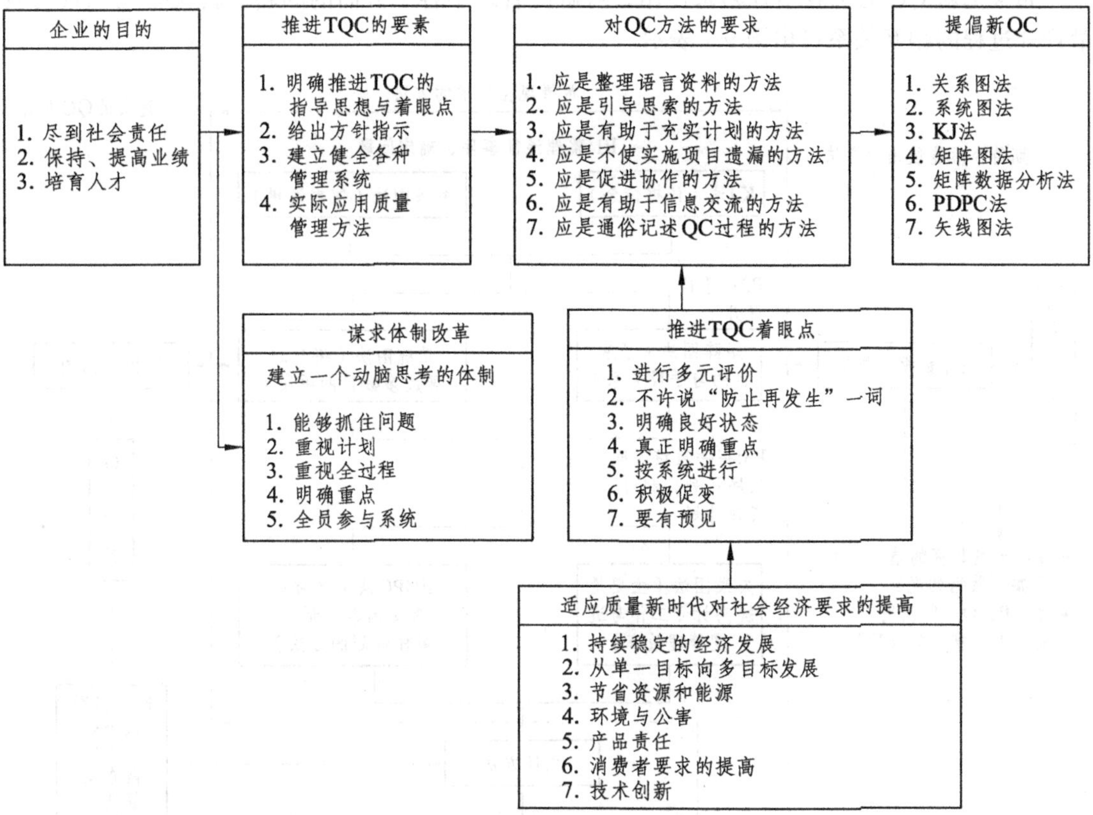

图 9.6 推进全面质量管理与新 QC 七工具关系图

新 QC 七工具具有以下优点：

（1）是整理语言信息的工具；

（2）是引导人们思索的方法；

（3）是充实计划的方法；

（4）是不使实施项目遗漏的方法；

（5）是促使各有关部门协作的方法；

（6）是有助于信息交流的方法；

（7）是能够通俗易懂地记载过程的方法。

当我们学习并掌握了新 QC 七工具，就能领会这些工具的优点，更喜爱运用它们。新 QC 七工具包括：

（1）关系图法；

（2）KJ（亲和）法；

（3）系统图法；

（4）矩阵图法；

（5）矩阵数据分析法；

（6）PDPC 法；

（7）矢线图法。

如果把新 QC 七工具结合起来使用，可解决管理中各个方面的问题。新 QC 七工具与质量管理过程的相互关系可由图 9.7 表示。

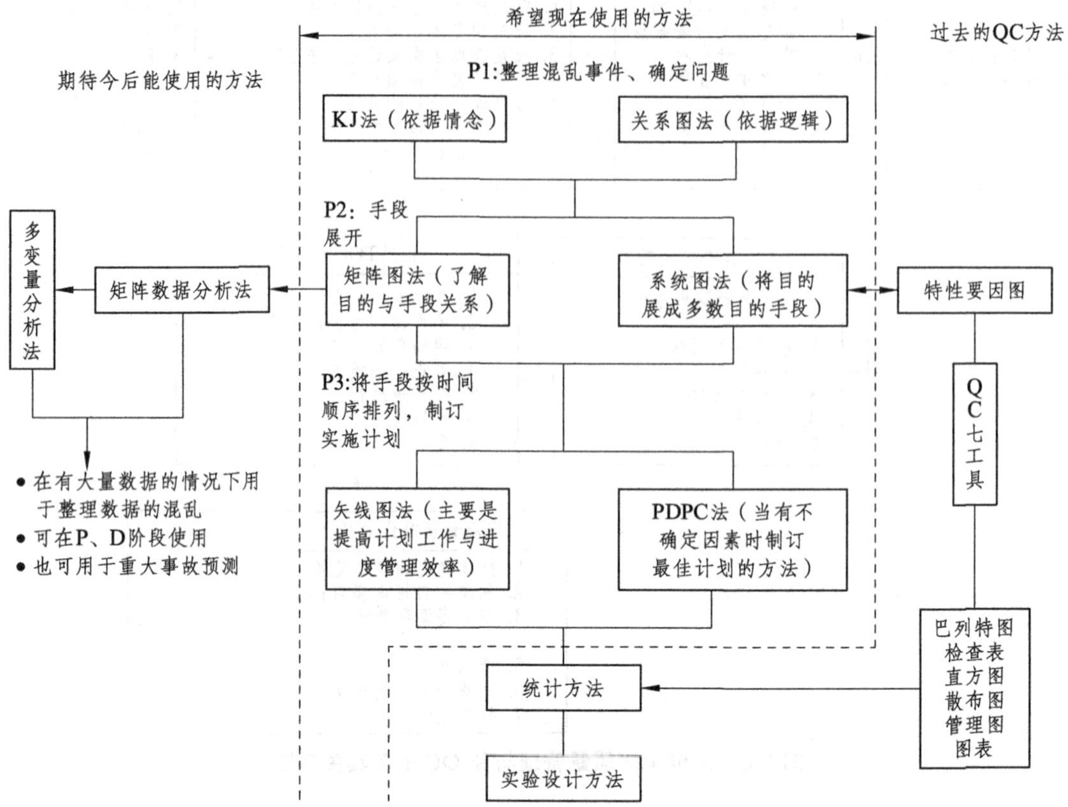

图 9.7　新 QC 工工具在 QC 方法中的位置

新 QC 七工具在全面质量管理的 PDCA 循环中，属于 P（计划）阶段的方法。而原 QC 七工具则属于 D（实施）阶段的方法，因此新旧两种工具是互为补充的，特别是在数据缺乏情况下，新 QC 七工具更为有效（表 9.3）。

表 9.3　新 QC 七工具的可能应用领域

生产阶段	一次展开	二次展开	关系图法	KJ法	系统图法	矩阵图法	矩阵数据分析法	PDPC法	矢线图法
全　面	方针管理	从多个实施项目中寻找重点项目	○	○	○	○			
		从上级方针向下级方针展开	○		○				
		明确所应负责的事项	○		○	○			
		根据目标，拟订准确性高的计划			○			○	○
	教育科研	归纳培训项目、科研项目	○	○	○	○			
		探讨科研项目同预期水平关系	○		○	○			

续表 9.3

生产阶段	一次展开	二次展开	关系图法	KJ法	系统图法	矩阵图法	矩阵数据分析法	PDPC法	矢线图法
全　面	人事工作	明确各职务的工作内容			○	○			
		圆满地处理人事关系	○					○	
	财务工作	同其他企业比较，找本企业问题				○	○		
	推进 TQC 和 QC 小组活动	推动部门间合作	○	○	○	○			○
		活跃 QC 小组活动	○	○	○				
	市场分析	调查用户的需求，进行分层		○	○		○		
		进行需求预测			○		○		
		分析能与本企业竞争的其他企业				○	○		
		探讨新产品的用途	○	○		○	○		
		调查流通渠道			○	○			
		搜索新课题	○	○		○			

第十章　航空维修全面质量管理

在当今日益激烈的市场竞争中，国内外许多航空公司的生存和发展面临严峻考验。市场竞争归根到底是质量竞争，航空维修是航空器空中运行的前提和安全保证，维修质量是航空企业的生命线。

第一节　维修要求与维修质量

根据 ISO 关于质量的定义，我们可对航空维修质量定义为：航空维修组织在对维修对象航空器及其系统和部件实施的维修活动满足航空器运行安全性、准时性、经济性、舒适性需要（要求）的能力的特性总和。有关航空器运行安全性的“需要”是由国家法规即有关的适航标准明确规定的，而其他方面的“需要”是隐含的，应加以识别和确定，包括航空器的飞行性能、可靠性、可用性、维修性、经济性以及环境等方面的要求。

作用于航空器的维修过程的输入是维修要求以及包括人力、物力和资金的维修资源，过程的输出是航空器固有可靠性和安全性的保障或恢复。航空器及其装备的固有可靠性、安全性是航空器、系统、部件设计所赋予的，是航空器使用过程所能达到的最高水平的可靠性和安全性，并且只有通过有效的维修才能达到。

航空器的维修要求来自于航空器在使用过程中，装备及系统的实际技术状况总会发生各种各样的变化，这些物理的和化学的变化会使规定的技术条件产生偏离，使功能的发挥由正常变为不正常以至于丧失，从而使技术状态由良好变为故障。由于航空器的设计特点，不同系统、部件的功能、重要程度和故障性质的不同，各个不同部件的故障总会给航空器带来不同的影响，或者航空器某个部件不能正常工作，或者因某个部件故障而导致航空器无法空中飞行。不管怎样，出了故障，是不符合空中使用的基本要求的。

航空器在使用过程中，其技术状态的变化是客观的必然存在，通过人们的努力（包括设计、制造、使用和维修等各个方面的努力），可以减缓变化的速度、频度，降低变化后的危害程度。但是在航空器使用过程中，航空器及其装置的技术状态的变化总不断出现，技术状态变化的结果必将影响使用状态的转变，最终影响飞行任务的完成。故障出现的随机性和必然性、故障后果的严重性是航空器使用过程的主要问题，航空器的技术状态变化与空中飞行使用要求不相适应的矛盾因而成为航空器使用过程中的基本矛盾。

航空器的维修要求不同于其他民用设备的维修，它是由航空器空中使用的特点决定的。空中使用这个特点，给航空器的维修带来了一些特殊的要求，最主要的要求是确保空中飞行的安全性。航空器及其装备就其使用状态和工作性质来分析，是一个空中重复使用系统。这个系统从本质上看，具有地面重复使用系统的工作性质，但在一定情况下，又具有空中单次使用系统的某些特点。我们知道，地面使用的一些设备、装备，如汽车、火车等大都可以重复使用，因而在系统工程中称为“重复使用系统”。航空器是在空中重复使用的。当航空器完成飞行任务，结束飞行使用状态，转入其他使用状态，从而不断地实现地-空-地循环时，它的使用情况与大多数地面重复使用系统的使用情况是相同的。但是航空器在空中执行任务时，航空器的系统和部件必须保持能连续工作和良好的技术状态，即持续适航状态，如果出现危险性故障，几乎没有排除故障的条件，因而可能导致严重后果。航空器空中使用的特点，在维修要求上，一方面要求在每次空中使用即航空器放飞之前必须把全部必要的维修工作彻底做好，严格把好维修质量关，使航空器切实处于良好的技术状态，确保飞行使用安全可靠；另一方面，又要考虑整个系统使用的重复性和长期性，空中与地面交替的反复使用和持续使用的要求，把每一次维修与整个使用过程和使用期的所有维修结合起来，把每项技术措施与航空器全寿命、航空器运行的全过程的总体规划结合起来。

维修要求还反映了航空运输的行业特点。航空运输是国家交通运输的重要组成部分，维修要求必须满足国民经济和社会生活对空中交通运输的需要。必须安全、迅速、准确、方便地完成旅客和货物运输任务。航空维修不仅要保证航班计划、航线运输计划和作业计划的完成，而且要保证航空器的每个班次、班期和时刻的准时完成。航班的延误、取消和变更不仅给广大旅客的旅行带来极大的不便，严重时会影响整个国民经济的运输秩序；而且，航班的不正常必然影响广大旅客对航空公司的信任，在激烈的市场竞争中，失去信誉的航空公司必将失败。

我们认为航空维修的质量由两个层次构成。维修质量含义的第一层次是指维修的“需要”或“要求”，即航空维修的适用性。科学地确定航空维修的质量要求是建立在研究并掌握航空器及其系统和部件技术状态的变化规律基础上的。维修的质量要求主要是指通过有效的维修能预防具有安全性和使用性后果的严重故障的发生，保持装备良好的技术状态。与维修质量第一层次含义相应的质量活动是制订维修方案，通过收集、分析实际使用过程的故障数据评估维修方案的有效性，修订并完善维修方案。维修方案将对航空维修的“需要”转化成具体的维修要求和规范，它规定了维修的方式和深度，工作的类型、内容、时机和频度。围绕维修方案展开的活动属于航空维修的工程管理，而可靠性管理则是维修工程的质量控制。

维修质量含义的第二层次是指维修质量的符合性。满足“需要”要给以具体的表征，“需要”必须转化为有指标的特征和特性。全面质量管理的质量观是全面的质量，质量概念包含了全部的管理目标。因此表征维修质量的特性指标也是全面的，包括维修工作对航空器固有的性能、物理完整性、可靠性和安全性的保持和恢复水平，以及维修的经济性，维修对航班的保障性。

这一层次的维修质量之所以称为符合性质量，是因为表征维修质量的特性主要是根据维修工作是否符合相应的维修规范和技术标准。在航空维修工作中开展的适航检查和安全评估，都是用标准来评估维修质量。航空维修的技术规范和标准仅是标志维修质量特性应达到的要求，符合维修技术标准仅是维修合格，不是维修质量好的全部含义。而标志质量特性要求的维修方案、工作单、《维修手册》等技术规范和标准的适用性和有效性才是维修质量的根本。

第二节　航空维修工作质量

与维修质量密切相关的是工作质量。工作质量就是与维修质量有关的工作对于维修质量的保证程度。

工作质量涉及企业所有部门和人员，体现在维修组织的一切生产、技术、经营活动中。每个工作岗位都直接或间接地影响维修质量，都存在工作质量。其中，领导人的质量素质最重要，起决定性作用。但是，广大基层人员素质的提高，才是提高工作质量的基础。所以我们必须抓好人员的培训，提高每个员工热爱企业、努力做好本职工作的自觉性和主动性，保证企业的工作质量，从而以工作质量来保证和改善维修质量。

我们也可以用ISO标准关于质量的一般定义来定义工作质量。质量是“产品”满足顾客明显或潜在“需要”的能力的特性总和。“产品”可以是有形的产品，也可以是无形的，即工作或服务。“顾客”是最终消费者、使用者和受益者，既可以是组织外部的，也可以是组织内部的。在组织内部，每个员工都处于这样的地位，他接受上游岗位提供的“服务”，又为他的下游岗位提供“服务”，即在一个组织内部存在着一连串的顾客-供方关系。全面质量管理的质量即是一切为顾客服务的质量观。为实现整个组织的质量，处于质量链中的每一位员工都必须从“顾客”的地位和“供方”的地位提出以下问题，确定真正的“需要”是什么。

“顾客”——

- 谁是我的直接“顾客”？
- 她们的真正需要是什么？
- 我如何才能发现他们的需要？
- 我如何度量自己满足他们需要的能力？
- 我是否具有满足他们需要所必备的能力？（如果没有，则必须做哪些变更来改进能力）
- 我是否能持续满足他们的需要？（如果不能，究竟什么是妨碍我虽然具有能力满足他们的需要却又不能持续地提供服务）
- 我如何监视他们的需要的变化？

“供方”——

- 谁是我的直接供方？
- 什么是我的真正需要？
- 我如何向他们沟通我的需要？
- 我的供方是否有能力度量并满足我的需要？
- 我如何通知他们我的需要的改变？

在组织内部，内部的“顾客”和“供方”之间有关需要的信息传递往往并不畅通，甚至完全没有。然而，这恰恰是一个企业提高工作质量、工作效率的关键。

航空维修的工作质量主要体现在维修现场。现场影响维修质量的因素，一般归纳为人、设备、材料、方法、环境五个方面，这五大因素对维修质量综合起作用的过程，叫做工序质量。工序质量控制是全面质量管理的重要方面。维修质量管理的着眼点是加强对影响工作质量五大因素的控制，保证工序能力满足维修质量要求。

维修的工作质量总是通过维修效率、维修成果，最终通过航空器运行的安全性、可靠性和经济性表现出来。维修的工作质量是航空器运行的安全性、可靠性的基础和保证。特别是由于航空运输的生产与消费过程的一致和航空器空中使用的特点，对维修工作的工作质量提出了更高的要求。航空运输过程和消费过程是同时进行的。如果航空运输生产过程（包括维修过程）的结果不好，消费者（旅客）就已经蒙受了损失，而且这种损失是不可逆转的。航空器空中使用的特点要求维修工作做到“零事故”和“一次成功”。

第三节 航空维修的全面质量普及

航空维修的全面质量管理是根据航空器、系统和部件故障的性质、后果和过程的变化规律以及维修质量的产生、形成和实现的运动规律，以保证航空器安全运行为目标，以最经济的手段，运用系统的思想和方法，把航空维修的各阶段、各环节的质量职能组织起来，形成一个既有明确的任务、职责和权限，又能互相协调、互相促进的全过程、全企业和全员的质量管理。

根据我国民航维修质量管理的现状，我们认为今后开展航空维修的全面质量管理主要应加强以下七个方面的工作：

一、建立和完善航空维修的质量体系

维修质量有一个产生、形成和实现的过程，重视和控制维修过程中的质量，建立和完善航空维修的质量体系是保证维修质量符合规定要求的重要手段。质量体系贯穿于维修质量产生、形成和实现的全过程。完善的质量体系是在考虑利益、成本和风险基础上使质量最佳化，并对所有影响维修质量的因素进行有效控制。

航空维修有鲜明的行业特点。首先，维修对象是航空器及其系统和部件，它不同于其他民用产品，有高安全性、高可靠性的要求，有系统庞大、技术复杂的特点。第二，它从事的是航空产品的维修，不是产品的制造，它一般不会使对象物在物理形态上发生重大变化，只是保持或恢复对象物的性能。产品的制造通常是批量式的作业，而维修则大多是单件的操作；制造可以允许有一定的次品率，而维修必须百分之百的合格。因此，航空维修的质量体系必然具有本行业的特点。

航空维修的质量体系应以保持和恢复航空器固有安全性和可靠性的控制过程为基本线索，以影响维修质量的产生、形成和实现的维修活动为基本内容，结合维修专业分工和维修业务工作的划分，构成完整有机的维修质量体系。

由于航空维修的行业特点，它必须执行以质量为中心的企业管理模式。因此，航空公司的维修质量体系就是它的工程管理体系。航空维修的质量体系模式与ISO9000系列国际标准推荐的模式在形式上有所不同，但是基本内容是一致的。这是因为航空维修必须首先满足

CCAR-121AA 的要求。CCAR-121AA 是适航标准，它是从航空安全的角度，强调了保证航空器持续适航性的要素。

二、开展并强化航空维修的工程管理，明确维修的质量特性

整个航空维修的业务活动可分为工程和维修两大部分。工程是指维修的工程决策管理，维修是指维修的运作实施，而质量管理则是工程与维修之间的桥梁。工程、质量和维修三者之间的关系是：工程决定了维修“产品”的质量要求和质量水平，而维修产品的最终质量是由物化的维修操作直接转化而来的。工程方面和维修方面的工作质量均需由质量管理来保证。工程方面的工作质量将决定维修“产品”的适用性质量，维修方面的工作质量将决定维修“产品”的符合性质量。

工程管理可看成航空维修的“设计”，主要是指维修的技术规范和标准的制定，包括维修大纲、维修方案、工作单、工程指令以及各类维修手册。航空维修的工程管理这一职能相当于 ISO9000 标准的质量环中的设计与规范这一要素。它是把“顾客”对维修的需要转化成维修的材料、作业过程的技术规范，确定了航空维修的质量要求和质量特性。CCAR-121AA 从航空营运人的适航法律责任对工程管理提出了要求，明确了营运人必须建立一整套工程管理体系，这是营运人保证其航空器的适航性和运行安全性的必要前提和重要手段。维修作业营运人可以委托他人来完成，但工程管理不能委托。

工程管理过去一直是我国民航的薄弱环节。在很长的时期内，工程管理只是照抄航空器制造厂提供的 MRB、MPD 等技术资料。从质量管理的角度来看，过去我们所做的只是符合性质量的控制，基本上没有开展适用性质量的控制。

三、重视和提高可靠性管理的水平，不断优化维修方案

可靠性管理在航空维修的质量管理中起着特别重要的作用。过去由于我们对工程管理的地位与作用认识不足，因此可靠性管理的目标也是模糊的。可靠性管理的基本目标是：对航空器、发动机及机载设备的故障或损坏前的各种有意义的变化征象加以认识、评估、处理和监控，以确定各类工程管理的要求。可靠性管理的主要任务是对维修方案进行科学有效的管理，即对维修设计实施质量控制。

概括地说，可靠性管理就是要对航空器的使用可靠性进行最优化控制，而控制航空器使用可靠性的根本手段是维修方案。因此，可靠性管理主要完成以下两个方面的工作：

（1）以可靠性为中心的维修理论来制订适用并有效的维修方案；

（2）通过连续不断地收集航空器运行全过程的可靠性数据来分析和评估现行维修方案的有效性，提出纠正措施，修订和完善维修方案。

航空维修的质量体系与 ISO9000 国际标准推荐的模式中最大的不同有两处，一是可靠性管理，二是必检项目的控制。这两项是航空维修质量体系中最基本的职能要素，在 ISO9000 国际标准中找不到与可靠性管理相应的质量要素。如果有的话只是将它作为一种统计技术，

而航空维修的可靠性管理在质量管理中处于核心作用。从某种意义上讲，航空维修的质量管理是以可靠性为中心的质量管理。

ISO9000 国际标准提供的是典型质量环，虽然具有广泛的适用性，但由于行业间的差别和产品形成的过程不同，该质量环对若干企业缺乏针对性，航空维修就属于这种情况。必须对 ISO9000 标准的基本质量要素（包括两级要素）的地位重新调整，以满足航空维修的行业特点。

四、以科学的方法改进航空维修的工序能力的控制

必检项目是航空维修特有的一个质量管理概念。最早提出必检项目概念的是美国 FAR121-L，它规定航空器营运人在其工程与维修的手册中必须包含对航空器进行维修、预防维修和改装时必须予以遵循的大纲。该大纲包括 9 个方面，关于必检项目有 5 条、其内容占大纲的一半以上。可见必检项目的检验在维修质量管理中的地位。必检项目与 ISO9000 国际标准中检验和试验这个质量要素对应，但是它还具有另外的质量职能，即维修的工序控制的作用。总的说来，航空维修的工序控制手段缺乏是航空维修质量管理的薄弱环节。正是由于一线生产的工序控制能力弱，而不得不强化质量检验的把关职能。

与产品制造业的工序控制不同，航空维修作业的单件、手工操作的特点，难以应用制造业中非常成功的统计质量控制技术来控制工序质量。航空维修工序质量中最突出的问题是人为因素造成的维修差错，运用现代的人为因素科学、人机工程学、工业工程的理论和方法有望在维修的工序质量控制方面取得重大突破，使影响维修生产工序质量的人、机、料、法、环五大因素处于受控状态。

五、重视成本控制、优化质量特性，实现全面的质量目标

维修的经济性是我国航空维修管理的薄弱环节。质量成本控制是维修成本控制的重要方面，要正确处理质量、成本、效益之间的关系，探求质量与经济统一的最佳质量水平。

维修质量成本控制主要反映在维修中的经济性分析，包括制订维修方案时对重要维修项目的费用-效益分析；SB（服务通告）项目的技术经济评估；视情维修项目的修理工作内容、修理深度（维修要求）的合理制订；维修方式的优化；老龄飞机的翻修中过剩质量的控制等。

航空维修的质量成本控制的关键是可靠性管理。过去我们对可靠性管理的认识存在一个误区，一提到可靠性管理就马上想到是为了保证飞行安全。其实这一认识是不正确的，可靠性管理不仅仅是为了保证安全，更主要是为了降低维修费用。可靠性管理的核心问题是对维修方案进行科学的管理，不断修订和完善维修方案，也就是对维修方案进行优化。维修方案的优化是在初始维修大纲的基础上进行的。作为某型号航空器持续适航的最基本的适航法规，维修大纲保证了航空器安全运行对维修的要求。因此，可靠性管理的重点应置于在满足维修大纲的基础上，优选维修方式，尽可能地降低维修费用，这就是航空维修的质量成本控制。

航空维修的质量成本控制是维修质量管理中最富有挑战性的课题，在当前民航经济形势严峻的情况下更具有吸引力，但是我们必须清醒地认识到这项工作的风险性。

六、重视和加强质量信息及数据的收集和分析

全面质量管理强调一切用数据说话，就是要求在质量管理工作中有科学的作风，深入维修生产第一线掌握客观、准确的情况。在研究和处理维修质量问题时不能满足于一知半解和表面现象，要对问题进行定量的分析，做到心中有数，掌握维修质量的变化规律。全面、及时、准确地收集航空器运行过程中的故障数据是质量信息中最重要的数据，但是质量信息的范围绝不仅仅是可靠性数据，还包括全部的维修记录。维修中的人为因素的数据和信息的收集对防止维修差错具有特别重要的作用，但是在我国尚是空白。

在维修质量管理中广泛采用各种统计工具，如控制图、因果图、相关图、排列图、直方图等七种工具。现在还有新 QC 七种工具，如关系图法、KJ 法、系统图法、矩阵法、矩阵数据分析法、PDPC 法及矢线图法，应用这些方法可以对维修生产过程中许多复杂问题做出正确的分析。然而，由于种种原因，在航空维修中现代质量管理的各种统计工具很少得到应用，这也是维修质量管理重大的不足。研究各种统计理论和方法在航空维修中的适用性，开拓应用领域，对提高质量管理水平具有重要意义。

七、搞好自我质量审核，提高审核工作的质量保证作用

航空维修组织的自我质量审核是适航管理对航空器营运人的基本要求，通过有计划地审核来确定质量体系及其各要素的活动和有关活动是否符合 CCAR-121-R4 和 CCAR-145-R3 的适航要求，质量体系文件中的各项规定是否得到有效的贯彻并适合于达到质量目标。

质量审核是一种重要的管理手段，可及时发现质量管理中的问题，组织力量加以纠正。一个质量体系文件即使规定得很好，如果不认真执行，也是一纸空文，不能起到控制质量的作用。建立质量体系既要求“有法可依”，即制订体系文件，又要求“执法必严”，这就是进行系统、独立的质量审核。

质量审核作为一种自我改进的机制，使质量体系持续地保持其有效性，并能不断改进、不断完善，这是航空器营运人自我质量审核的最根本目的。

参考文献

[1] 江元英，曹秀玲，林树茂. 国际航空航天质量管理体系标准（AS9100）现状及技术发展动态[J]. 质量与可靠性，2007，128（2）：49-52.
[2] 张娟，赵凤彩，陈玉宝，等. 航空运输全面质量管理[M]. 天津：天津科学技术出版社，2002.
[3] 尤建新，张建同，杜学美. 质量管理学[M]. 北京：科学出版社，2003.
[4] 王再兴. 民用航空器外场维修[M]. 北京：中国民航出版社，2000.
[5] 孙春林. 民用航空维修质量管理[M]. 北京：中国民航出版社，2001.
[6] 王端民. 航空维修质量与安全管理[M]. 北京：国防工业出版社，2008.
[7] 郑东良. 航空维修管理[M]. 北京：国防工业出版社，2010.
[8] ICAO Doc9859. Safety Management Manual（SMM）[R]，2nd Ed.，2009.
[9] 中华人民共和国航空行业标准. HB9100-2003：航空质量管理体系要求[S].
[10] 阎建中，杨昌其. 浅论 SMS 与 QMS 在民航空管系统的推行与整合[J]. 中国民用航空，2010，110（2）：25-28.
[11] 杨文锋. TQM 与 SMS 的内涵与联系[J]. 中国民用航空，2011，126（6）：67-69.
[12] 中华人民共和国国家质量监督检验检疫总局. 中华人民共和国国家标准，ISO9000：2005（GB/T 19000-2008）[S]. 2009.
[13] FEIGENBAUM A. 全面质量管理[M]. 杨文士，廖永平，译. 北京：机械工业出版社，1991.
[14] 朱丽君，刘珂. 人为因素和航空法规[M]. 北京：兵器工业出版社，2006.
[15] 杨文锋. 对 ISO9000：2005“质量”定义及内涵的解读[J]. 航空标准化与质量，2012（4）：30-33.
[16] 杨文锋. 航空制造与维修质量特性[J]. 中国民用航空，2012，137（5）：21-23.
[17] 曺海峰，焦伟庆. 民航安全管理体系与安全质量标准化体系的比较[J]. 中国民用航空，2008，93（9）：60-61.
[18] 杨文锋. 浅析民航业中的质量管理与安全管理[J]. 航空标准化与质量，2011（5）：15-18.
[19] KINNISON H. 航空维修管理[M]. 李建瑂，李真，译. 北京：航空工业出版社，2007.
[20] 刘成，薛松，凌小言，等. 精益六西格玛实战[M]. 上海：学林出版社，2007.

[21] 韩之俊，许前，钟晓芳. 质量管理[M]. 3 版. 北京：科学出版社，2011.
[22] 全国质量管理和质量保证标准化技术委员会，等. 2008 版质量管理体系国家标准理解与实施[S]. 北京：中国标准出版社，2009.
[23] 梁国明. ISO9000 标准八项质量管理原则的常用方法和工具[M]. 北京：中国标准出版社，2012.
[24] 黄雄明. 企业质量成本控制方法与实践[M]. 北京：中国标准出版社，2009.
[25] 黄雄明. 企业质量成本管理方法[M]. 北京：中国质检出版社，2007.
[26] 杨鑫，刘文长. 质量控制过程中的统计技术[M]. 北京：化学工业出版社，2014.
[27] 周尊英，刘海峰，孙建国. 质量管理实用统计技术[M]. 北京：中国标准出版社，2009.
[28] 约瑟夫・M. 朱兰，约瑟夫・A. 德费欧. 朱兰质量手册[M]. 北京：中国人民大学出版社，2014.
[29] 美国朱兰研究院. 六西格玛基础教材[M]. 王金德，等，译. 北京：中国财经出版社，2002.
[30] 中国质量协会. 简明质量工具与方法[M]. 北京：中国科学技术出版社，2012.
[31] 马震宇，姜明远. 航空维修安全导论[M]. 北京：国防工业出版社，2014.
[32] 王瑛. 航空维修安全分析与评价[M]. 北京：国防工业出版社，2014.
[33] 左洪福，蔡景，吴昊，等. 航空维修工程学[M]. 北京：科学出版社，2011.
[34] 肖巍，解学明. 航空机务质量安全文化建设研究[J]. 情报杂志，2011，30（12）：279-281.
[35] 郑珂珂. 航空公司安全状况和维修质量管理安全评估技术研究[D]. 南京：南京航空航天大学，2012.
[36] 张岩. 飞机维修单位质量管理模式探讨[J]. 航空维修与工程，2004（04）：72-74.
[37] 张军. 模糊综合评估法在民航维修质量管理中的应用[J]. 航空维修与工程，2008（02）：61-62.
[38] 魏帅. 航空安全质量管理系统的设计与实现[D]. 成都：电子科技大学，2012.
[39] 王新平，汪方军，万威武，等. 企业质量管理体系及其认证的有效性研究综述[J]. 管理评论，2008，20（10）：20-27.
[40] 杨宏. 产品质量管理系统的设计与实现[D]. 上海：复旦大学，2010.
[41] 周乃东，任辉. 加强飞机维修质量安全与管理的几点体会[C]. 第四届长三角科技论坛航空航天与长三角经济发展分论坛暨第三届全国航空维修技术学术年会论文集，2007.
[42] 南振，苏青国，魏法武，等. 浅谈航空维修质量及安全发展[C]. 第四届长三角科技论坛航空航天与长三角经济发展分论坛暨第三届全国航空维修技术学术年会论文集，2007.

[43] 曹海峰. 民航安全管理体系与安全质量标准化体系的比较[J]. 中国民用航空，2008，93（9）：60-61.

[44] 聂挺. MSG-2 和 MSG-3 维修思想的差异化研究[J]. 中国民航飞行学院学报，2015，26（04）：36-38.

[45] 吴学良，边振海. 浅谈 MSG 维修思想与工程实践[J]. 航空维修与工程，2004（01）：28-30.

[46] 王宗义. 试论民航安全质量管理[J]. 中国管理信息化，2014，17（18）：16-17.

[47] 张军，贺利. 民航维修安全质量综合评估与预测[J]. 中国民航大学学报，2007，25（6）：5-8.

[48] 杨锦. 航空运输企业构建全面质量管理体系的研究——以 × × 航空公司为例[D]. 成都：西南财经大学，2008.